大数据及人工智能产教融合系列丛书

大数据用户行为画像分析实操指南

杜晓梦　唐晓密　张银虎　著

电子工业出版社
Publishing House of Electronics Industry
北京·BEIJING

内 容 简 介

本书系统地介绍了用户行为分析的理论基础和实施步骤，书中列举了大量翔实的应用案例。第 1~2 章概要介绍了用户行为分析的基础知识和应用场景。第 3~4 章详细介绍了基于大数据的用户行为数据的采集、存储和处理方法的技术原理和实施步骤，以及常用的采集与分析工具。第 5~6 章重点介绍了用户行为分析的常用指标和用户模型构建，以及用户行为分析在企业日常运营中的具体应用。书中详细阐述了用户行为全程追踪方法，介绍了转化分析、用户分群、用户生命周期、用户流失预警、用户价值管理等经典的精细化运营模型。第 7~9 章详细介绍了用户画像和标签体系的构建方法、步骤，阐述了用户画像在推荐系统和智能营销中的具体应用。第 10 章详细阐述了用户行为分析在若干个不同行业的经典应用案例，包括金融、电商、房地产、快销品、互联网媒体等行业。

本书既可以作为学习用户行为分析理论的入门书，也可以给相关领域的实践操作人员提供具体的实施步骤和应用方面的启迪。可供企事业管理人员、大数据从业人员和大专院校相关专业的师生阅读参考。

未经许可，不得以任何方式复制或抄袭本书之部分或全部内容。
版权所有，侵权必究。

图书在版编目（CIP）数据

大数据用户行为画像分析实操指南 / 杜晓梦，唐晓密，张银虎著. —北京：电子工业出版社，2021.9
（大数据及人工智能产教融合系列丛书）
ISBN 978-7-121-10608-8

Ⅰ.①大… Ⅱ.①杜… ②唐… ③张… Ⅲ.①数据处理—应用—用户—行为分析—指南 Ⅳ.①C912.6-39

中国版本图书馆 CIP 数据核字（2021）第 152606 号

责任编辑：李　冰　　特约编辑：武瑞敏
印　　刷：北京七彩京通数码快印有限公司
装　　订：北京七彩京通数码快印有限公司
出版发行：电子工业出版社
　　　　　北京市海淀区万寿路 173 信箱　　邮编 100036
开　　本：787×1 092　1/16　印张：14.25　字数：353 千字
版　　次：2021 年 9 月第 1 版
印　　次：2023 年 8 月第 4 次印刷
定　　价：79.00 元

凡所购买电子工业出版社图书有缺损问题，请向购买书店调换。若书店售缺，请与本社发行部联系，联系及邮购电话：(010) 88254888，88258888。
质量投诉请发邮件至 zlts@phei.com.cn，盗版侵权举报请发邮件至 dbqq@phei.com.cn。
本书咨询联系方式：libing@phei.com.cn。

编 委 会

（按姓氏音序排列）

总顾问

  郭华东 中国科学院院士
  谭建荣 中国工程院院士

编委会主任

  韩亦舜

编委会副主任

  孙 雪 徐 亭 赵 强

编委会成员

薄智泉	卜 辉	陈晶磊	陈 军	陈新刚	杜晓梦
高文宇	郭 炜	黄代恒	黄枝铜	李春光	李雨航
刘川意	刘 猛	单 单	盛国军	田春华	王薇薇
文 杰	吴垌沅	吴 建	杨 扬	曾 光	张鸿翔
张文升	张粤磊	周明星			

丛书推荐序一

数字经济的思维观与人才观

大数据的出现，给我们带来了巨大的想象空间：对科学研究来说，大数据已成为继实验、理论和计算模式之后的数据密集型科学范式的典型代表，带来了科研方法论的变革，正在成为科学发现的新引擎；对产业来说，在当今互联网、云计算、人工智能、大数据、区块链这些蓬勃发展的科技中，主角是数据，数据作为新的生产资料，正在驱动整个产业进行数字化转型。正因如此，大数据已成为知识经济时代的战略高地，数据主权已经成了继边防、海防、空防之后，另一个大国博弈的空间。

实现这些想象空间，需要构建众多大数据领域的基础设施，小到科学大数据方面的国家重大基础设施，大到跨越国界的"数字丝路""数字地球"。今天，我们看到大数据基础设施研究中心已经把人才纳入基础设施的范围，组织编写了这套丛书，这个视角是有意义的。新兴的产业需要相应的人才培养体系与之相配合，人才培养体系的建立往往存在滞后性。因此，尽可能缩窄产业人才需求和培养过程间的"缓冲带"，将教育链、人才链、产业链、创新链衔接好，就是"产教融合"理念提出的出发点和落脚点。可以说，大数据基础设施研究中心为我国大数据、人工智能事业发展模式的实践迈出了较为坚实的一步，这个模式意味着数字经济宏观的可行路径。

作为我国大数据及人工智能方面的产教融合丛书，其以数据为基础，内容涵盖了数据认知与思维、数据行业应用、数据技术生态等各个层面及其细分方向，是数十个代表了行业前沿和实践的产业团队的知识沉淀。特别是在遴选作者时，这套丛书编委会注重选择兼具产业界和学术界背景的行业专家，以便让丛书成为中国大数据知识的一次汇总，这对于中国数据思维的传播、数据人才的培养来说，是一个全新的范本。

我也期待未来有更多产业界的专家及团队加入本套丛书写作体系中，并和这套丛书共同更新迭代，共同传播数据思维与知识，夯实我国的数据人才基础设施。

郭华东
中国科学院院士

丛书推荐序二

产教融合打造创新人才培养的新模式

数字技术、数字产品和数字经济，是信息时代发展的前沿领域，不断迭代着数字时代的定义。数据是核心战略性资源，自然科学、工程技术和社科人文拥抱数据的力度，对于学科新的发展具有重要意义。同时，数字经济是数据的经济，既是各项高新技术发展的动力，又为传统产业转型提供了新的数据生产要素与数据生产力。

这套丛书从产教融合的角度出发，在整体架构上，涵盖了数据思维方式拓展、大数据技术认知、大数据技术高级应用、数据化应用场景、大数据行业应用、数据运维、数据创新体系七个方面，编写宗旨是搭建大数据的知识体系，传授大数据的专业技能，描述产业和教育相互促进过程中所面临的问题，并在一定程度上提供相应阶段的解决方案。丛书的内容规划、技术选型和教培转化由新型科研机构——大数据基础设施研究中心牵头，而场景设计、案例提供和生产实践由一线企业专家与团队贡献，两者紧密合作，提供了一个可借鉴的尝试。

大数据领域人才培养的一个重要方面，就是以产业实践为导向，以传播和教育为出口，最终服务于大数据产业与数字经济，为未来的行业人才树立技术观、行业观、产业观，进而助力产业发展。

这套丛书适用于大数据技能型人才的培养，适合作为高校、职业学校、社会培训机构从事大数据教学和研究的教材或参考书，对于从事大数据管理和应用的人员、企业信息化技术人员也有重要的参考价值。让我们一起努力，共同推进大数据技术的教学、普及和应用！

谭建荣
中国工程院院士
浙江大学教授

推荐序

数据化转型正在以极大的力量影响着经济的发展。根据 IDC 的研究，到 2023 年，全球超过一半的 GDP 将由数字化的产品和服务驱动，中国数字经济的占比也将达到 52%，高于全球平均水平。数字经济发展迫使企业必须加快自身的数字化转型进程。

依托第三平台最新技术（云计算、大数据、移动、社交、人工智能、区块链、物联网、增强/虚拟现实、3D 打印、机器人、下一代安全等）支持企业业务的增长和创新是数字化转型的核心，数字化转型的价值包括商业流程重构、用户体验重构、产品服务重构、商业模式重构等诸多方面。商业流程重构更多地强调提升效率、降低成本。后面三个重构主要是为了满足用户的需求，特别是今天的市场主流用户——数字化原生代用户的需求。

数字化原生代有四个核心特征：数字化、个性化、快速化、服务化，如何满足用户的这四个需求就变得极为重要，而数据则承担了关键角色。未来企业的竞争力就来源于针对用户数据的四种能力：数据采集和存储的能力、数据管理和保护的能力、数据挖掘和展示的能力、数据变现和创新的能力。IDC 认为，到 2021 年，数据将不再被视为"石油"，而是被视为"水"。数据对生命至关重要，不过需要易于获取且干净。

《大数据用户行为画像分析实操指南》一书适逢其时，能很好地支持企业利用数据为用户创造价值的需求，也是企业推进数字化转型进而支持数字经济发展的基础。本书具有四大特点：真实的用户数据与场景、全面的分析指标与模型、实操的构建方法与步骤、经典的行业案例与实践。

真实的用户数据与场景：本书探讨的用户行为分析数据，来源于用户在网站、手机 App、微信公众号等在线渠道上真实发生的在线访问行为数据，并将这些分析得出的规律和经验结合到公司的日常营销或运营场景中，用以持续性提升营销或运营的效果。

全面的分析指标与模型：本书按照用户行为轨迹将行为分析指标分为渠道类指标、访问类指标、转化类指标、留存类指标，以及社交类指标等五类指标，第二层细化指标近 60 个。在用户分析模型构建方面，既有经典的根据 Alan Cooper 的著作《About Face：交互设计精髓》中提出的基于访谈和观察构建客户模型和构建临时客户模型两种方法，又有作者提出的基于行为数据构建客户模型的方法，并对这三种方法做了详细分析。

实操的构建方法与步骤：书中也详细介绍了用户画像和标签体系的构建方法、步骤，阐述了用户画像在推荐系统和智能营销中的具体应用。

经典的行业案例与实践：书中最后详细给出了用户行为分析在若干个不同行业的经典应用案例，包括金融、电商、房地产、快销品、互联网媒体等行业。每个案例都包括项目目的、具体痛点、采用的模型、分析过程、用户特征、取得的效果等。

本书特别适合各个行业利用大数据做用户行为分析的人员，也可以为企业 CXO、业务人员、IT 人员及大专院校师生提供阅读参考。

IDC 中国副总裁兼首席分析师　武连峰

专家点评

在数字化转型中,越来越多的企业认识到对用户的实时深入洞察,以及数据资产的沉淀已成为业务增长的重要引擎。客户行为分析的技术演进、新变化和趋势,以及与场景结合带来的用户洞察和业务增长的新可能,是每个做管理、营销、用户运营的人都应该深入了解和探究的。百分点优秀的数据科学家团队,将用户分析的前沿技术与最新的行业场景融合提升到了一个新的高度,并且从具体的实战案例中提炼方法论,让读者更容易与自身的业务实践相结合。

非常欣喜地看到本书面世,相信它可以帮助大家在数字化浪潮中,更好地贴近用户,把握业务增长的真谛!

微软大中华区首席营销官 郭洁

基于最新的大数据技术,对用户做出精准的画像,是数据产生价值的一个极其重要的基础工作。该工作非常重要,因为由此产生的标签是后续模型分析特征工程的重要前提。但是,该工作却非常具有挑战性。它要求的不仅仅是:前沿的模型分析方法,还包括最新的数据采集手段,以及重要的应用场景。试问谁能同时兼顾这三个方面?答:只有百分点的数据科学家团队。这么一群优秀的、高学历的小伙伴,对前沿的模型方法了如指掌,熟悉各种最新的数据采集手段,并将其应用于各种重要的商业场景,并形成规范的方法论。通过对本书的学习,可以快速地学习作者团队在这三个方面的宝贵经验,践行数据商业价值!

北京大学光华管理学院商务统计与经济计量系系主任 王汉生教授

从 2012 年开始由"移动加社交"组成的商业 3.0 时代,让全社会的生活与工作逐步进入到线上化、社交化、数据化;大量的用户购买、浏览、社交(包含工作当中的交互)等行为数据被全程沉淀与利用成为常态,越来越多的品牌开始重视基于行为数据构建用户模型,像分群、留存、画像等方法。

掌握了这些方法,就能实现数据驱动的决策与数据驱动的用户精细化运营,做到科学地降本增效;在这个新时代,品牌迫切需要学习构建这些框架的方法与实施步骤;本书包含了完整的结构,清晰的方法与步骤,是企业在数据驱动时代的必备工具。

数字化新商业转型专家　新加坡国立大学商学院兼任教授　周宏骐

前 言

随着科学技术的不断发展,整个社会的生产力在不断提升,社会交易也从以产品为导向逐渐转变为以消费者为导向。同时,信息技术在日常生活中的普及应用,也使得人们的生活方式、消费习惯、信息的获取和传达方式都发生了巨大的改变。在这种背景下,企业的竞争力更多地体现在如何更加深入地洞察消费者,制造符合消费者偏好的产品与服务。当大数据和人工智能的相关技术越来越为人们所认可,越来越多的企业希望运用这些新技术来支持产品生产或服务过程中相关决策的制定。

本书所探讨的用户行为分析,是指专门针对用户在网站、手机App、微信公众号等在线渠道上真实发生的在线访问行为数据,进行各种维度的统计分析,从而识别出不同用户的访问轨迹或访问规律,并将这些分析得出的规律和经验结合到公司的日常营销或运营场景中,以期持续性地提升营销或运营的效果。

本书核心内容

第1~2章,概要介绍了用户行为分析的基础知识和应用场景。

第3~4章详细介绍了基于大数据的用户行为数据的采集、存储和处理方法的技术原理和实施步骤,以及常用的采集与分析工具。

第5~6章重点介绍了用户行为分析的常用指标和用户模型构建,以及用户行为分析在企业日常运营中的具体应用。书中详细阐述了用户行为全程追踪方法,介绍了转化分析、用户分群、用户生命周期、用户流失预警、用户价值管理等经典的精细化运营模型。

第7~9章详细介绍了用户画像和标签体系的构建方法、步骤,阐述了用户画像在推荐系统和智能营销中的具体应用。

第 10 章详细阐述了用户行为分析在若干个不同行业的经典应用案例,包括金融、电商、房地产、快销品、互联网媒体等行业。

本书系统地介绍了用户行为分析的理论基础和实施步骤,书中列举了大量翔实的应用案例。本书既可以作为用户行为分析理论的入门书,也可以给相关领域的实践操作人员提供具体的实施步骤和应用方面的启迪。可供企事业管理人员、大数据从业人员和大专院校相关专业的师生阅读参考。

致谢

本书的出版,很大程度上是清华大学大数据及人工智能产教融合系列丛书编委会孙雪老师、电子工业出版社首席策划编辑李冰,以及公司市场部同事许冬琦等相关人员积极推动的结果。特别感谢前同事呼迪、韩世雄对本书内容所做的重要补充,你们的实践分享对本书的成稿起到非常有益的作用,同时感谢公司同事乔玥在统稿过程中所做的贡献。感谢 IDC 中国副总裁兼首席分析师武连峰在工作之余为本书撰写推荐序,北京大学光华管理学院商务统计与经济计量系系主任王汉生教授、微软大中华区首席营销官郭洁、数字化新商业转型专家周宏骐为本书撰写专家点评。

目　录

第1章　走近用户行为分析 1
   1.1　用户行为分析与画像的概念 3
   1.2　用户行为分析的意义 4
   1.3　大数据与用户行为分析 7
   1.4　用户行为分析的几个重要阶段 8
      1.4.1　获取用户行为数据 8
      1.4.2　明确分析指标与维度 8
      1.4.3　分析结果可视化呈现 10

第2章　行为数据分析的使用场景 14
   2.1　了解用户使用习惯 14
   2.2　提升用户操作体验 15
   2.3　监控业务转化过程 17
   2.4　持续性辅助用户运营效果 19

第3章　基于大数据的行为分析——传统埋码 23
   3.1　行为数据采集方法与技术原理 23
   3.2　行为数据的统计原理 26
   3.3　行为统计的分类方法 31
      3.3.1　使用层面的分类 31
      3.3.2　技术处理层面的分类 32
   3.4　基于大数据的行为数据存储与计算 34

3.4.1 行为数据采集系统示例 ... 34
3.4.2 存储与分析系统示例 ... 40

第4章 基于大数据的行为分析——无埋码 ... 67

4.1 无埋码技术的实现原理 ... 67
4.2 无埋码技术的使用实例 ... 69
4.3 无埋码采集系统示例 ... 70
 4.3.1 连接应用 ... 70
 4.3.2 配置无埋码事件 ... 71
4.4 其他无埋码渠道的行为数据分析 ... 74

第5章 行为分析的指标与模型 ... 77

5.1 用户行为分析的3个层次 ... 77
5.2 行为分析指标 ... 78
 5.2.1 渠道类指标 ... 78
 5.2.2 访问类指标 ... 78
 5.2.3 转化类指标 ... 79
 5.2.4 留存类指标 ... 80
 5.2.5 社交类指标 ... 81
5.3 用户模型构建 ... 81
 5.3.1 传统的用户模型构建方法 ... 82
 5.3.2 大数据时代下基于行为数据的用户模型构建方法 ... 83
5.4 用户行为全程追踪 ... 85
 5.4.1 用户获取 ... 86
 5.4.2 用户转化 ... 86
 5.4.3 用户留存 ... 87
 5.4.4 产生收入 ... 87
 5.4.5 用户传播 ... 88
5.5 转化分析模型 ... 89
 5.5.1 科学地构建漏斗 ... 89
 5.5.2 漏斗对比分析法 ... 90
 5.5.3 漏斗与客户流向结合分析法 ... 90

5.5.4 微转化行为分析法 ··················· 91
　　5.5.5 用户注意力分析法 ··················· 92
5.6 精细化运营模型 ························ 93
　　5.6.1 用户常规分群体系构建 ················· 93
　　5.6.2 用户生命周期模型构建 ················· 95
　　5.6.3 用户流失预警模型构建 ················· 96
　　5.6.4 用户价值管理（RFM）模型构建 ············· 98
　　5.6.5 大小数据融合的用户画像模型构建 ············ 99

第6章 行为分析与日常运营 ···················· 101

6.1 用户行为分析与渠道运营 ···················· 101
　　6.1.1 渠道归因模型 ····················· 101
　　6.1.2 渠道引流趋势分析 ··················· 102
　　6.1.3 不同渠道用户画像 ··················· 103
　　6.1.4 不同渠道用户站内行为 ················· 103
6.2 用户行为分析与产品运营 ···················· 104
　　6.2.1 用户健康度分析 ···················· 104
　　6.2.2 用户路径分析模型 ··················· 105
　　6.2.3 漏斗分析模型 ····················· 107
　　6.2.4 用户点击模型 ····················· 108
6.3 用户行为分析与营销运营 ···················· 109
　　6.3.1 用户行为分析与活动方案设计 ·············· 109
　　6.3.2 用户行为分析与活动方案执行 ·············· 110
　　6.3.3 用户行为分析与活动效果评估 ·············· 111
6.4 用户行为分析与用户运营 ···················· 112
　　6.4.1 用户行为分析与拉新 ·················· 112
　　6.4.2 用户行为分析与转化 ·················· 114
　　6.4.3 用户行为分析与留存 ·················· 116

第7章 用户画像 ·························· 118

7.1 用户画像概述 ·························· 119
　　7.1.1 用户画像的定义 ···················· 119

        7.1.2 用户画像的构建原则 ·· 120
        7.1.3 用户画像的应用领域 ·· 121
    7.2 两种常见的用户画像 ·· 122
        7.2.1 用户角色（User Persona）··· 122
        7.2.2 用户档案（User Profile）·· 125
    7.3 用户画像的调研 ·· 131
        7.3.1 背景描述 ·· 131
        7.3.2 需求调研 ·· 132
        7.3.3 业务理解 ·· 134

第 8 章 标签体系——用户画像的刻画 ··· 135
    8.1 标签体系的构建 ·· 135
        8.1.1 ID 拉通 ·· 136
        8.1.2 结构化标签体系和非结构化标签体系 ··· 145
        8.1.3 标签体系的构建 ··· 147
    8.2 标签体系的分析方法及应用 ·· 151
        8.2.1 群组构建 ·· 151
        8.2.2 用户群组分析 ··· 153
        8.2.3 微观画像 ·· 154
        8.2.4 用户相似度 ·· 155

第 9 章 用户画像的大数据应用 ·· 159
    9.1 用户画像与推荐系统 ·· 159
        9.1.1 推荐系统简介 ··· 159
        9.1.2 矩阵计算 ·· 160
        9.1.3 基于用户的协同过滤示例 ·· 161
    9.2 用户画像与智能营销（一）·· 166
        9.2.1 营销场景构建 ··· 167
        9.2.2 业务规则 ·· 167
        9.2.3 实时化的自动营销 ··· 167
    9.3 用户画像与智能营销（二）·· 168
        9.3.1 用户画像与电话营销 ··· 168

- 9.3.2 用户画像与电话回访 ·· 169
- 9.3.3 用户画像与二次销售 ·· 169
- 9.3.4 用户画像与投诉 ·· 169

第 10 章 案例与详解 ·· 171

10.1 金融行业用户全渠道行为分析 ·· 171
- 10.1.1 分析背景 ·· 171
- 10.1.2 用户行为分析过程 ·· 173

10.2 电商行业用户行为分析 ·· 177
- 10.2.1 分析背景 ·· 177
- 10.2.2 用户行为分析过程 ·· 179

10.3 房地产行业用户行为分析 ·· 183
- 10.3.1 分析背景 ·· 183
- 10.3.2 用户行为分析过程 ·· 185

10.4 快消行业用户行为分析 ·· 188
- 10.4.1 分析背景 ·· 188
- 10.4.2 用户行为分析过程 ·· 189

10.5 媒体行业用户行为分析——以电影网为例 ························ 196
- 10.5.1 分析背景 ·· 196
- 10.5.2 用户行为分析过程 ·· 197

第1章
走近用户行为分析

用户分析是企业经营中最受关注的领域之一,在日常生活中,大家或多或少都经历过如下场景:在街头被邀请参与某商品的问卷调查;在饭店被服务员询问对菜品的意见;在试驾后被邀请填写对车况、内饰的感受和评价。这些场景体现的就是各行各业的经营者惯用的用户分析手段。如图 1-1 所示,企业获取的用户数据越充分,对消费者的了解就会越全面、真实,得到的有助于产品改良的启发就会越多,提供给用户的服务也会更加符合用户的真实需要。这就是用户分析的意义所在。

图 1-1 用户分析

用户分析可以分为"问卷调查""体验邀请""行为分析""用户画像""趋势预测"等细分领域。不同的分析方法需要不同的条件来支持，如问卷调查需要有题库支持，体验邀请需要有场地支持，行为分析需要有技术支持等。因此，不难理解，不同的分析领域会受到不同条件的制约。有些分析过程可以与用户产生直接的接触，得到用户亲自表达的态度，而有些分析则没有条件直面用户，只能通过技术手段得出结果。例如，一个电商网站的经营者，他所面对的用户只是坐在计算机屏幕另一端的"游客/访客"，这种"网友"看不见摸不到，不愿填写问卷，也没有线下体验店可以去体验，这样的困境是很多电商经营者正在面临的挑战。

"某用户通过在线商城选购了一款吹风机，但我们并不知道她为什么选择这款昂贵的，而不是其他廉价的？是因为外观好看，还是因为某个特别的功能？我们连询问他的机会都没有。我们以为这款吹风机会是很多用户的选择，于是把它放到显眼的地方让更多用户看到，但在接下来的很长一段时间里，并没有其他用户选购它。"

行为分析正是在此类场景下非常有效的用户分析手段，因为它既不需要"与用户完成问答式对话"，也不需要"用户主动留下态度"，它能够真实地观察用户的行为，并总结出用户的偏好规律，从而达到分析的效果。例如，在同一家品牌服装店里，导购员小张习惯在用户进门的第一时间，热情地迎上去询问："您需要点什么？"而导购员小李则总是先静静地观察一会儿，观察用户在哪个区域的货架驻足时间更长，观察用户每次拎起衣物的颜色风格，观察用户是否翻动价签查看价格等，然后才走到用户身边，并根据刚刚观察到的线索去推荐相关的服饰。事实证明，小李总是比小张更容易获得用户的青睐，并能完成更多的业绩。通过对比上述用户分析的两种手段，不难发现，小张的做法更接近问卷调查类型的"问答式手段"，而小李的做法则正是"行为分析类手段"。

在线行为分析是用户行为分析的一个重要分支，特指对在线渠道留下的行为数据进行分析，也是下面主要探讨的方向。上述例子只是让大家更加具象地认识到行为分析在整体用户分析领域的特点，而并非要探讨如何像小李那样去观察和推销。在不同的行业领域，用户所能产生的真实行为数据是大相径庭的，如汽车行业有驾驶行为、餐饮行业有用餐行为、媒体行业有阅读行为等。这些完全不同的自然行为无法通过统一的理论与方法概括。但是，有一类用户行为却是在各行各业都相通的，那就是"用户的在线行为"。

随着互联网技术的发展和大数据领域的兴起，在线读书、在线购物、在线社交等已经悄然改变了用户的生活方式，从前的"逛街"变成了现在的"浏览商城"，从前的"存钱取钱"变成了现在的"线上交易"，原本多样化的自然行为被互联网的发展转化成了较为统一的"线上浏览""线上收藏""线上评论""线上分享"等在线行为。因此，如何通过有效的技术手段追踪并分析用户的"线上行为"，将是本书主要聚焦的内容。

1.1 用户行为分析与画像的概念

前面已经逐级阐述了"用户分析""用户行为分析""用户在线行为分析"概念的递进关系。下面所提及的用户行为分析都特指狭义的"在线行为数据"方向的用户分析。

用户行为分析是指针对用户在网站、手机 App、微信公众号等在线渠道上真实发生的在线访问行为数据，进行各种维度的统计分析，从而识别出不同用户的访问轨迹或访问规律，并将这些分析得出的规律结合到营销或运营场景中，持续地提升营销或运营效果。

这些在线行为通常包括"浏览网页""启动 App""点击按钮""切换页面"等操作，通过某些技术手段，对这些行为动作进行数据采集、存储与统计加工，加工之后的分析结果会以各种可视化（如指标报表、饼图、曲线图等）的形式进行呈现，以便我们去解读。例如，我们在应用市场上发布了一款供读者阅读文摘的 App 之后，通过技术手段支撑的用户行为分析方法，可以清楚地知道"每天有多少人在使用这个 App""用户更喜欢进入哪个栏目阅读""用户分布在哪些城市"，以及由这些行为特征所推测的用户年龄阶段、个性偏好等。将这些统计或分析的结果以"标签"的形式表述出来，即可形成如图 1-2 所示的通过在线行为分析出的用户画像。当然，在用户分析领域，画像是一个更为宽泛的概念，它不仅可以用于描述用户，也可以用于描述商品、文章等其他对象。例如，商品的尺寸、重量、品牌、材质等都可以用来描述商品的画像，而文章的分类、作者、风格、字数等可以用来描述文章的画像。

经过一段时间的用户行为分析后，上文提到的疑问将逐一得到解答。例如，"我的用户集中在深圳、广州地区""他们更喜欢从热门推荐栏目进入阅读""每天只有几百人使用这个 App，这与其他的资讯类 App 相比有很大的进步空间，我应该加强宣传推广"。那么，接下来我们会"面向深圳、广州地区集中投放宣传，以此吸引更多人下载并使用这个App""持续关注每天新增的用户，以此确认投放宣传的效果""增加对推荐栏目内容的更新频次，让用户体验更多新鲜有趣的资讯文章"。

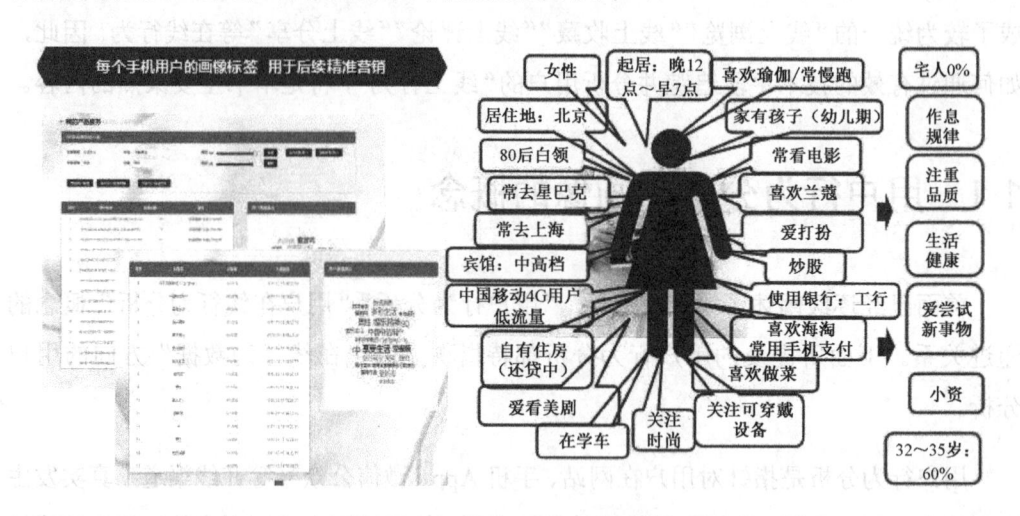

图1-2 通过在线行为分析出的用户画像

这就是一个从分析行为数据，到获得若干启发，再到配合营销执行的完整链路。在这个链路中，我们通过"提出问题""思考问题""解决问题"的方式列举了几个实际的场景，这将帮助我们从实际应用的角度来理解用户行为分析的概念。用户行为分析并不是特指一种结论，而是一个过程。在这个过程中，获取和统计行为数据需要计算机提供技术方面的支撑，而提出问题与探究原因则需要人的参与和思考，解读分析结果与验证思考结论又需要执行一系列营销动作来进行观察与比对。因此，解读用户行为分析的结果必须要结合具体的运营经验，不可将其单纯地理解为一组工具或一套公式。

1.2 用户行为分析的意义

用户行为分析的目的在于不断从分析结果中发现问题与捕捉规律，从而持续改善经营策略，以获得更好的用户体验和营销收益。

关于"发现问题"与"捕捉规律"下面分别举例说明。

案例一：发现某在线业务的填报流程冗长问题

某金融企业为了提升自身服务水平，改善业务办理效率，率先开展了在线申请办理信用卡的业务板块。用户可以不必再到营业厅的人工柜台，只需要在 App 中填写必要的个人信息，即可在线完成信用卡的申办。这在同行业的金融企业中，是十分领先的业务创新，该企业的各级领导对此项在线业务的推广效果十分关注。然而，经过一段时间的在线行为数据分析，发现 1 个月内通过 App 在线模块完成信用卡申办的人数只有几十人，这与当初决定开展此项业务时的预期相差甚远。

于是，技术部门与运营部门对此展开了更加细化的行为分析。他们分别整理了在线申办信用卡模块"进入"的人数、"退出"的人数、"点击开始申办"的人数，以及"填写个人信息""上传身份证明"的人数等详细到各个步骤的数据。经过数据统计，发现 90%以上进入该模块的人都在尚未成功办理业务的情况下选择了退出该模块。这意味着确实有很多用户对此在线业务感兴趣，他们有意愿在线完成信用卡的申请，但一定存在某种原因导致大多数人的申办过程不顺利，从而终止申办该业务。负责该模块功能设计的人员针对行为数据又做了更加细致的分析，发现完成在线信用卡申请需要按顺序填写 13 项信息，包括姓名、手机号、家庭住址、身份证号等，而从行为数据分析结果来看，大部分用户只进行到第 7 步或第 8 步，就不会再继续填写，从而放弃申请。

由此推论，在线申办信用卡所涉及的信息提交步骤太多，导致绝大多数人没有耐心完成申请就选择中途放弃。业务部门表示信用卡的申报与发放确实需要核对很多真实信息，如果盲目删减某些信息的填报，将无法遵守正常的信用卡发放规则。于是，面对既要"减少填报步骤，提高在线体验"，又要"将申报人的个人信息收集充分"的挑战，该模块的设计者在做出了精心调整，将申报的信息填写拆解为两部分：第一部分为个人信息关键项，只需要简单地填写"姓名、住址、身份证号、手机号"即可；第二部分为需要完善的补充项，包括信用卡办理历史、财务收入证明、证件上传等，并在两个步骤之间插入了"挑选心仪的信用卡"这一环节，让用户自己挑选喜欢的卡片外观。这个做法极大地缓解了用户在长达 13 个步骤的信息填写过程中的烦躁感。用户在完成第一部分的个人信息申报后，会花上半分钟左右的时间浏览并挑选漂亮的卡片，这个环节巧妙地穿插在冗长的信息填写过程中，有效降低了用户终止申报的概率。并且，即使用户在完成第一部分内容后仍然选择终止申报，业务人员也可以通过用户留下的手机号与其取得联系，进行必要的挽留，再次邀请其完成后续步骤并完成信用卡申报。

案例二：捕捉商品分类展示的规律

某互联网公司制作了一款在线食谱 App，收录了很多家常菜的烹饪方法，供广大注册用户查阅。提升用户体验和增加用户黏性是这家互联网公司不断追求的目标。如何把App内数以千计的菜谱用最合适的方法呈现给用户，是他们持续关注的问题。"首页是所有人进入App后的第一个页面，但位置有限，只能放下8个菜谱，究竟该挑选哪8个呢？"类似这样的问题是该款App的经营者每天都会反复探究的。

当他们针对App的用户行为数据进行分析后，得到了一个意外的发现。在此之前，他们已经使用"口味、荤素、南北菜系等"常规的分类方法，对菜谱进行了分类，然而当他们把所有用户的浏览记录关联分析之后，发现很多用户在翻阅菜谱的过程中是围绕"功效"来进行的，而并非单纯按口味或菜系进行浏览。如图1-3所示，看过"冰糖梨水""清炒藕片"的用户关心的是"润肺、活血"的功效，看过"木耳山药""粉丝豆芽"的用户关心的是"消食、清热去火"的功效。这个有趣的发现极大地启发了该款App的设计人员。在此之前，设计人员只是把类似于"养心、润肺、清热去火"等功效作为菜谱的描述文字备注在菜谱旁边，并没有考虑到"功效"竟然是用户在查询菜谱时的重要关联线索。

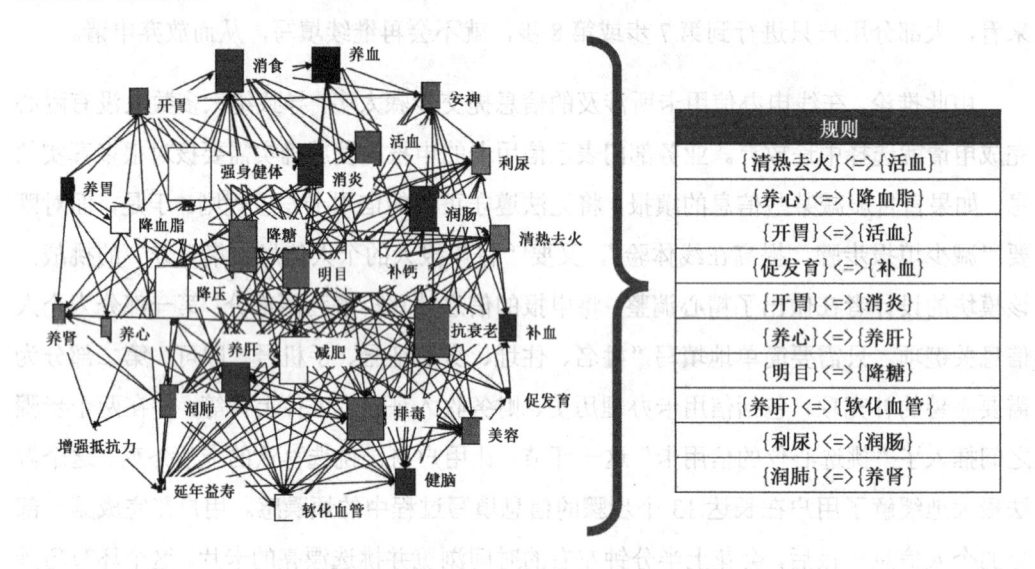

规则
{清热去火}<=>{活血}
{养心}<=>{降血脂}
{开胃}<=>{活血}
{促发育}<=>{补血}
{开胃}<=>{消炎}
{养心}<=>{养肝}
{明目}<=>{降糖}
{养肝}<=>{软化血管}
{利尿}<=>{润肠}
{润肺}<=>{养肾}

图1-3 菜谱类产品不同属性之间的关联规则

他们立刻调整了该App首页的内容排版，将首页规划成了各种菜谱分类的聚合入口，如"润肺""养心""清热去火""应季菜品""今日推荐"等，把首页有限的位置用用户喜欢的分类入口来填充，让用户在进入App的第一时间就可以快速找到与自己需求匹配的入口，快速定位到最需要的菜谱。在调整App首页之后，很多用户在留言板上写下了"非常贴心的分类设计""最用心的养生食谱"等好评。

结合上面的两个案例，我们梳理一下关于用户行为分析的意义。在第一个案例中，在线行为分析帮助金融企业迅速定位了影响在线申报信用卡完成率的问题。在第二个案例中，在线行为分析帮助食谱App捕捉到了用户的浏览规律。无论是"发现问题"还是"捕捉规律"都是下一步调整或优化举措的科学依据，是协助经营者持续改善用户体验、提升业绩的有力武器。

1.3 大数据与用户行为分析

近年来，移动互联网的发展对大数据量级的行为数据处理技术也提出了更高的要求。数据采集的实时性、数据分析的大规模计算能力等都需要引入大数据技术的支持才能得以实现。因此，了解技术原理是学会用户行为分析的必备前提。

大数据技术有别于传统的数据加工处理技术，其对数据的"数量级""存储形式""业务含义""时效性"都有着更高的要求。大数据的概念更接近"形态复杂的立体型数据"。因此，大数据技术是指面对海量、复杂的数据时必须使用的存储方法、加工工艺等相关技术手段。

对于用户行为分析领域来说，大数据技术是当下惯用的，甚至是必用的数据加工分析手段。用户的行为来源已经不再像若干年前那样渠道单一，线上行为可以同时来自多台计算机、Pad、手机，线下行为也将同时结合Wi-Fi地理定位、智能手环、智能汽车、智能机器人等回收的数据。如何将这些数据进行统一的识别？如何将一个用户线上、线下的多种渠道行为贯穿起来？如何存储与处理超大量的流水账一样的行为数据？这不可能通过简单的Excel文件或传统的关系型数据结构就能进行有效处理。

相比而言，大数据技术与传统数据加工处理技术在原理上是相通的，它的优势在于处理"庞大海量"且"数据结构多样"的数据集合时更为高效。这种高效是传统技术手段无法做到的。随着业务需求的不断深化，用户行为分析所面对的挑战也越来越大，经营者总是不断地在行为数据的海洋中进行挖掘分析，希望得到更加有效的信息或构思更加有用的辅助策略。因此，越是丰富细腻的行为数据，越是值得分析加工的优质原材料。在这样的趋势下，大数据技术必然成为当下进行用户行为数据分析的常规手段。因本书的主题限制，我们不对大数据的技术细节展开阐述，但后文涉及的若干数据采集方法和分析加工手段等，都是依托于大数据技术进行的。

1.4 用户行为分析的几个重要阶段

前面的内容主要阐述了用户行为分析的概念和意义。通过若干具体案例,我们已了解到,在实际应用场景中,用户行为分析是如何发挥作用并帮助经营者调整运营策略的。那么,当我们需要开展这类分析时,需要做哪些准备工作?如何获取行为数据?怎样设定分析的维度?下面就将用户行为分析拆解为以下几个阶段来进行学习。

1.4.1 获取用户行为数据

获取用户的在线行为数据是进行用户行为分析的首要条件。关于采集这类数据的技术手段将在后面的章节中进行详细介绍。在这里,我们假设已经通过某些技术手段得到了行为数据。那么行为数据会是什么样子的呢?一般来说,每一条行为数据都至少包括"什么时间""哪个用户""在哪里""做了什么动作"等信息。

- 当一个用户在手机中点击进入名为"阳光阅读"的 App 时,对应产生的行为数据为:"2018-03-19 14:32:37""用户 A""阳光阅读""启动进入 App"。

- 当这个用户在"阳光阅读"App 里选中一篇名为《防流感小窍门》的文章,点击进入文章详情页阅读时,对应产生的行为数据为:"2018-03-19 14:33:41""用户 A""阳光阅读""浏览文章""防流感小窍门"。

- 当这个用户在"阳光阅读"App 中把一篇名为《走遍大西北》的游记文章加入"收藏"时,对应产生的行为数据为:"2018-03-19 14:36:15""用户 A""阳光阅读""收藏""走遍大西北"。

当然,上面的例子只是着重强调了行为数据中较为核心的部分,如行为发生的时间、行为代表的含义等。事实上,行为数据所能收集到的信息还包括很多设备信息,如浏览器的型号、版本、操作系统,手机终端的品牌、型号、版本、地理定位等。这些设备信息与上述的行为描述信息都是进行用户行为分析的重要数据材料。

1.4.2 明确分析指标与维度

了解了行为数据包含哪些信息后,就可以进入下一个环节:设定需要通过用户行为数据计算的指标维度。详尽的指标规范与技术规格将在后文中介绍，当前阶段仅阐述设计这些指标与维度的思路。

首先明确一下"指标"与"维度"的概念。

（1）指标的概念。在用户行为分析领域，指标是用于衡量事物发展程度的单位或方法，如新增用户数、转化率、留存率等。指标需要经过加和、平均等计算方式得到，并且受到一些前提条件的限制，如时间、地点、范围等，也就是我们常说的统计口径与范围。指标可以分为绝对数指标和相对数指标。绝对数指标反映的是规模大小，如浏览次数、用户数、注册量等，而相对数指标主要用来反映质量好坏，如转化率、留存率、跳出率等。

（2）维度的概念。如果说指标是用于衡量事物发展程度的，那么维度就是用来评估发展的方向好坏的。维度是事物或现象的某种特征，如性别、地区、时间等。时间是各类数据分析中最常用的也是最特殊的维度，通过时间前后的对比，很容易识别事物的发展方向是变好了还是变坏了。维度可以分为定性维度与定量维度，也就是根据数据的类型来划分，通常文字描述类型的数据就是定性维度，如地区、性别、出生地等；而数值型的数据就是定量维度，如收入、年龄、交易金额等。

通过分组搭配指标与维度，可以产生有解读意义的各种分析结果。例如，针对某个电商购物类 App，我们可以模拟设计以下几组简单的指标与维度，了解这些指标与维度可以产生怎样的分析结论。

指标：用户数、新增用户数、行为发生次数

维度：时间、交易金额、商品分类

分析场景一：

在一周前市场部刚刚发布了 App 的推广宣传，运营人员希望了解推广的效果，他们需要用"推广之前每天新增用户数"与"近一周每天新增用户数"进行对比。指标选取"新增用户数"，维度选取"时间"，即可得出需要的统计结果，从而判定推广前与推广后的每日新增用户数的增长情况。

分析场景二：

商品运营团队希望了解在 App 销售的若干商品中，哪些商品是"复购率"更好的、

值得"热推"的。为此,指标选取"行为发生次数",维度选取"时间"和"商品分类",即可查看"某时间段内在 App 订购商品超过 2 次的用户到底购买了哪些商品分类下的商品"。

通常来说,在成百上千的用户行为数据中,挑选哪些指标与维度来进行分析主要是基于业务需求的,不同的场景需要组合不同的指标与维度。但大体上可以分为 3 类:"全局型分析需求""变化对比型分析需求"和"重点业务型分析需求"。

(1)全局型分析需求。一般是指对整体网站或整体 App 经营质量的统筹了解。例如,"每天新增了多少用户""每月有多少累计用户登录过""每个月从 App 中产生的交易金额是多少"等。这类分析结果常用来衡量自己经营的 App 相对于同行业其他 App 的质量状况、市场占有率等方面的情况。

(2)变化对比型分析需求。一般是指对某些核心指标在时间变化上的趋势监控。例如,"交易量的环比""注册量的上升趋势""新老访客占比变化"等。这类分析结果用来关注业绩的长期增长趋势,用于分析自己经营的 App 的持续改善效果。

(3)重点业务型分析需求。一般来自在特定的业务场景下运营人员需要格外关注的行为事件。例如,"在线留言投诉行为""变更个人联系方式行为""申请降价提醒行为"等。这类分析结果与业务场景关联密切,通常用来分析某些"营销效果"的转化情况、关键业务版块的用户体验等。

1.4.3 分析结果可视化呈现

在 1.4.2 节中,我们了解到设计合适的指标与维度可以形成有解读意义的数据分析结果。那么,不同的结果适合怎样的可视化呈现形式呢?下面介绍几种在用户行为分析界面中较为常用的报表展现形式,如图 1-4~图 1-6 所示。

数字表格、曲线图、饼图、柱状图是用户行为分析中最常使用的可视化图表。数字表格是最常用的展现形式,它直观地将统计数字用表格形式罗列出来。曲线图比较适合反映数据发展的趋势是上升还是下降,最高值和最低值出现在哪里等。饼图针对数据的占比情况有较好的展现,可以一目了然地看到几类数据在同一个饼状面积中的占比。柱状图常用来查看数据的分布情况,它与饼状图的差异在于:饼状图更适合表现个体在整体中的占比,而柱状图则着重表现个体与个体之间的对比情况。举例来说,当我们查看一个"新老访客占比"的分析结果时,会选用饼图。因为一个用户要么是新客,要么是

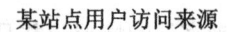

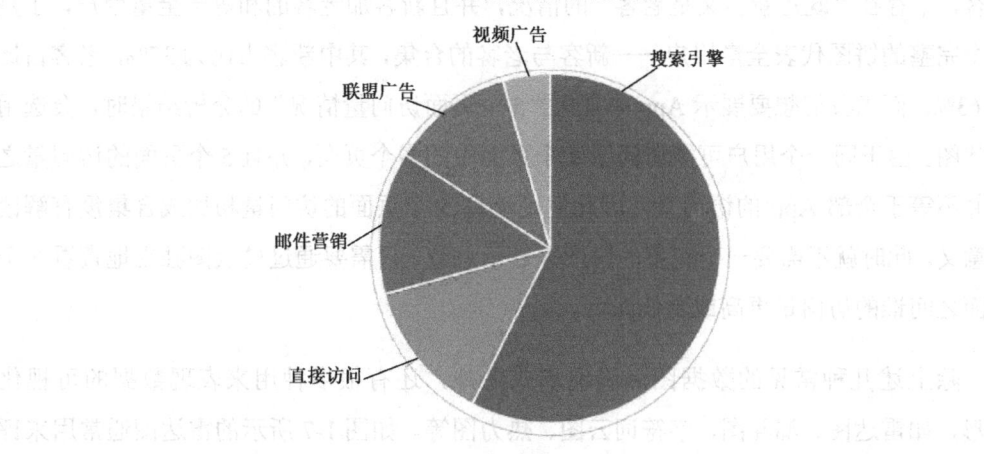

图 1-4　饼图

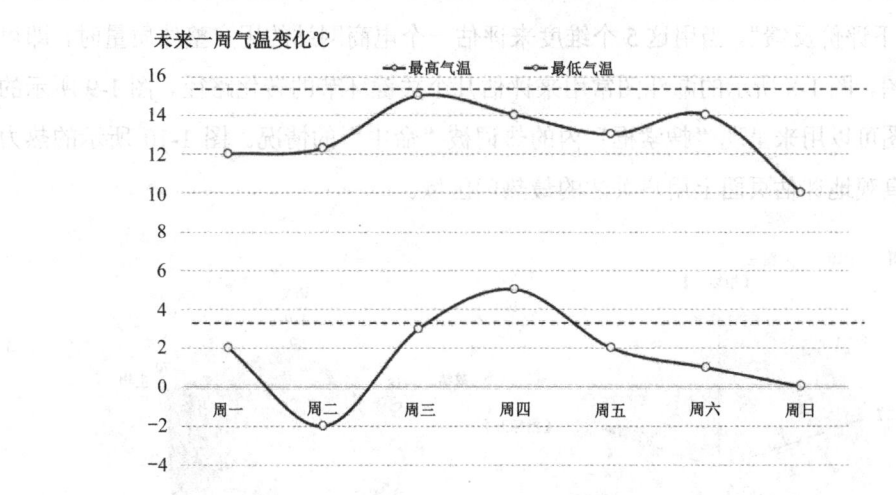

图 1-5　曲线图/折线图

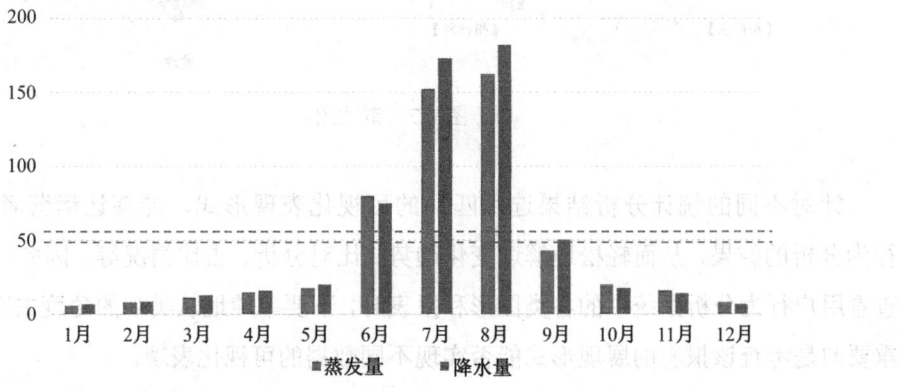

图 1-6　柱状图

老客，不存在"既是新客又是老客"的情况，并且新客加老客的和等于全量用户，于是一个完整的饼图代表全量用户——新客与老客的合集，其中新客占比为37%，老客占比为63%。而当我们想要展示App中任意"5个页面访问量情况"的分析结果时，会选用柱状图。由于同一个用户可能访问了5个页面中的多个页面，并且5个页面的访问量之和并不等于全部App的访问量，因此生硬地将5个页面的访问量相加成合集没有解读的意义。此时就不需要一个完整的饼图来表示总数，只需要通过柱状图独立地查看5个页面之间谁的访问量更高或更低即可。

除上述几种常见的数据图形展现形式之外，还有很多种用来表现数据的可视化图形，如雷达图、漏斗图、字符词云图、热力图等。如图1-7所示的雷达图通常用来评估几个固定维度值的分布情况，如"活跃度""使用时长""发生交易次数""交易累计金额""留下评价反馈"。当用这5个维度来评估一个电商网站的用户整体质量时，即可使用雷达图。图1-8所示的漏斗图常用来评估几个关键环节的转化路径。图1-9所示的字符词云图可以用来呈现"搜索框"内的热词被"命中"的情况。图1-10所示的热力图可用来直观地评估页面上用户关注的最热门区域。

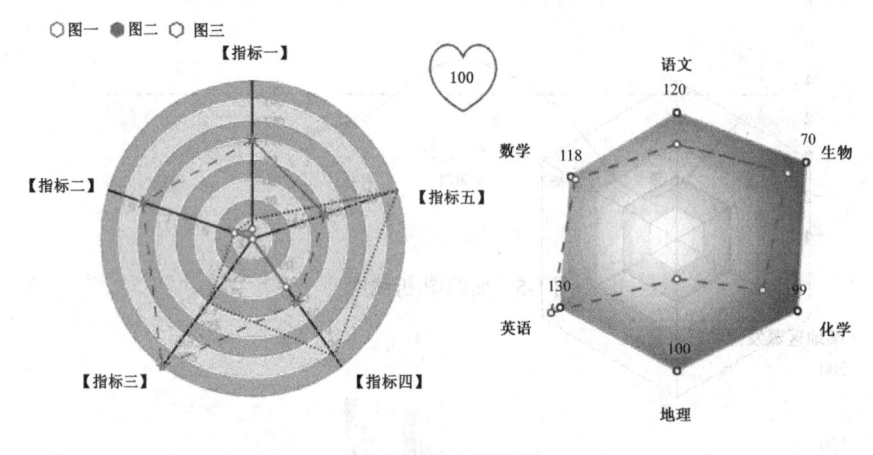

图1-7 雷达图

针对不同的统计分析结果选用匹配的可视化表现形式，能够让运营者查看用户行为分析的结果，从而轻松地解读变化趋势、比对分析、占比情况等。因此，当我们在查看用户行为分析系统中的各类图形和报表时，不要单纯地从美观的角度去审视它，更重要的是考查该报表的展现形式能否实现不同数据的可视化表现。

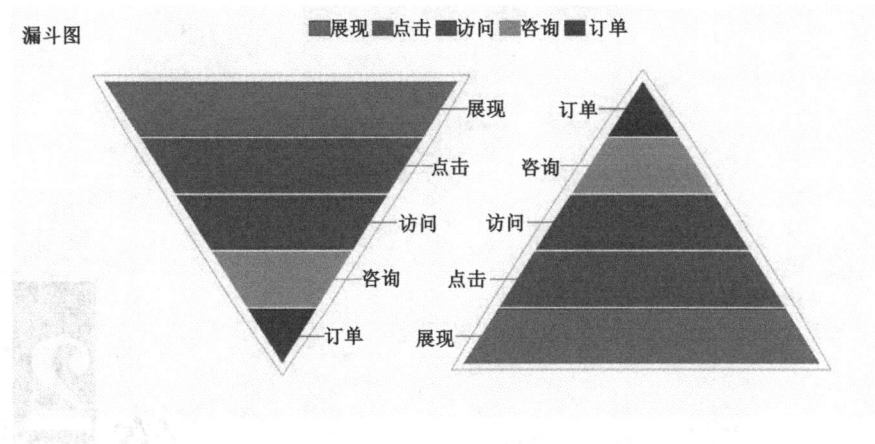

图 1-8　漏斗图

图 1-9　字符词云图

图 1-10　热力图

第2章 行为数据分析的使用场景

行为数据分析的使用场景十分广泛。例如，运动手环或 App 通过监测用户行为数据了解用户每天的步数统计，从而推算其热量消耗情况或健康指数；线上直播软件通过追踪用户行为数据获取用户对各类直播内容的喜好程度，从而调整推荐列表的内容。下面从行为数据分析的运用角度，来了解最典型的行为数据分析的应用场景。

2.1 了解用户使用习惯

当我们浏览网站或使用某款 App 时，不同的人拥有不同的使用习惯。例如，有些人习惯于集中时间完成早间阅读，他们会在上班途中阅读时事新闻，或者了解今日秒杀及当期优惠购物信息。而有些人则没有相对集中的阅读时间，他们更喜欢使用碎片化的时间来关注新闻、了解促销活动等。因此，上网的时段偏好就是使用习惯中最为常见的变量。再如，同样是在综合电商中寻找自己心仪的商品，有些人喜欢使用关键词搜索定位相关商品，有些人则喜欢在导航中按品类进入频道页来寻找商品。

如果能较为全面地分析出这些不同的用户使用习惯，经营者就能更好地调整网站或 App 的页面布局，设计新用户所需要的导航路径说明。此外，当经营者需要将某些重点宣传的营销信息推广给用户时，也可以根据大部分用户的上网时段偏好，来选择营销活动的集中推广时段，让更多的营销素材可以在访问量较高的时段被呈现出来，从而获得更好的宣传效果。

尊重用户的使用习惯，基于不同的习惯来设计网站的排版与导航路径，是所有网站或 App 经营者的常用经营手段。我们当下所常见的很多互动场景，也是出于培养用户使用习惯的角度才应运而生的。例如，在各类网站或 App 中常见的签到活动。我们以某个跨境电商网站来举例，在跨境电商发生消费行为的用户，通常购买频次相对较低，仅当有幅度较大的优惠时，才容易产生集中抢购。经营者设计签到活动，正是为了培养用户的日均到访习惯。对用户来说，每天到访网站或启动 App 完成签到动作，即可获取系统赠予的积分或经验值，以便在集中抢购时拥有更多的优惠。对于在跨境电商上消费频次不高、消费单价较高、习惯观望价格走势、不轻易出手的用户来说，签到活动的规则并没有改变他们的消费习惯，但确实培养了他们的浏览习惯，也同时让用户获得了更多的优惠机会。经营者有效地提升了用户的活跃程度，增加了用户的黏性，因此有机会将更多的长尾商品、滞销商品展示出来，让这些商品拥有更多机会在平日里完成销售。这就是比较常见的既尊重用户已有习惯，又合理培养新增习惯的典型应用场景。

2.2 提升用户操作体验

用户体验是近年来我们在用户运营领域经常听到的词语。用户体验经常与易用性被同时提起。易用性实际上是指用户完成某项既定任务的难易程度，它只是用户体验的一个子集。真正意义上的用户体验实际包含了产品的视觉吸引力、信息表达的清晰程度、交互过程的流畅感等诸多方面。用户体验涵盖了用户与产品进行互动时的所有心理与行为因素。

持续关注并提升用户体验是获得用户好感、赢得用户信赖的重要手段之一。做用户在线行为数据的分析目标之一，也是为了有效评估用户体验指数。我们通过观察网页打开速度、整个网站的平均访问时间、单个页面的停留时间、跳出率较高的页面等，都可以直观地感受到用户体验的优劣。我们可以参考两个经典的案例分别理解在 PC 端和移动端，用户体验是如何被分析与改善的。

首先来看一看在 PC 端网站的交互体验改进之路上，我们经历了哪些显而易见的变化。在若干年前的电商网站购物体验中，我们都经历过需要率先完成注册与登录，才可以进行商品订购的经历。我们需要首先在注册板块填写用户名、密码、邮箱、联系方式和送货地址等大量信息成为电商网站的会员，在此之后才可以完成在线支付与订购。而经过大量的行为数据分析之后，网站的经营者发现，冗长的注册步骤打断了在线用户的购物意图，他们的在线行为数据常常终止于注册的环节。

随着在线用户体验学科的不断发展，我们在电商网站的购物体验已经悄然发生了变化。为了有效地促成在线订单的顺利达成，尽量减少对用户在线购物体验的中断与干扰，绝大部分电商已经启用"快速注册"或"快速订购"模式。一个尚未注册为会员的用户，在进入在线下单流程时，系统只会要求其填写收货信息与联系人信息，并不会强制其进入注册流程并完成全部信息的填写。当订单完成后，系统会收录其联系人信息与收货信息，并自动生成一个会员账号，代替该用户"完成"注册。在此之后，当该用户回到电商网站时，系统将向用户发送提醒，告知其已经成为会员，并可以按个人偏好去修改用户名和昵称等。这样既可以确保在线购物的用户体验顺畅且不被打断，促使线上的交易顺利达成，又不会降低电商网站的注册量，并且仍然保留了用户自定义用户名和昵称的自由度。

移动端在用户体验的分析与改进上也同样有很多经典的案例值得分享。大家知道，交通路况的导航应用是随着移动互联网的兴起而蓬勃发展的，开车途中通过手机或车辆自带的导航系统查看行驶路线甚至路况拥堵情况，在今天已经是十分常见的应用场景。但是，我们稍加回想就能发现，这种导航应用的普及实际上与其交互体验的大幅改良有着密不可分的关系。一家在 2010 年前后发布上市的导航系统，通过大量的在线用户行为分析发现，在导航系统的使用过程中，将地图放大或缩小的按钮经常被点击。这说明在查看地图导航的过程中，页面及图像的放大或缩小是最频繁的操作，也是用户的导航体验中最为关键的一个环节。然而，行驶途中操作手机或车载系统对司机来说都是会分散精力的。司机很难在驾驶的同时，准确地点击放大或缩小按钮。这种遭遇技术瓶颈的交互体验持续了很长时间，直到苹果系统率先推出了"双指触屏调整图像放大缩小"的专利技术并得到普及，此类操作体验才被大幅提升。虽然此前的方式同样可以达到图像放大或缩小的交互效果，但是用两个指尖触屏后的拉伸与收紧动作来传达放大缩小的信息交互，显然是更完美的用户操作体验。

在日后众多的该类型应用操作中，我们都沿用相似的操作习惯。在导航中放大或缩小查看地图，在阅读过程中放大或缩小查看文章的配图，甚至是改变一段新闻快讯的字号大小等，都采用这种双指触屏调整的方式。巧妙的设计极大地改善了一种常见的交互方式，在获得用户体验提升的同时，更为诸多应用类软件创造了广阔的发展空间。

综上所述，打造良好的用户体验过程，需要经营者拥有主动的数据采集与分析意识，持续关注用户行为和用户感受，并不断发现用户行为的聚焦点，持续探索和创造更加新颖且便捷的交互方式。

2.3　监控业务转化过程

前面分别介绍了如何通过数据监测与分析来迎合用户的使用习惯与改进用户体验。但是不难发现，上述两者都聚焦在用户在线行为的过程。在本节，我们将主要关注于用户的最终转化目标。这就好比当我们希望提升一支足球队的整体技术水平时，除了要提升在足球传递过程中的配合、队形、章法，还需要着重关注在临门一脚时的机会把握与射门技术。

首先来了解一下转化的概念。转化并不是特指某个通用的在线行为，它代表着一个或一类重要的业务目标。转化既可以用来形容一条路径，也可以用来形容一个具体目标。例如，"注册转化"代表用户从未知的访客身份转化为会员；"报名参加活动转化"代表一个在线活动的参加报名人数；"交易转化"代表用户在线上达成一笔交易等。最有代表性且最容易理解的转化来自电商。我们可以把"浏览""收藏""添加到购物车""下订单"和"完成支付"理解为一条完整的转化路径。这个路径是整个电商网站经营的核心命脉。这个路径中的各个节点都属于转化的节点，但其最后一个节点"完成支付"才是这条路径的最终转化目标。

我们常说的"转化率"也不是特指某一个专门的转化，而是分布在各类转化节点的转化率。例如，从"来访"到"注册"的转化率，从"浏览单品页"到"添加至购物车"的转化率，从"下订单"到"完成支付"的转化率等。

监控业务转化过程是在线用户行为分析中至关重要的一个环节。因为所有的在线应用，无论是一个网站还是一个 App，最终的经营目的都是满足某种业务场景，获得某些业务转化。如果说了解用户使用习惯与改进用户体验只是为了赢得用户的喜爱、提升用户黏性，那么监控业务转化则是为了促成用户的最终转化，赢得可评判、可衡量的业绩目标。

如图 2-1 所示的转化漏斗是来自一个金融证券行业的经典案例。该证券公司自主研发了一款开户专用 App，用户可以通过此 App 在线上完成炒股专用的资金账号申请。为了更好地监控在线开户的行为，经营者对在线开户的每一个步骤都进行了数据采集。正如图 2-1 中所展现的，在线开户共计需要用户在 App 内按顺序完成 7 个步骤的操作。

步骤1：进入开户页·手机号验证
👤:12,735 ➡:100% ✖:100%
[查看流出人群名单]

步骤2：上传身份证正面
👤:4,182 ➡:33% ✖:33%
[查看流出人群名单]

步骤3：上传身份证背面
👤:2,613 ➡:62% ✖:21%
查看该平台参数
[查看流出人群名单]

步骤4：上传身份证完成
👤:2,242 ➡:86% ✖:18%
[查看流出人群名单]

步骤5：完善个人信息
👤:1,957 ➡:87% ✖:15%
[查看流出人群名单]

步骤6：视频认证
👤:1,835 ➡:94% ✖:14%
[查看流出人群名单]

步骤7：开户完成
👤:94 ➡:5% ✖:1%

图 2-1 转化漏斗

经过一段时间的数据统计发现，有 50% 的用户已经进入了这个开户流程，但并没有完成最终的开户申请。也就是说，有一半的用户已经有了在线开户的意向，但种种原因导致他们在申请过程中流失了。再细化查看每一个步骤的用户人数，经营者发现流失的用户中80%以上都是在"视频认证"这一步流失的。经过与业务部门确认之后，经营者发现问题确实来自这个环节。券商的开户部门必须通过在线的视频通话确认开户者的真实身份与自主意愿，然后才可以开通资金账号。由于这个过程经常需要消耗较大的网络带宽，无法支持多人同时在线认证，很多用户需要排队等待连线。正是这个等待的时间消耗了用户的耐心，很多用户在等待的过程中，主动退出，中断操作，导致开户未能完成。

在定位到这个问题后，经营者制订了相应的挽回策略。通过技术手段定时捕捉进入"步骤6：视频认证"但未进入"步骤7：开户完成"的用户，及时向其发送挽留短信（用户的手机号码已经在步骤1中完成获取）："尊敬的用户您好，感谢您的耐心等待，请点击链接重新进入视频认证，完成开户。"此策略极大地赢得了用户的好感，开户过程中流失的用户中有60%以上都成功地回到"视频认证"环节，并最终完成开户。

2.4 持续性辅助用户运营效果

用户运营是一个持续的过程，我们做行为采集与分析的目的也是让运营人员有持续观测数据的平台。我们可以将运营过程拆解为 "发现异常""探究原因"和"解决问题" 三个阶段。运营人员在日常的数据观察过程中会发现"某天数据与平日数据差距过大"等现象。基于这个问题表象，结合其他维度的数据进行综合分析，推测导致数据异常的原因，并结合业务的实际情况去确认问题，最终针对问题进行调整，然后重新观测数据是否恢复正常。实际案例如下。

1. 发现异常：某在线理财用户，其绑卡用户数在下降

经营者发现在某次服务端软件升级后，绑卡用户数出现下降。因为理财产品绑卡后才可交易，所以如图2-2所示的绑卡事件在指定时间段的发生次数作为一个核心指标，在运营工作中十分重要，经营者迫切需要找到问题所在。

2. 探究原因

（1）新增用户是否出现异常。如图2-3所示，新增用户的下降会导致用户基数下降，从而引发绑卡用户数下降。首先查看新增用户是否出现异常。由图2-3可以看到新增用户趋势相对平稳，暂时排除此原因。

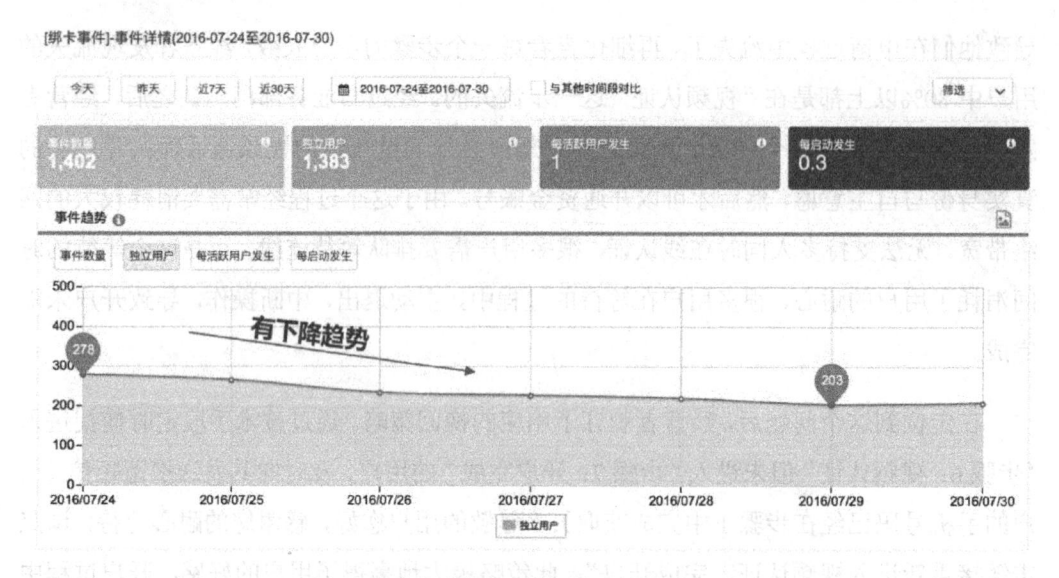

图 2-2 绑卡事件在指定时间段的发生次数

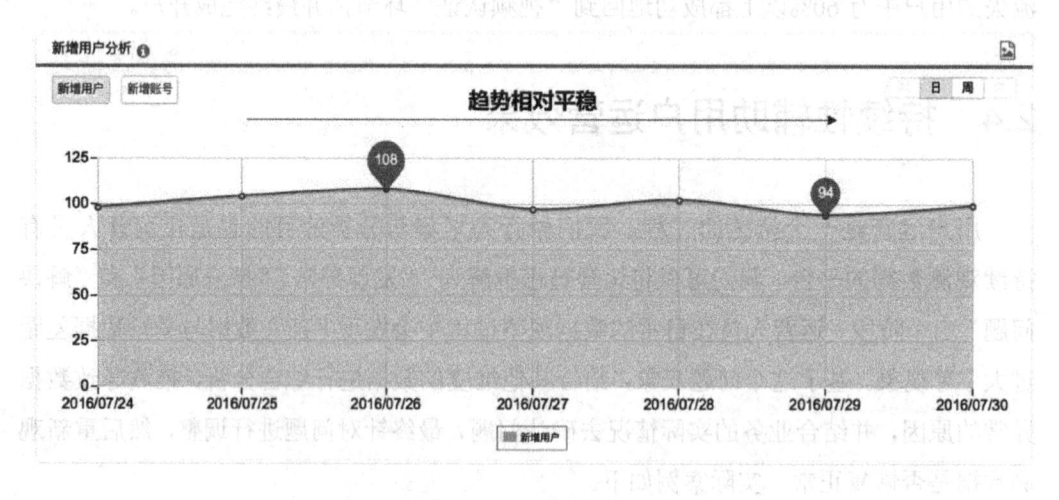

图 2-3 指定时间段的新增用户数量

(2)返回绑卡事件本身寻找切入点。根据日常运营经验,首先从渠道维度细分查看各渠道绑卡用户数是否出现异常,如图 2-4 所示,发现"渠道:豌豆荚"的绑卡用户数在一段时间内出现很大的下跌趋势,且出现时间与软件升级时间段吻合。

(3)服务端软件升级是否为豌豆荚渠道数据下降的原因。要定位此问题需要再从应用的版本维度继续下钻细分数据。如图 2-5 所示,发现豌豆荚渠道的 v4.5.0 版本的绑卡用户数出现断崖式下跌,从服务端软件升级后就没有新增的绑卡用户。这可能是服务端软件升级和此渠道版本的应用出现冲突导致的。

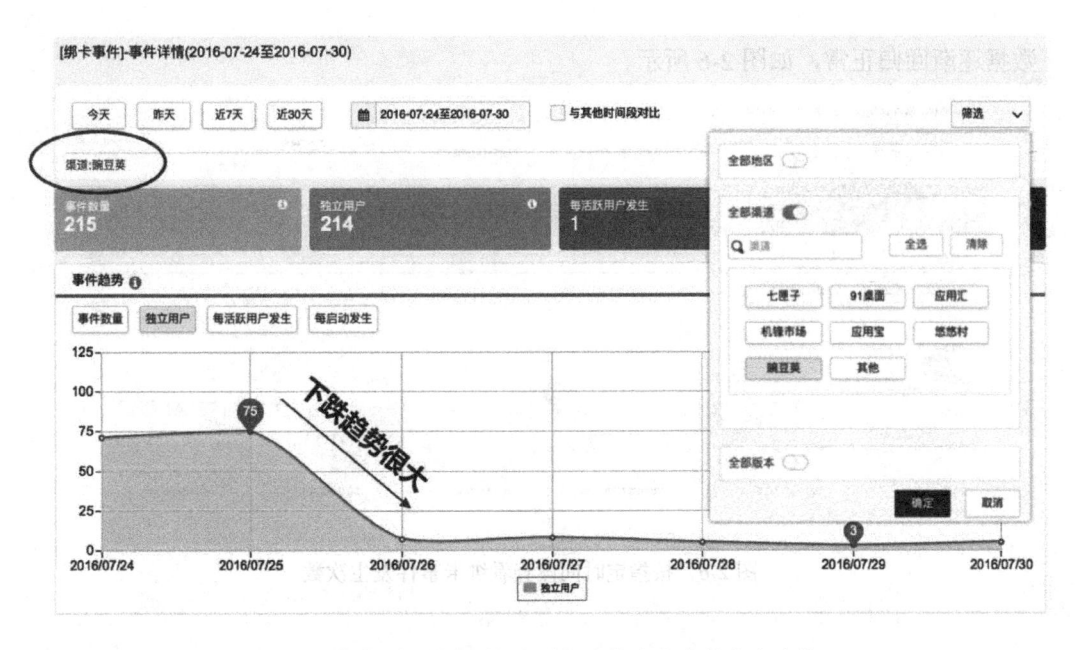

图 2-4　按推广渠道查看指定时间段的绑卡事件发生次数

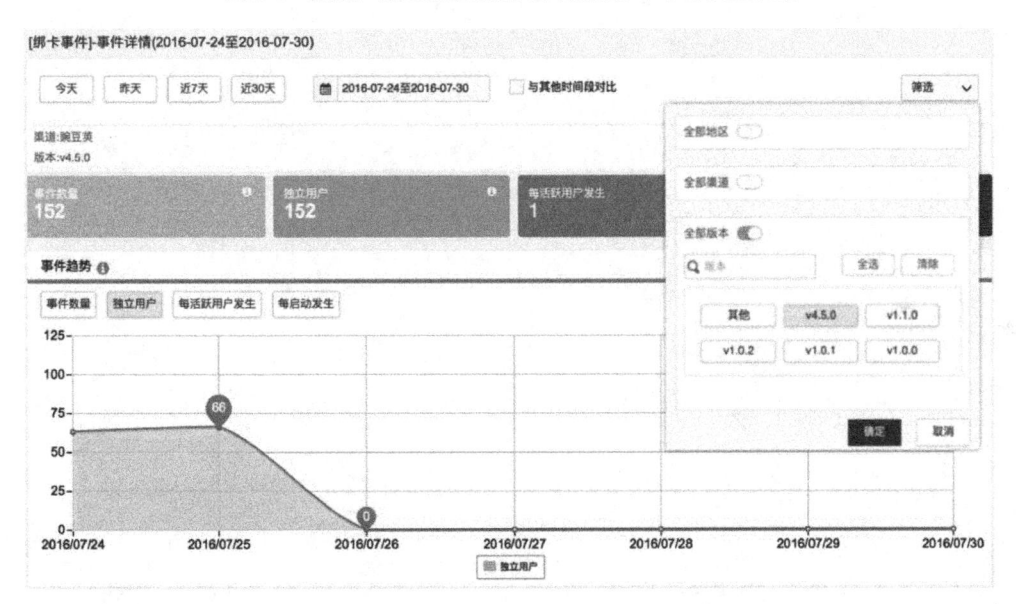

图 2-5　按 App 的版本查看指定时间段的绑卡事件发生次数

3. 解决问题：追根溯源，紧急修改服务端 BUG

经过与技术部门沟通，发现豌豆荚上架的 v4.5.0 版本应用有少许定制，是定制部分与此次服务端软件升级不兼容导致无法绑卡，致使整体绑卡用户数下降。经过协调，技术部门紧急修改了服务端的 BUG，使问题得到了解决。经过一段时间的观察，绑卡的数据逐渐回归正常，如图 2-6 所示。

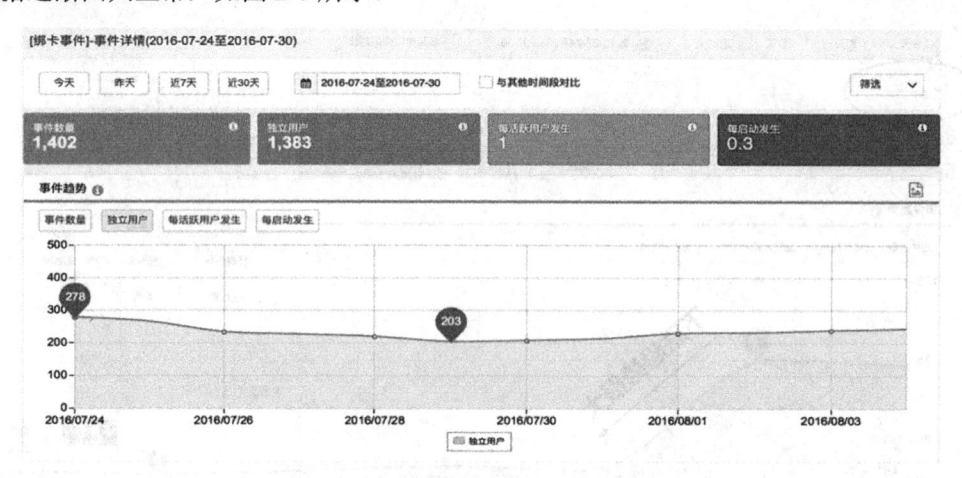

图 2-6　按指定时间段查看绑卡事件发生次数

第3章

基于大数据的行为分析——传统埋码

3.1 行为数据采集方法与技术原理

在线行为数据的获取，一般通过两种方法：一种是实时性较高的直接采集；另一种是定时获取行为日志文件的批量间接采集。直接采集一般是第三方采集公司常用的技术手段，通常的实现方式是由第三方采集公司提供一组代码包，由技术人员将代码包按照指定的方法集成到 App 程序或网站程序中。此后，这个 App 或网站每出现一次用户访问，行为数据都会在第一时间被发送到服务端进行存储及分析。行为数据的格式与 1.4.1 节中描述的一致——"用户 A 在什么时间发生了一个怎样的行为"。间接采集不需要集成任何采集专用的代码包，它会以打日志的方法将行为信息写入统一的文件。日志文件可能会有成千上万条记录，每条都记录下"哪个用户在什么时间触发了什么行为"。然后，系统会定时读取该文件，从而获取积累了一段时间的行为数据，后续再进行用户行为分析。

这类似于我们日常选乘交通工具。当我们选择公交车时，必须等到固定的车辆到达，才可以开始行程，并不取决于我们自己的出发时间；而当乘坐出租车时，只要随时召唤到车辆就立即计入行程。

假设有一个App，它的主人就是App的开发者。当开发者准备针对该App进行用户行为分析时，他有两种收集行为数据的方法。第一种是采用市面上的第三方数据采集工具，这意味着开发者要信任该第三方的采集机制，按照第三方提供的数据传输标准，主动把自己App上的每一条行为请求，发送给第三方进行数据采集汇总。第二种是自己收录行为数据，以自己的方法将累计的行为数据以文件方式存储，然后定期、定时地提供给用户行为分析平台进行统计加工。第一种方法的绝对优势在于它的主动性与实时性，只要有一个行为发生就可以立即收集，不需要像第二种方法那样按天、按周累计用户行为数据，等累计到一定程度再进入分析阶段。这两种方法会直接影响分析阶段的指标统计实效性。当我们想查看"今天来访的用户量""近30分钟的用户地域分布"时，主要依靠第一种实时采集的方法，因为第二种间接采集的方法获取数据是滞后的，很可能今天早上6点才能获取昨天发生的全部行为数据，对于"今天刚刚发生"的行为数据无法及时获取，也就无法进行任何的统计分析动作。

行为数据究竟是怎样产生的呢？我们知道，每当我们启动一个App或到访一个网站页面时都会有相应的行为动作。例如，在手机中点击某个App的图标启动并进入App，或者在浏览器内输入某网址打开网站的某个页面，我们可以把一个App或一个网站想象成一组一组的程序代码集合，而我们的各类行为动作就是发送给这些程序的各种指令。当我们启动App时，程序接收到的指令就是"帮我启动这个App，打开后直接让我进入它的首页，把首页的内容展示给我"。当我们用浏览器输入某网页地址时，程序接收的指令就是"帮我把这个访问地址对应的页面内容呈现出来"。然后，程序会以接收到的指令，分别找到其他相关的程序代码，拼装出"App的首页内容"或"某网页的页面内容"，然后我们才会看到手机或网页里展示出的形形色色的页面内容。因此，我们就不难理解这些"指令"与我们希望获取的行为数据刚好是一一对应的，这正是采集行为数据的基本原理。假如我们用某种方法记录下这些指令，就等同于我们记录下了来自用户操作的各种行为动作。

下面来认识一下采集到的行为数据——上文中提到的"指令"，具体拥有怎样的数据格式。

当用户打开某页面时，获取的行为数据格式如下。

https://caiji.efotile.com/probes/2.0/input/UserAction/?actionname=PageView&p_s=方太SY09G 价格_尺寸_SY09G 如何安装&Cookiesupport=0&ep=https://www.efotile.com/productdetail/_t-1/_proid-232.html&ln=&lk=&bt=Chrome 68&ot=Windows 10&rs=1536*864&ct= UTF-8&cb=24&fv=&v=1.2&ja=0&oc=zh-CN&gid=91e760d819b1baa500004411000a26c55b83913b&sid=259024350.55693140.1536136046552&tma=259024350.48575244.1535349060037.1536056208335.1536136046571.4&tmc=1.259024350.79234173.1536136046570.1536136046570.1536136046570&tmd=5.259024350.48575244.1535349060037.&cid=Cfotile&Appkey=dbaaf8cb706425d74c57fb84e8580be6&uid=&phone_number=&random=1536136087937

在商品详情页面，点击"收藏"时，获取到的行为数据格式如下。

https://caiji.efotile.com/probes/2.0/input/UserAction/?actionname=add_favorites&iid=2_313&name=方太烟灶套餐&type=&gid=91e760d819b1baa500004411000a26c55b83913b&sid=259024350.30785239.1536644376943&tma=259024350.48575244.1535349060037.1536136046571.1536644376980.5&tmc=1.259024350.65502156.1536644376978.1536644376978.1536644376978&tmd=11.259024350.48575244.1535349060037.&cid=Cfotile&Appkey=dbaaf8cb706425d74c57fb84e8580be6&uid=585374&phone_number=18613899509&random=1536644409668

上面两个数据格式是真实截取的在线行为请求数据。这类数据在我们日常访问网站时，可以在浏览器的地址输入栏看到。有兴趣的读者可以在日常进行网上购物时，通过观察发现自己在点击某个按钮或进入某一级页面之后，浏览器地址栏的文字就会变成上述举例中的样子。那么，如此长的一段数据，我们该如何去解读它？

事实上，它由两个主要部分组成。第一部分是你要到达的目标页面的具体地址，第二部分是本次指令中包含的若干其他参数信息。一般来说，可以通过"？"来完成上述两部分的切割。上述举例中第一个指令数据中的"？"之前的部分，就是要到达的目标页面地址：https://caiji.efotile.com/probes/2.0/input/UserAction/，而在"？"之后，则是本条指令同时包含的某些隐藏参数。由于参数很多，参数之间用"&"分隔。这里挑选其中的一些参数进行简单的解释，具体如下。

"actionname=PageView"告诉服务端这条指令所代表的行为动作名称为PageView。

"p_s=方太 SY09G 价格_尺寸_SY09G 如何安装"告诉服务端这条指令所到达的页面的标题是什么。

"ep=https://www.efotile.com/productdetail/_t-1/_proid-232.html"告诉服务端这个用户是从上一个页面点击到达的本页,上一个页面的链接地址是 https://www.efotile.com/productdetail/_t-1/_proid-232.html。

"&bt=Chrome 68&ot=Windows 10&rs=1536*864"告诉服务端这个发起行为的用户使用的浏览器是 Chrome 68,他的操作系统是 Windows,他的屏幕分辨率是 1536*864。

当然,关于在一条行为指令中如何获知用户的浏览器类型、操作系统类型、上一个来源页面的链接等信息,属于另一个技术领域的问题,在此不做深入探讨。我们只专注于如何把这些获取到的信息按指定格式隐藏在行为指令中传递给服务端。表达"行为动作名称"时,参数名称到底使用"ActionName"还是"Name",这样的命名规则通常由提供埋码方案的第三方来约定,并交由网站的开发者来对照执行。因此,不同的行为采集方,都有自己命名的各种参数名称。这类命名规范与参数解释,需要由行为采集的发起方梳理成清晰的文档说明,交给网站开发者。

上述关于行为数据采集的知识总结如下。

行为数据的发起者,是访客或用户。他们的行为动作会以某种技术指令的方式,传递给服务端。服务端一方面按指令的要求返回页面信息给用户,另一方面将该行为数据发送给采集方进行记录和接收。

发送给采集方的更多描述性信息以各种参数拼装的方法进行传递,不同的参数代表不同的信息。例如,用户所请求页面的中文名称、用户浏览器类型、用户所在的地理定位等。

这些描述性信息中的参数命名规则,需要网站开发者遵循采集方的命名要求来执行埋码,完成正确的传递。

3.2 行为数据的统计原理

在 3.1 节已经介绍了获取行为数据的方法,也通过举例说明认识了单条行为数据的格式。下面介绍如何通过技术手段将行为数据进行加工，得出易于解读的指标数据。

在了解统计方法之前，必须先学习一个重要的名词概念——Cookie，它是所有在线行为统计分析的核心元素。那么，Cookie 到底是什么？它有什么用呢？

学习了 3.1 节的内容后，大家是否会产生这样一个问题：当我们统计访客的访问量时，究竟如何区分不同的访客？当我们统计新老访客时，一定意味着我们可以识别出一个用户是否属于第一次到访，当他下次再来时我们仍然认识他。我们可以回顾一下自己在上网过程中经常遇到的场景：假设你成功登录过某个电商购物网站，过了几天，当你再次打开该网站的页面，你会发现你的用户名已经默认地出现在了登录区，只需要补充输入密码即可完成登录。这意味着，这个电商购物网站可以识别你、记住你。这个有意思的识别能力，就是由 Cookie 来实现的。

Cookie 实际上是一种用户端的存储技术。我们可以把自己计算机上的浏览器，或者自己的手机称为用户端，把每一个网站程序或 App 程序存储的地方称为服务端。Cookie 是由"服务端"创建好并交给"用户端"进行存储调用的一个文件数据。假设一个访客首次到访某个网站，网站的服务端会自动生成一个唯一的识别码。当服务端把页面数据返回给用户端浏览器时，也同时会把这个识别码回传。浏览器用户端在接收到这样一个识别码时，会把它存入浏览器的一个指定文件夹下，并记录下来。事实上，每一次服务端在接收到来自浏览器的访问请求时，都会首先判断"你的浏览器里已经有我的识别码了吗？有的话把那个识别码发给我"。如果没有就说明这个访客是第一次到访，于是服务端会生成一个全新的识别码，让浏览器记住。

这个过程与我们在生活中使用会员卡的经历相似。当我们首次来到一个饭店用餐时，他们免费送我们一张会员卡，每张卡上都有唯一的卡号。当我们几个月后再次到访时，只要出示会员卡，饭店就会跟我们说："您好，×××，欢迎您再次到访本店。您上次消费是在 26 天前，您有价值 100 元的积分可用。"那么，上文中提到的"识别码"或"会员卡号"与 Cookie 的实现原理是相同的。所以，Cookie 就是服务端给访客的特有名字。这个名字是永远唯一的，是发放给用户端的浏览器来进行存储记录的，是这个访客的身份证明。在上文列举的实际行为数据段落中，可以看到"gid=91e760004411000a26c55b83913b"这样一组参数。这个参数就是在真实的行为请求中夹带的 Cookie 值。不同的服务端都会用自己的方式来生成这个标识，他们会确保这个标识的绝对唯一性。

每个 Cookie 对应不同的浏览器，但并不能对应自然世界中的人。例如，小张在工作计算机及家庭计算机中，使用不同的浏览器访问了同一个网站，网站的服务端无法识别出这些访问请求属于小张一个人，而会认为这是两个毫无关联的浏览器，会分别向两个浏览器发送不一样的 Cookie 标识码。直到有一天小张在两台计算机上使用相同的用户名登录该网站之后，服务端才有机会识别到"Cookie-A"与"Cookie-B"这两个浏览器，都相继使用同一个账号登录过，那么这两个浏览器或许属于同一个人"UserA"。

因此，在线行为分析中的"访客"与"用户"是与 Cookie 的概念紧密关联的。通常服务端会把上述的"Cookie-A"与"Cookie-B"定义为访客，会把"UserA"定义为用户。

在了解 Cookie 的基本原理后，我们来认识一下数据统计加工的方法。这些统计方法既有简单易懂的基础运算，如求和、百分比计算、求平均值、排序和去重，也有相对复杂的定向统计方法，如页面停留时间、用户留存等。绝大部分的指标可以通过简单的基础运算产生。但是，在用户行为分析领域，有些行业内通用的统计指标需要用运算加规则定义的方法来共同完成。

详尽完整的统计指标归类与统计口径的定义，将在后续章节中介绍，本节着重通过举例讲解的方式来阐述统计的原理与方法论。

1. 求和与百分比计算

把收集的行为数据按某种约定范围进行求和，这是在线行为分析指标中最为常见的统计方法。例如，"每日新增用户量"或"累计用户量"就是将指定日期内所有行为请求的个数累计求和；"首页访问量"就是将行为请求中访问地址为首页的请求个数累计求和。通过求和方法统计的"新增用户量""活跃用户量"和"渠道引流量"等，都是常见的在线行为分析指标，通常用于衡量一款 App 或一个网站的知名度与整体流量。例如，某款阅读类 App 日活百万或某个网站每日 PV 百万。这个指标的含义就是：每日活跃到访的人数达到百万量级。不难理解，哪个 App 或网站每日接待的访客数量越高，就说明该 App 或网站的知名度越大。

百分比计算是基于求和引申出的统计方法。它除求和之外，也把个体的数据以占百分比的方式统计出来。例如，通过求和的方法获得每日活跃用户数，并通过百分比计算的方法统计出其中的新老用户占比,或者根据每天的总体访问情况,统计来自不同地区的访客占比情况。百分比的统计结果常用于帮助运营者查看分布情况,根据占比的多少进行运营策略的调整。例如,当一个综合类电商网站的运营者,发现来自广东深圳地区的访客占比最多时,他可以针对"烘干机""龟苓膏"等商品加大推广的力度,因为这两种商品更符合广东深圳地区人群的需要。再如,一个 App 的开发者通过统计用户所使用 App 的各发行版本占比时,发现仍然有 40%以上的用户在使用较早版本的 App,而不是最新发布到市场的版本,这说明很多用户并没有主动升级 App 的版本。于是,他会在旧版本的 App 中弹出友好的提示,邀请用户升级到新版本的 App 并领取优惠券。

2. 求平均值

平均值是一个非常重要且用途广泛的概念。在日常生活中,我们经常会听到这样一些名词,如平均气温、平均降雨量、平均产量和人均年收入等。一般来说,平均值反映了一组数据的一般水平。利用平均值,可以从横向和纵向两个方面对事物进行分析比较,从而得出结论。例如,要想比较同年级的两个班的学习成绩,如果用每个班的总成绩进行比较,会由于班级人数不同,而失去比较的意义。但是,如果用平均分数去比较,就可以把各班的平均水平呈现出来。从纵向的角度来看,平均值可以反映同一个事物在不同的时间段内的情况。例如,通过计算两个不同时段的人均年收入来比较人们的生活水平、经济发展状况等。

在线行为分析中也会使用很多平均值来进行横向和纵向的对比。例如,用"平均访问时长"用来评估"用户到达站点后,一般会在站点内使用多久才离开",这是评估网站用户体验的常用指标之一。网站的内容越丰富,交互感越好,用户越容易在网站停留更长时间,去浏览更多自己喜欢的内容。例如,一个内容丰富的电商网站,其商品的描述图片制作精美,商品的详细信息罗列详细,商品的使用评价真实有用,用户会花上更多时间,愉快地挑选商品、对比商品、查看评价、加入购物车直到成功下订单,这个过程或许会长达几个小时。另一个电商网站的商品数量只有几十个,商品的图片模糊不清且描述文字极少,通常用户在短时间内得到不友好的体验,就很容易在几分钟内失去耐心,从而离开网站。由此可见,平均停留时长是对比同类网站用户体验的重要指标。由于不同访客所产生的停留时长数据是不一样的,单纯累加所有用户的停留时长没有对比的意义,而取平均值对比每个网站平均的用户到访时长,更适合比较网站之间的用户体验质量。

3. 排序

排序的方法多用于将有序的数据进行排列，从而发现更好的或占比更多的业务指标，以此实现找到重点、关注重点的目的。例如，按照访问次数的多少将各个页面的访问量进行排序后，会发现"首页""优惠券专区页"等页面访问量排名靠前。"首页访问量高"很容易理解，因为绝大部分访客都是从首页进入网站或 App 的。"优惠券专区页"的访问量大，说明用户对优惠信息的关注度很高，需要进入该页面领取或使用优惠券。此类的排序结果，可以帮助运营者了解用户的使用习惯及偏好倾向，从而有针对性地修订运营计划。例如，把更重要的活动推广信息放在首页的醒目位置，使其更容易被用户看到；持续地更新优惠券专区的奖品类别，让用户在该页面体验到新鲜感。

在诸多用户行为分析报告中，我们会看到"来访地区 TOP10""访问量最高的页面 TOP10""搜索频率最高的关键词 TOP10"等，都是对排序类统计方法的普遍应用。运营者对这些排名靠前的重点指标进行密切的关注，持续改善自己的网站或 App 的内容更新、页面布局和推广策略。

4. 去重

去重是在线行为统计中不可或缺的一种方法。例如，我们常见的 PV、UV 等指标是最简单易懂的去重方法。PV 是英文 Page View 的缩写，表示页面被打开的次数，UV 是 Unique Visitor 的缩写，表示独立访客数。那么，两者有什么区别？去重在其中的统计作用又是如何体现的呢？我们可以模拟一个网站的使用场景：我们输入网址，打开网站的首页，然后进入二级页面浏览，再回到首页进行查看。在这个过程中，我们先后两次打开了首页。在这个场景下，PV 会被计算为 2，而 UV 则会被记录为 1。当统计 PV 时不问来者是谁，一个页面被访问了多少次，它的 PV 就等于多少，而 UV 则是用上文提到的 Cookie 标识码来进行去重处理之后得出的独立访客数。

当我们在统计其他指标时，有时也需要引用必要的去重手段。例如，App 行为分析中的"活跃用户数"就是很有代表性的指标。首先，"活跃用户数"是指在"指定时间段内"发生过"启动 App"的行为的用户数。依据 3.1 节介绍的统计思路，我们很容易就想到使用统计方法把指定时间段内采集到的活跃行为次数累加求和，即可得到结果。然而，在实际的使用场景中，经常会发生"单天内多次启动或退出 App"的重复行为。因此，如果只是单纯地把启动行为的数据条目求和，得到的结果一定是不真实的，会比实际的"用户"数据量大很多。这时就需要引入去重的机制，把累计求和之后的结果，以"用户维度"进行去重。同一个用户如果在单天内多次发生启动行为，只计算为1次，这样才能获得准确科学的统计结果。移动端App识别唯一用户的方法，与浏览器端识别Cookie标识码的机制相同，在此不做赘述。

去重机制可以帮助运营者了解更接近客观事实的数据真相。随着互联网技术的发展，很多"作弊手段"的实现成本并不高。雇用一些劳动力恶意地重复访问网站，造成网站流量值虚高的现象也时有发生，科学的去重机制会帮助运营者识别出真正的独立用户数，从而更客观地了解网站的真实用户群体数量。

5. 定向统计

在线行为统计领域的一些指标是需要通过特殊的规则来实现的。这类规则不是单纯的求和或求平均值。停留时长、用户留存、访问路径、路径转化漏斗等指标的统计，都需要特定的统计方法。例如，停留时长是用来评估一个站点或App的用户黏性的，用户在站点或App内的停留时间越长，表示这个站点或应用的用户黏性越高。它的计算方法是捕获用户到达站点第一个页面的访问时间，与他离开站点时最后一个页面的访问时间，用这两个时间相减即可得出单个用户的停留时间。选取某一天所有用户的停留时间求平均值后，就是这个站点的平均停留时长。再如，路径转化漏斗是指运营人员提前预设好一个转化路径（"登录"→"访问单品页"→"添加购物车"→"下订单"），系统针对预设的漏斗路径进行统计，得到指定时间段内每一个漏斗节点的到达人数，以此来关注转化过程。运营人员可以通过漏斗每一层级的到达人数，来推断影响最终转化的瓶颈在哪里，在转化过程中哪个环节的流失情况更严重等。

3.3 行为统计的分类方法

到目前为止，我们已经对行为数据有了比较具体的了解。这些数据在采集之初更像是流水账，即使我们已经通过"求和""去重"等技术手段对这些流水账式的数据进行了加工，但仍然需要学习从哪些角度来对加工结果进行归类。下面从两个方面来介绍常见的行为分析结果的分类方法。

3.3.1 使用层面的分类

行为分析可以分为"通用行为分析"与"业务行为分析"。通用行为分析与网站或

App 内容并无关联。无论是电商类网站还是资讯阅读类网站，无论是社交类 App 还是游戏类 App，都会发生一些比较通用的行为，如"访问页面次数""新老访客""启动 App"和"页面浏览路径"等。只要是标准的网站或 App，理论上都需要统计这些通用的行为指标。这些指标的意义，在于评估自己网站与同行业其他网站的竞争力，或者评估自己的 App 与同行业其他 App 的运营质量。"业务行为分析"则与网站经营者所处的行业、网站内的主营业务、App 的功能版块内容等息息相关。例如，电商网站的"订购行为""支付行为""添加到购物车行为"，或者阅读类 App 的"点赞行为""分享阅读行为""评论行为"等，这些行为并不是所有网站或 App 通用的行为，而是与具体业务密不可分的。

这些贴近业务的行为数据，与通用行为数据相比，更多的分析价值在于关注"业务转化路径"和"提升业务目标"，而不在于泛泛地了解自己的网站或 App 的整体运营质量。例如，一个电商网站可以通过定向分析"浏览—收藏—添加购物车—下单—支付"的具体订购流程，清楚地了解在整个流程中哪个环节的用户流失最严重，需要重点进行哪些优化调整，从而提升用户在线购买商品的转化率。

3.3.2 技术处理层面的分类

从技术处理层面可分为实时处理与批量处理。首先列举两个非常有代表性的统计指标，"今日活跃用户数"和"昨日活跃用户数"。很显然，与"今日"相关的指标通常都是需要实时计算处理的，而不包含"今日"的相关指标可以采用批量统计延时处理的方法对数据进行加工。行为数据本来就是不可预知、随时发生的。我们无法预判访客会在什么时候到访网站，用户会在何时何地启动并进入 App。

因此，当我们需要看到今时今日的数据指标时，就意味着每接收一条行为数据，我们都需要对其进行及时的处理。例如，"今日活跃用户数"，当我们在今天上午 9 点查看这个指标时可能看到的人数是 160 人，而当我们中午 12 点再次查看这个指标时，人数或许会增加至 188 人，这期间增加的 28 个人就是在 9~12 点这一时间段新启动 App 的人数。这种数字的变化，就是随着时间的增加而实时处理产生的。每当接收到一个独立用户启动 App 时，系统就会将"当日新增用户数"自动加 1。这样，不论何时查看这个指标，统计到的都是截至目前最新的数据。这样的技术处理方式就是实时处理。

批量处理的方式更多用于对历史数据加工的指标，如"过去 30 天新增用户数""昨天活跃用户数"等。这类指标的统计不会涉及实时增加的新数据。假设昨天有 389 个活跃用户，无论是今天早上 9 点查看，还是 12 点查看这个指标的数值都是 389，不会产生变化。因此，我们可以把批量处理简单地理解为，每当有新增的行为数据出现，并不需要在第一时间去处理统计，只把它储存在某个地方积累起来，直到某个约定好的时间再统一进行处理加工。这个脚本的执行时间一般都会安排在凌晨，即访客量较少、系统资源运转相对空闲的时间。例如，每天凌晨 1 点开始统计"昨天的新增用户""活跃用户"等。

批量处理也称"离线定时处理"。正如上述举例，系统会约定好一个时间表，每天凌晨几点到几点执行哪些统计任务，这些任务的加工结果是一些无实时性要求的指标数据。假设一个在线行为分析系统每天清晨 8 点开始被业务人员访问使用，系统只需要安排好夜间的脚本执行顺序，赶在 8 点前将"昨天新增用户数""过去 7 天活跃用户数"等批处理指标统计出结果并用于展示即可。批量处理最大的优势在于其执行脚本的时间可控，对系统的资源占用相对较低。一般的在线行为分析系统，是将实时处理与批量处理的方法并用的。根据不同指标的实时性要求，将与"今天"相关的各类指标采用实时处理手段，而其余指标的统计用批量处理的方式。

在市面上，有很多专业在线行为分析的软件应用工具。这些工具多用于为网站经营者或 App 经营者提供埋点工具及可视化行为分析系统。不同软件公司所提供的相关系统各有所长，有些系统以提供大而全的通用型分析指标为主，有些系统则更擅长于专注个别业务指标进行更具深度的精细化分析；有些系统将产品放在云端供企业主免费下载及使用，但不提供详尽的定制化咨询与服务；有些系统则更注重于提供符合企业所需的定制化采集、定制化分析报表等。

第 3.4.1 节提供了示例行为数据采集系统，分为在线数据采集系统与在线数据存储分析系统两个部分，前者用于埋点与采集的管理，后者专注于针对采集到的数据进行指标分析与呈现。这套系统不仅包含通用型的指标分析，还支持各行业使用者提出定制化的分析需求。因此，相对于其他同类分析系统而言，它更适合作为综合全面讲解在线行为分析的学习材料。

3.4 基于大数据的行为数据存储与计算

本书中的行为数据采集、存储和加工等过程都需要依托大数据的底层架构来进行。构建大数据体系所需的各类组件有若干种选择，在此只针对比较常见的一类技术架构进行介绍。

下面介绍大数据组件中的几个专用技术名词。

- Kafka：一个分布式的、分区的、多副本的实时消息发布订阅系统，提供可扩展、高吞吐、低延迟、高可靠的消息分发服务。
- Hadoop：分布式系统基础架构。用户可以在不了解分布式底层细节的情况下，开发分布式程序，充分利用集群的威力进行高速运算和存储。
- Hive：建立在 Hadoop 基础上的开源数据仓库，提供类似 SQL 的 Hive QL 语言操作结构化数据存储服务和基本的数据分析服务。
- MySQL：一种关系型数据库管理系统，关联数据库将数据保存在不同的表中，而不是将所有数据放在一个大仓库内，这样不仅增加了速度，还提高了灵活性。
- MongoDB：一种非关系型数据库（NoSQL），MongoDB 是一个面向文档对象的分布式文件存储数据库。

我们将上述架构简单拆解为"行为数据采集系统"和"存储与分析系统"两个部分。来自终端计算机或手机的行为数据通过简单的 Web 服务转发到服务器，经过中间件 Kafka 的管道处理，将行为数据逐一写入大数据存储中心，再经由若干数据分析脚本进行处理，将数据统计为各类阅读所需的结果型数据，继续在存储中心里留用。

如图 3-1 和图 3-2 所示，在线数据采集系统和在线数据存储分析系统都包含若干功能。在以下的示例中，我们将对各个功能系统做进一步的解释说明。

3.4.1 行为数据采集系统示例

我们已经详细阐述了在线行为数据的采集方法，针对不同的在线行为，需要调用不

第 3 章 基于大数据的行为分析——传统埋码

同命名的方法并传递不同命名的参数。数据探头采集系统就是创建与维护这些方法的系统。在系统内可以创建、管理代表不同含义的行为事件命名与参数命名，并匹配到不同的在线行为事件。

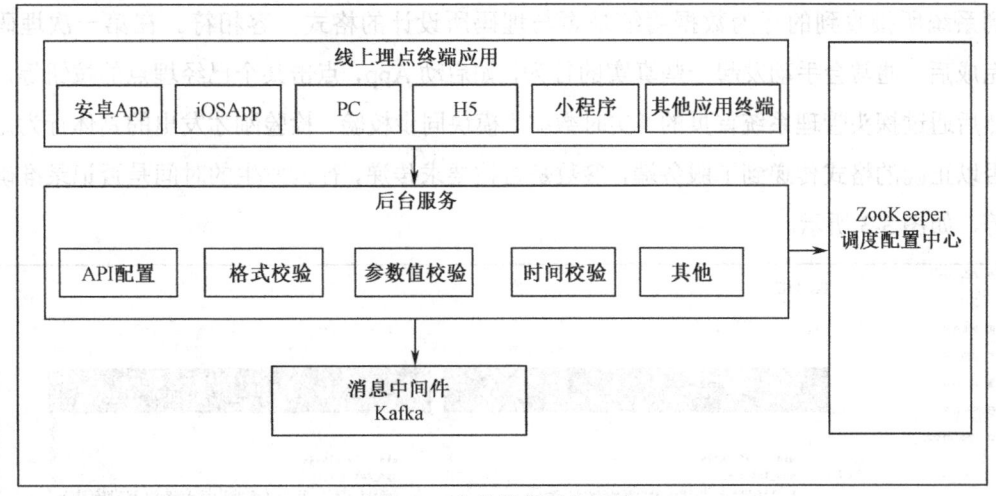

图 3-1 在线数据采集系统

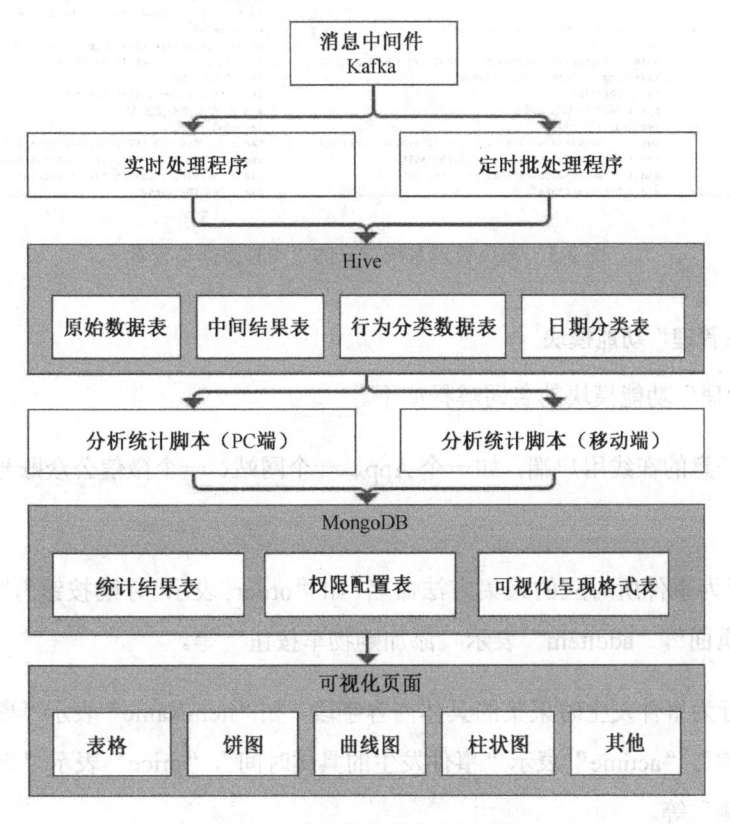

图 3-2 在线数据存储分析系统

1. "实时数据"功能模块

在进行埋码之初，验证埋码的准确性至关重要。因此，在探头管理系统中的首页就展示了"实时数据"的校验模块。在这里可以看到通过埋码所产生的真实行为数据，看到系统所接收到的行为数据明细是否与埋码所设计的格式内容相符。在第一次埋码完成后，通常会手动发起一些真实的行为，如启动 App，点击某个已经埋点的按钮等，然后通过探头管理系统首页的"实时数据"模块同步校验，检验刚才发出的具体行为是否以正确的格式传递到了服务端，参数是否按要求传递，行为发生的时间是否记录准确等，如图 3-3 所示。

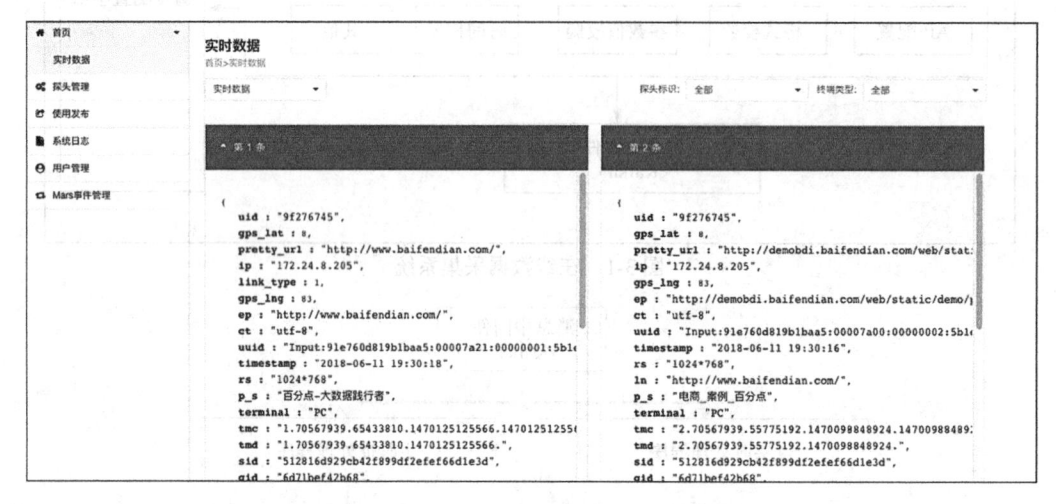

图 3-3　探头管理系统首页的"实时数据"查看

2. "探头管理"功能模块

"探头管理"功能模块的名词解释如下。

应用：任意的在线用户端，如一个 App、一个网站、一个微信公众账号等，都被称为一个应用。

触点：行为事件所对应的采集方法命名，如"order"表示"订购按钮"，"pageView"表示"浏览页面"，"additem"表示"添加购物车按钮"等。

参数：行为事件发生时采集的具体内容字段，如"itemName"表示"事件发生时对应的商品名称"，"actime"表示"事件发生的具体时间"，"price"表示"事件发生时对应的交易金额"等。

探头：一组应用+触点+参数的集合，称为一个探头。

结合上述名词解释，我们可以假设一个企业拥有几个 App 或几个网站作为自营的在线渠道。这个企业拥有一个配置好的探头，该探头中分别针对不同的应用，配置好相关的触点与参数，由此形成一整套在线行为数据的采集代码包。

探头的管理模块主要包括对探头的参数、触点及单个应用触点的管理，包括参数管理、触点管理和应用触点 3 个模块。单击左侧导航栏中的"探头管理"模块即可进入探头管理界面，如图 3-4 所示。

1）参数管理

在"参数管理"页面中可新增、编辑和删除参数。该模块支持筛选与搜索查询，如图 3-4 所示。

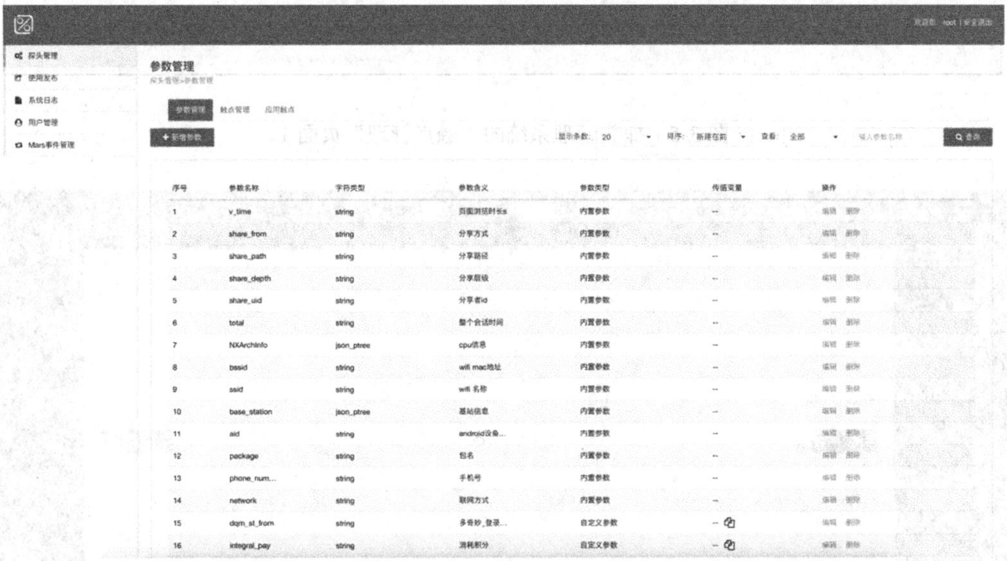

图 3-4　探头管理系统的"参数管理"页面

2）触点管理

在"触点管理"页面中可新增、编辑和删除触点。该模块支持筛选与搜索查询，如图 3-5 和图 3-6 所示。

3）使用发布

如图 3-7 所示，"使用发布"页面用来管理应用的相关描述信息，可新增、开始/停止、编辑和删除应用,已经发布的探头即已进入接收采集数据的在线状态;未进行发布的探头不可接收任何来自线上的行为数据。

图 3-5 探头管理系统的"触点管理"页面 1

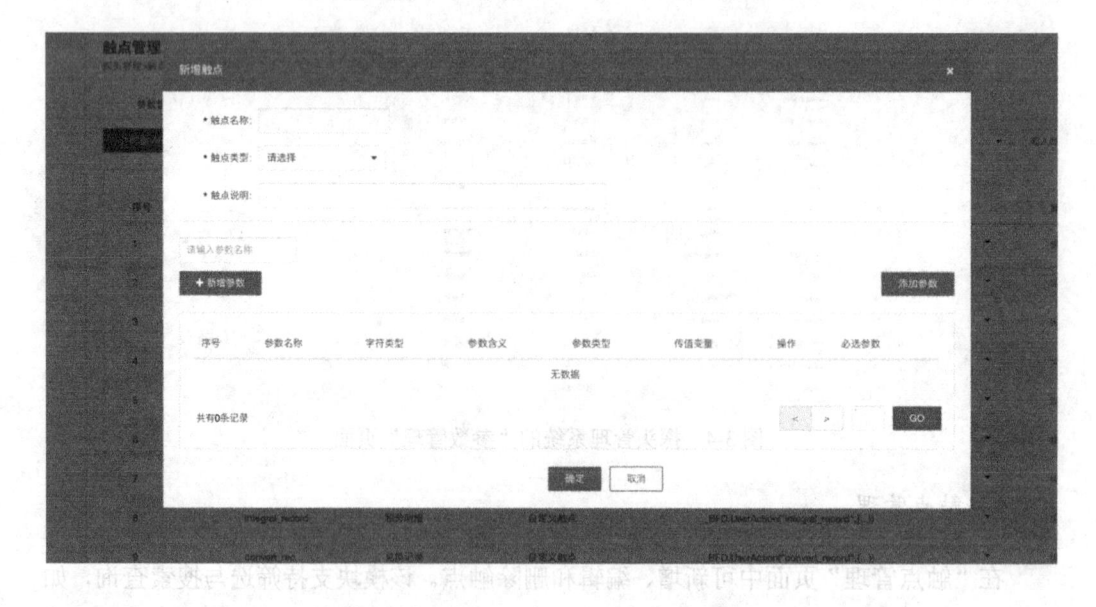

图 3-6 探头管理系统的"触点管理"页面 2

4) 新增应用

可以在"新增应用"页面中填写新增应用的一系列信息,如图 3-8 所示。

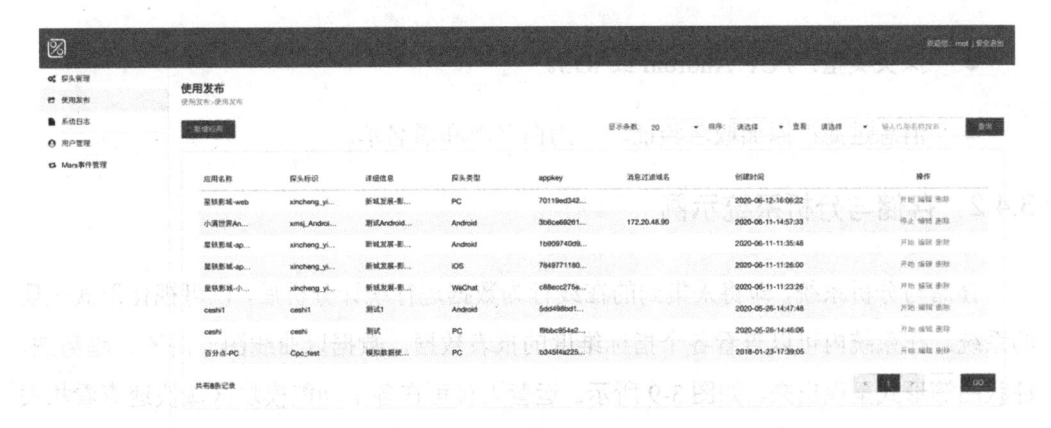

图 3-7 探头管理系统的"使用发布"页面

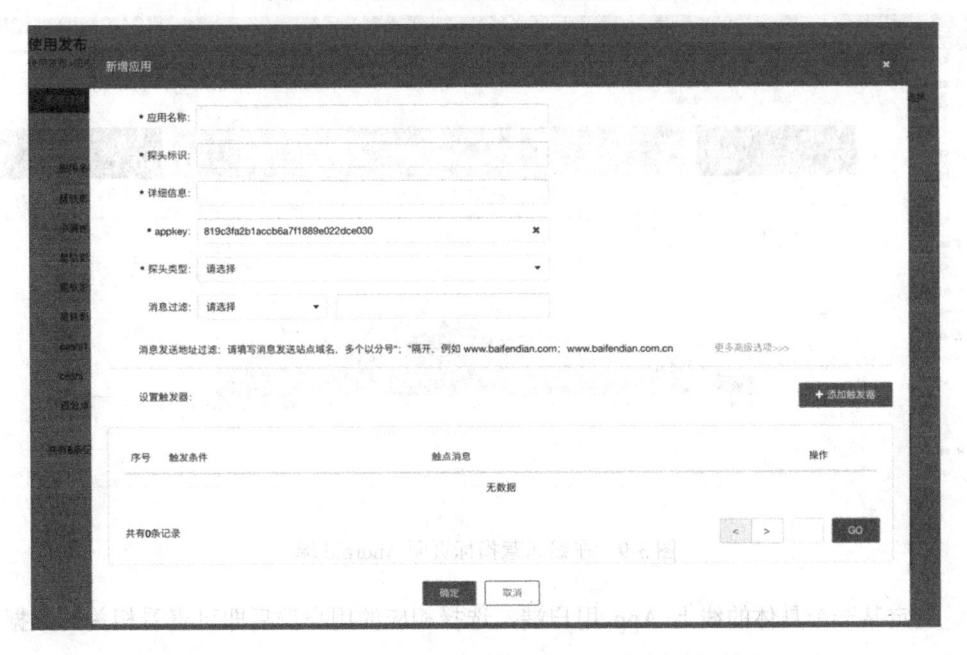

图 3-8 探头管理系统"新增应用"的编辑页面

5) 新增应用需要输入的属性说明

当新增一个应用时，需要输入的属性说明如下。

- 应用名称：即应用的具体名称，如京东。

- 探头标识：此探头的标识符，如 jd。

- 详细信息：对当前探头的描述。

- appkey：探头系统自动生成的当前应用的唯一标识，只能在一个应用中使用。

- 探头类型：PC、Android 或 iOS。

- 消息过滤：添加域名验证，分为白名单和黑名单。

3.4.2 存储与分析系统示例

存储与分析系统，即将采集到的在线行为数据进行统计分析后，以可视化形式呈现的系统。在系统内可以查看各个指标维度的报表数据，数据以曲线图、饼图、趋势图、柱状图等形式呈现出来，如图 3-9 所示。运营人员可在各个功能模块区域快速查看相关的分析报表。

图 3-9 在线运营指标页面 Android 端

选定某一个具体的线上 App 用户端，选择相应的用户群后即可查看相关的数据分析报表，如图 3-10 所示。

图 3-10 选择用户群

1. 应用概况

根据定义好的时间段和筛选条件，应用概况展示的是近 30 天内 App 运营的基本情况。系统精选了运营过程中所需查看的常规基础指标，如图 3-11 所示。

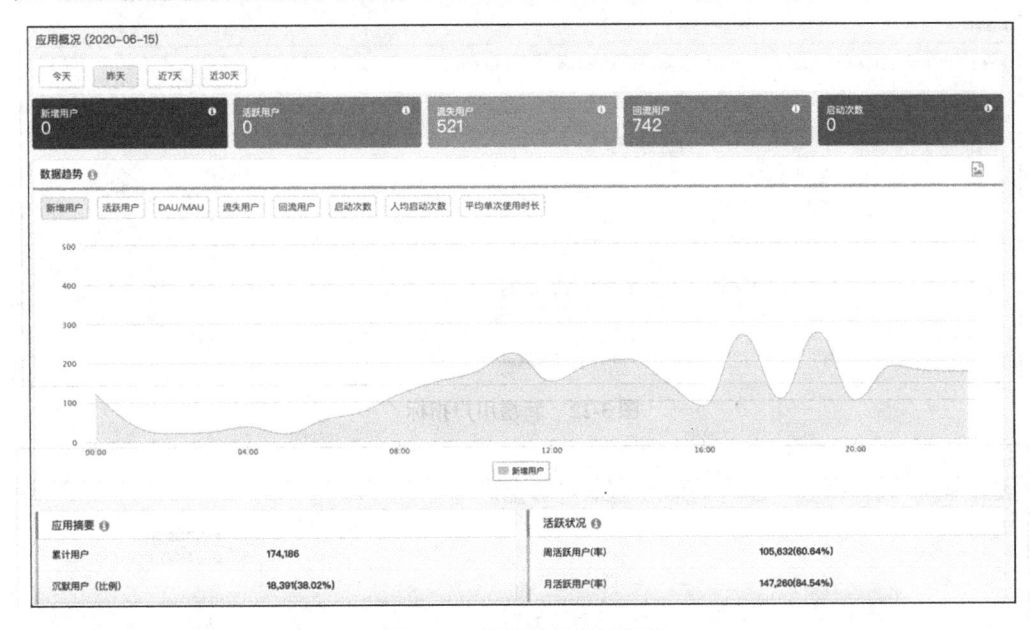

图 3-11 常规基础指标概况

在数据趋势中显示新增用户、活跃用户、DAU/MAU、流失用户、回流用户、启动次数、人均启动次数和平均单次使用时长共计 8 项常规基础指标。

新增用户是指第一次来访网站或第一次启动 App 的用户数（通常以设备唯一 ID 为统计目标，假设同一个真实用户分别使用两个设备来访问，新增用户数会被记录为 2），如图 3-12 所示。

活跃用户是指在指定时间段内启动过 App 或到访过网站的用户数。查看活跃用户时，会显示自定义时间段的活跃用户数，鼠标指针悬停会显示指定时间段的活跃人数信息，如图 3-13 所示。

DAU 表示每日活跃用户数，MAU 表示每月活跃用户数。查看 DAU/MAU 会显示自定义时间段的日活跃用户和月活跃用户信息，以及指定时间段的日活/月活比率。

流失用户是指距离上一次使用 App 的时间大于 7 天的用户。

回流用户是指曾经被定义为流失用户之后，又重返 App 产生使用行为的用户。

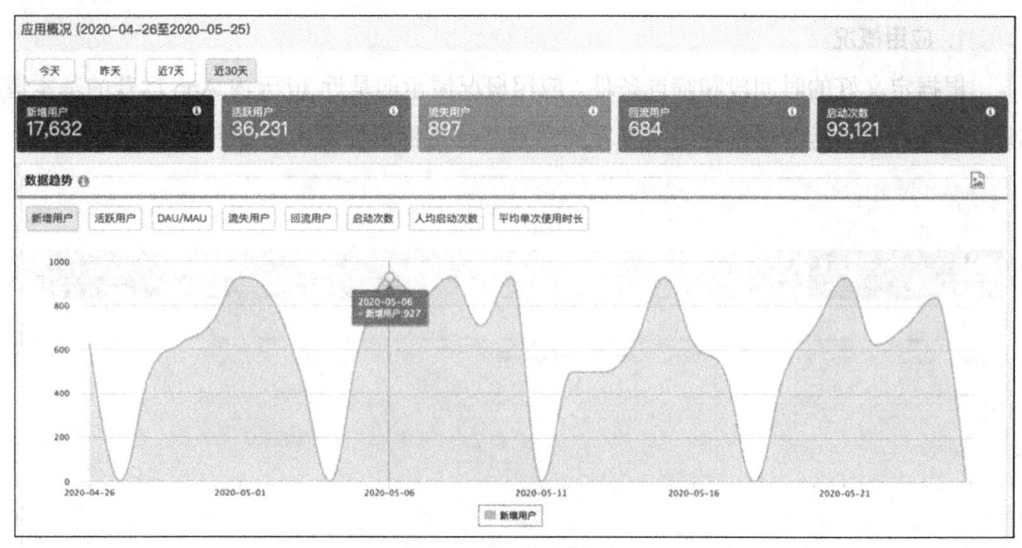

图 3-12 新增用户指标

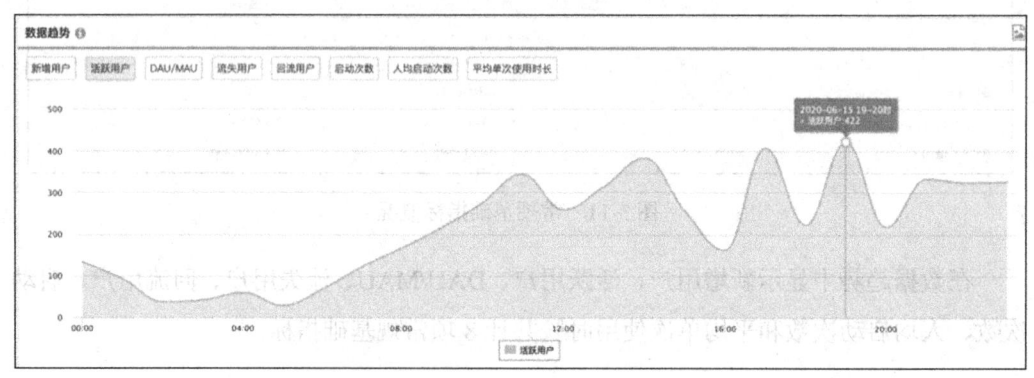

图 3-13 活跃用户指标

启动次数是指在指定时间内启动应用的次数，如果同一个用户在指定时间段内分别 3 次启动 App 继而退出，那么启动人数会被记录为 1，启动次数会被记录为 3，如图 3-14 所示。

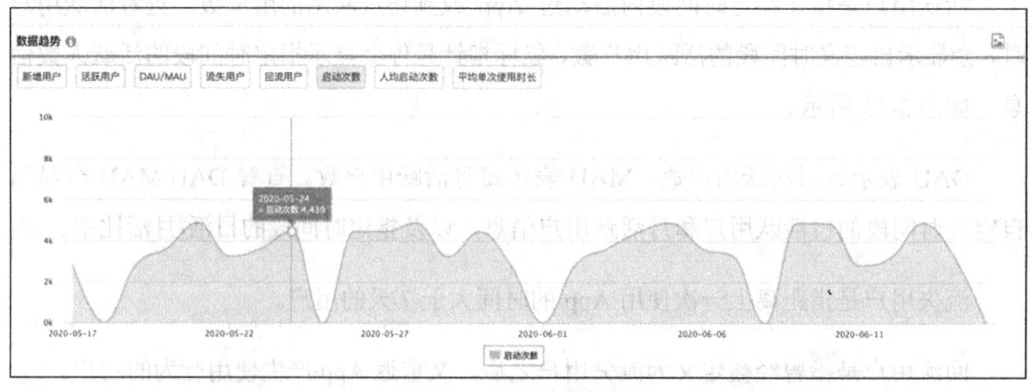

图 3-14 启动次数指标

人均启动次数是由系统计算得出的平均数，用于整体评估某段时间内每人每天平均启动的次数。该数值既可用于在多个时间段内进行对比，也可用于对多个 App 进行对比，从而得出哪个 App 被用户日均使用次数更多的结果，如图 3-15 所示。人均启动次数越多表示用户对 App 的使用意愿越强。

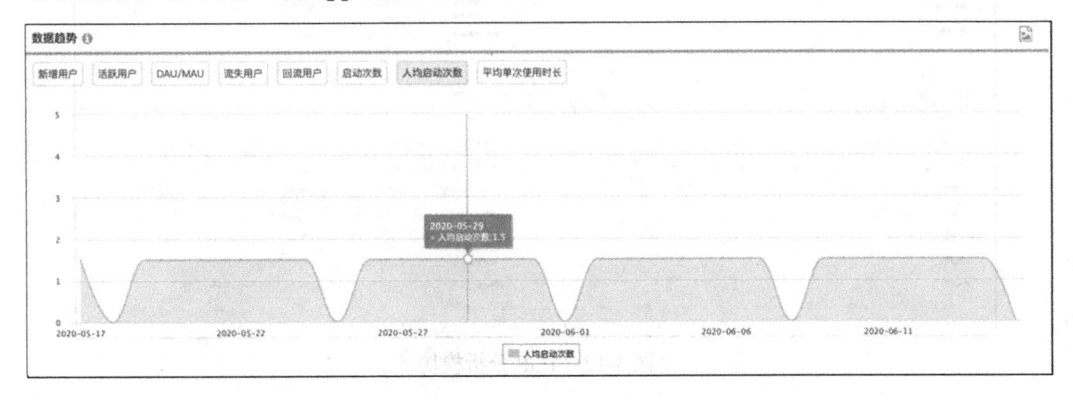

图 3-15　人均启动次数指标

平均单次使用时长是指自定义时间段的用户使用时长信息，一般会展示指定时间段内用户平均单次使用时长。平均单次使用时长数值越大，表示 App 的内容对用户吸引力越大，用户黏性越强，如图 3-16 所示。

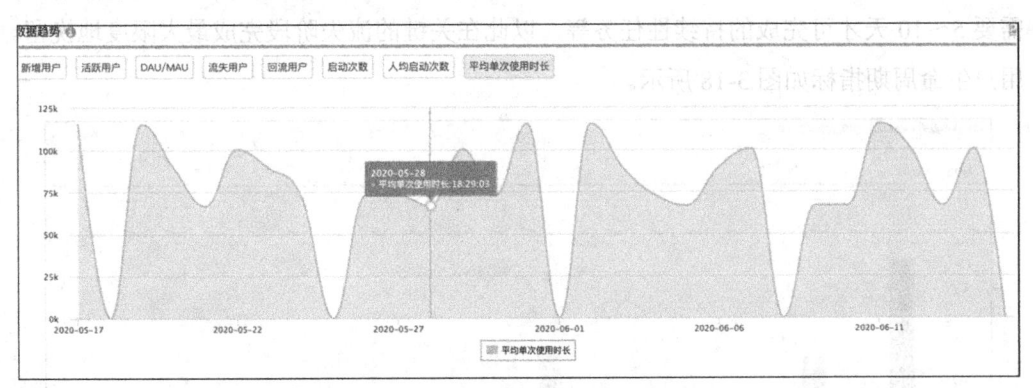

图 3-16　平均单次使用时长指标

TOP 分析模块可以选择时间段进行查看，在所选时间段下根据定义好的规则显示 4 个 TOP 指标：TOP10 机型、TOP10 自定义事件、TOP10 访问页面和 TOP10 跳出页面。每个 TOP10 指标里都有 3 个指标可选择，分别是新增用户、活跃用户和累计用户。TOP 分析模块从几个常见的维度来呈现最优的"渠道""路径"等，帮助经营者对应该重点关注的特定人群一目了然，如图 3-17 所示。

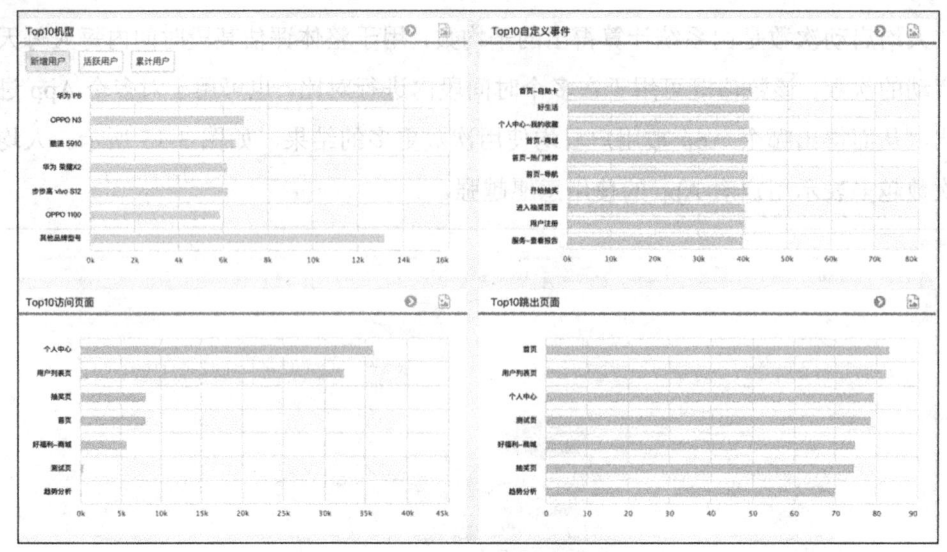

图 3-17　TOP 分析模块

2. 用户分析

用户生命周期是将线上用户的活跃时长在不同时间段的分布情况进行统计展示的。如果用户生命周期集中在"9～14 天"这个区间，那么表示绝大多数用户在首次使用 App 之后的"9～14 天"内就停止了对该 App 的使用。经营者在观察到此情况后，可以在新用户使用 App 后的 9 天之内，主动对用户进行关注，如赠送积分礼券，为其分派一个需要 5～10 天才可完成的持续性任务等，以此在关键的流失阶段完成最大限度地挽留。用户生命周期指标如图 3-18 所示。

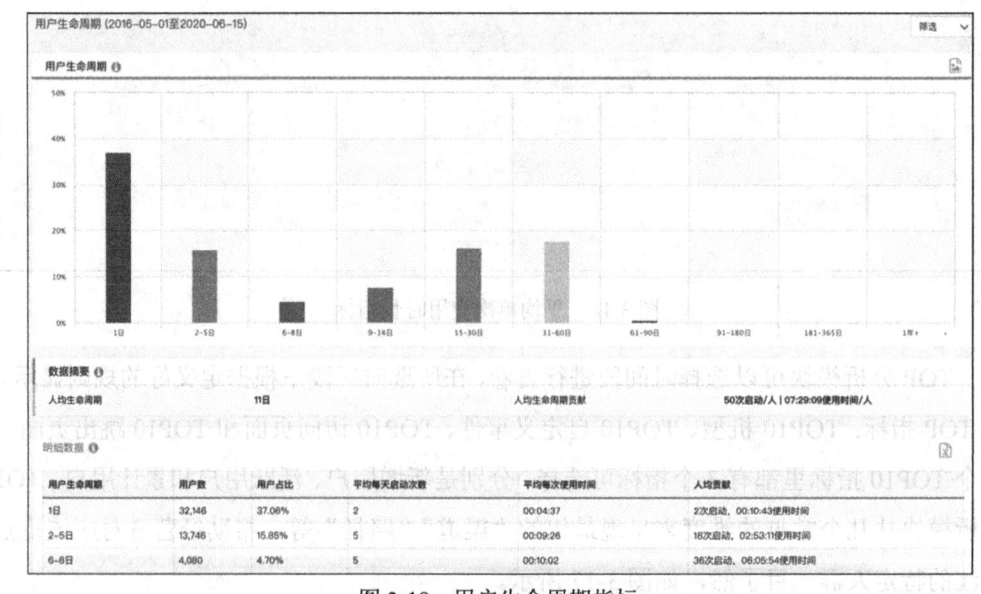

图 3-18　用户生命周期指标

新增用户、留存用户、活跃用户、流失用户等还可以进行"渠道"和"版本"的下钻分析。在持续性辅助用户运营效果的过程中，需要从"渠道""版本"等多个维度通过反复的交叉下钻来定位问题、分析问题及解决问题。因此，前述各项指标都是运营者需要持续关注的数据及频繁被使用的功能，分别如图3-19～图3-22所示。

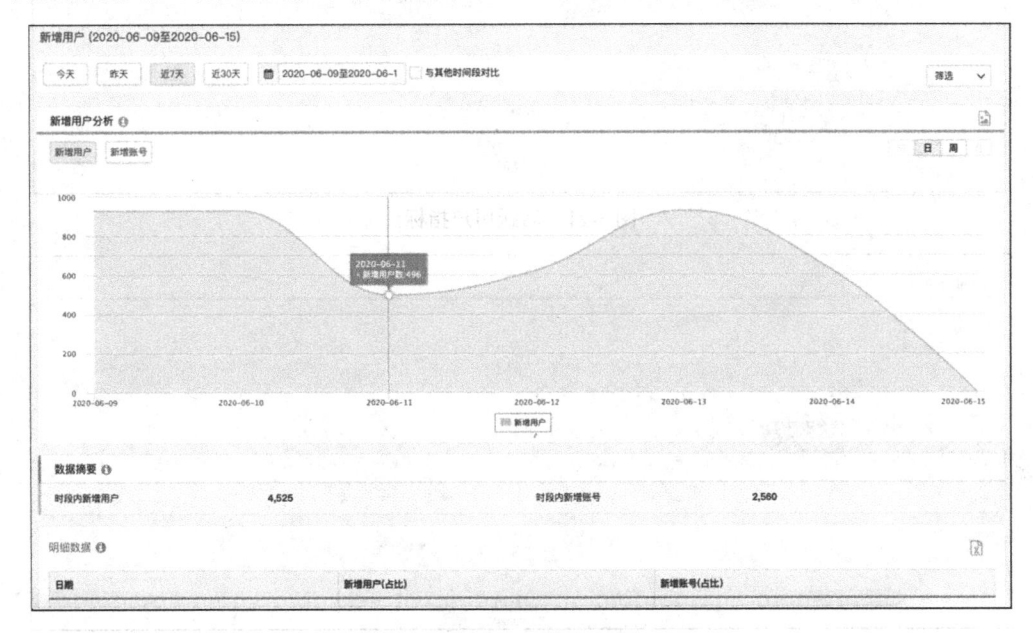

图3-19　新增用户指标

图3-20　留存用户指标

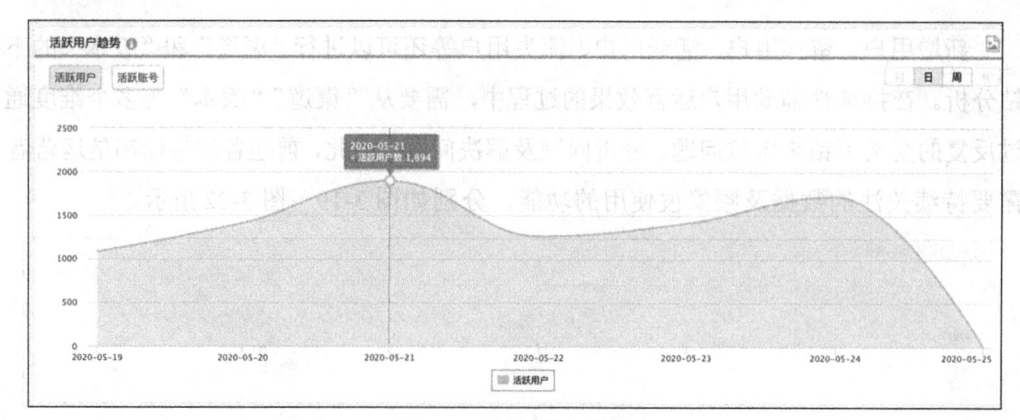

图 3-21 活跃用户指标

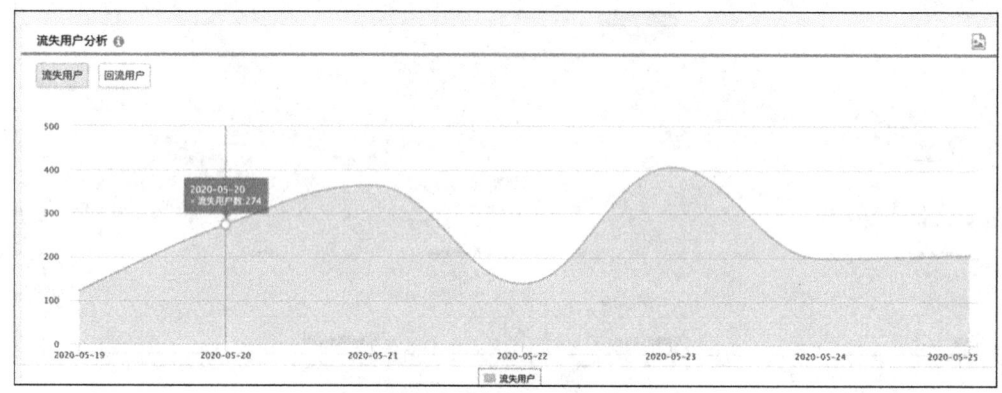

图 3-22 流失用户指标

3. 使用分析

在线运营指标的使用分析着重展示使用频率、使用时长、访问页数、使用间隔等几项指标。这几项指标通常用于综合评定"用户忠诚度",如图 3-23 所示。

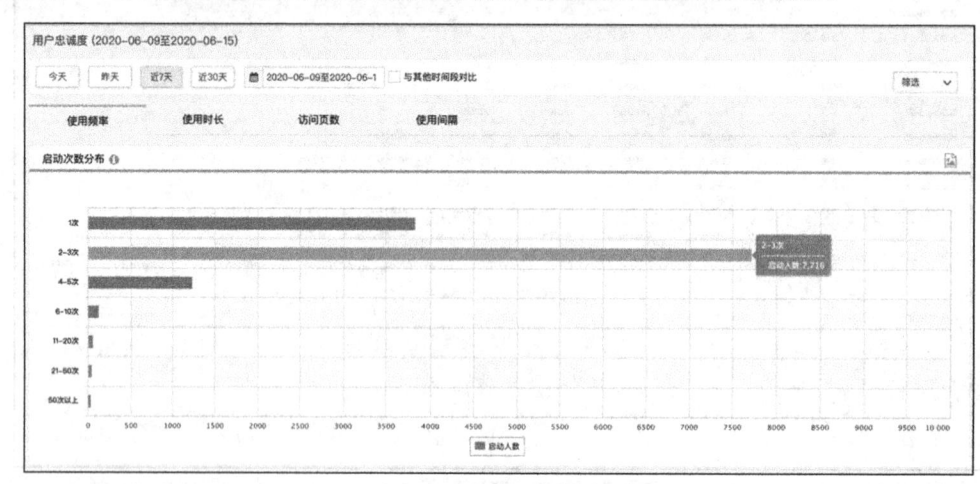

图 3-23 用户忠诚度分析

使用频率、使用时长指标分别如图 3-24 和图 3-25 所示。

图 3-24 使用频率指标

图 3-25 使用时长指标

使用的时段分析、地区分析、渠道分析和版本分析等，也是运营过程中需要关注的指标，如图 3-26～图 3-31 所示。这些指标的分析结果能有效地帮助运营者了解用户的分布情况，对于分布在不同区间的用户制定有针对性的运营计划或推广策略。

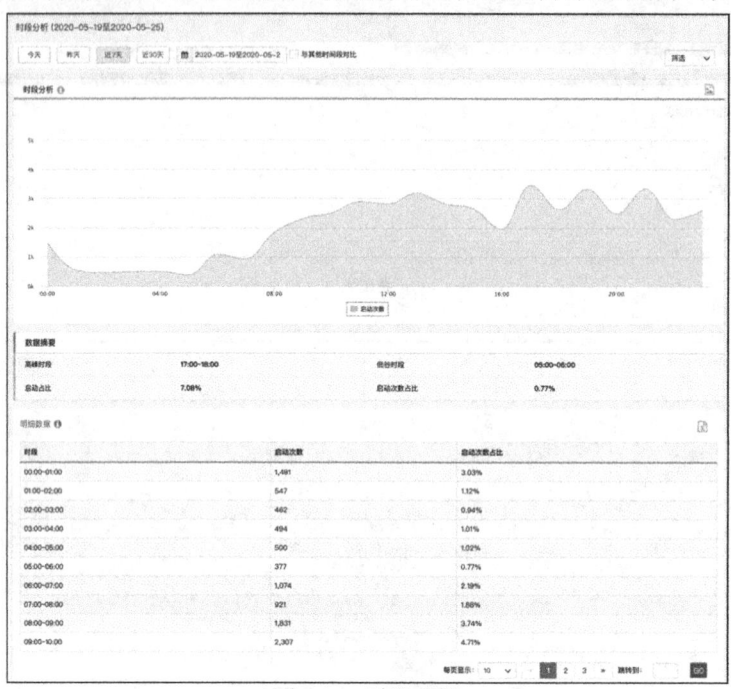

图 3-26　时段分析

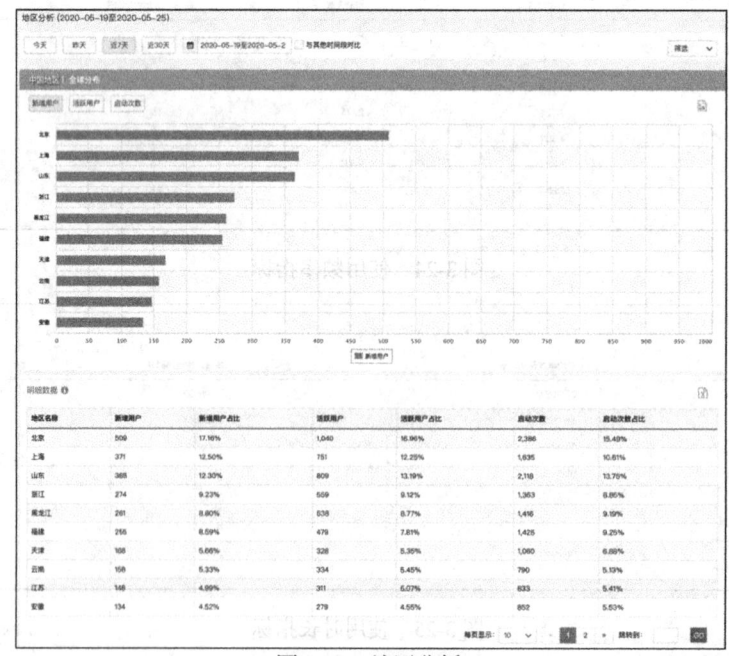

图 3-27　地区分析

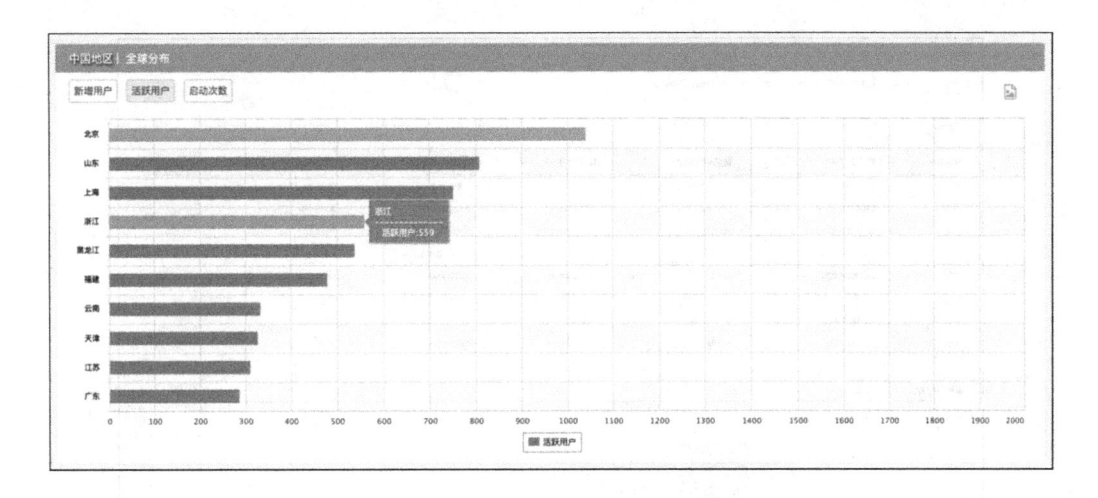

图 3-28　中国地区活跃用户

图 3-29　终端分析

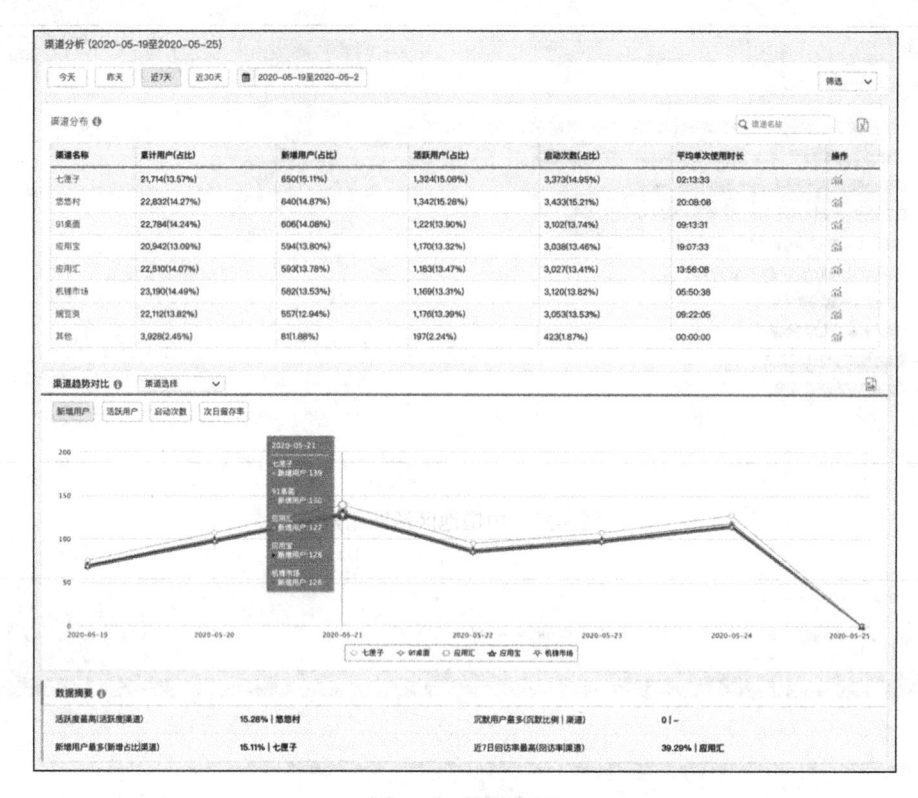

图 3-30 渠道分析

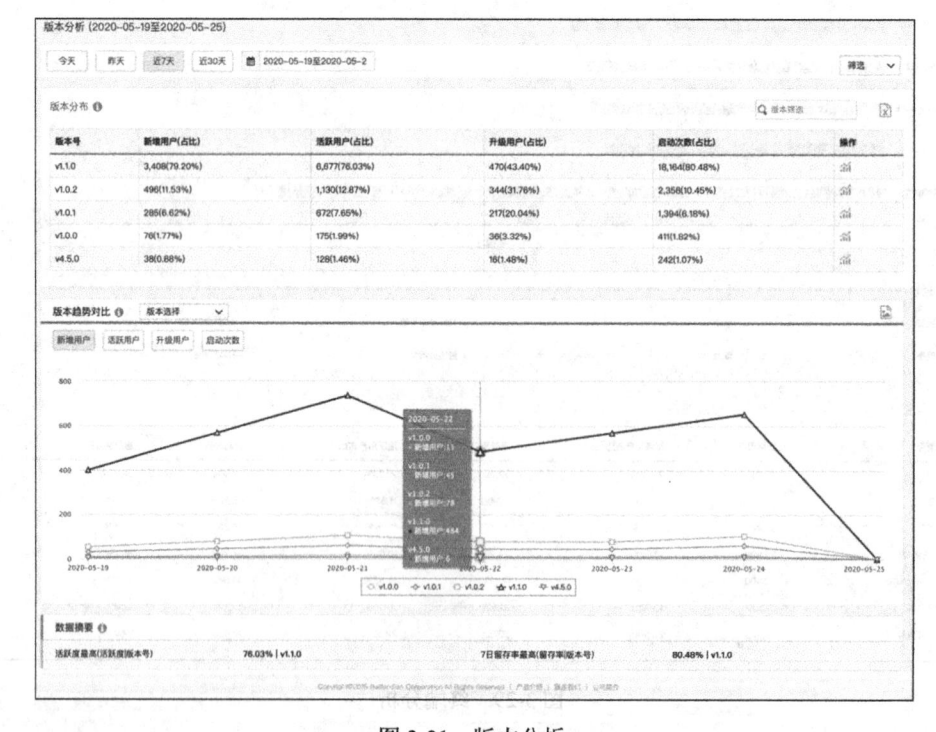

图 3-31 版本分析

访问页面路径可以宏观地查看各个页面之间的流转路径，如查看从首页进入的流量如何分流至频道页、个人中心页等。任意入口页面的后续流转路径都可以在此查看，如图 3-32～图 3-34 所示。

访问页面(2018-03-20)

今天 | 昨天 | 近7天 | 近30天　　2018-03-20 ~ 2018-03-20

筛选条件：关

页面访问汇总

访问页面	访问人数（占比）	访问次数（占比）	平均停留时长	停留时长占比	页面跳出率
home	31,066(48.92%)	62,133(48.92%)	00:22:43	49.86%	90.48%
retention	11,578(18.23%)	23,157(18.23%)	00:21:58	17.97%	90.48%
backflow	8,930(14.06%)	17,861(14.06%)	00:21:50	13.77%	80.95%
channel_analysis	6,182(9.73%)	12,365(9.74%)	00:21:56	9.58%	80.95%
trend_analysis	5,483(8.63%)	10,966(8.63%)	00:22:35	8.74%	76.19%
test.dot	5,406(8.51%)	10,812(8.51%)	00:22:31	8.60%	85.71%
installation	3,619(5.70%)	7,238(5.70%)	00:22:30	5.75%	85.71%

图 3-32　访问页面

访问页面	访问人数（占比）	访问次数（占比）	平均停留时长	停留时长占比	页面跳出率	访问路径
华安动态	3292(12.82%)	3596(12.64%)	00:00:08	10.87%	39.02%	查看
ChoiceAPIActivity	2(0.01%)	143(0.50%)	00:01:48	5.67%	101.40%	查看
WebViewActivity	1(0.00%)	11(0.04%)	00:01:06	0.27%	54.55%	查看

图 3-33　页面详细信息入口

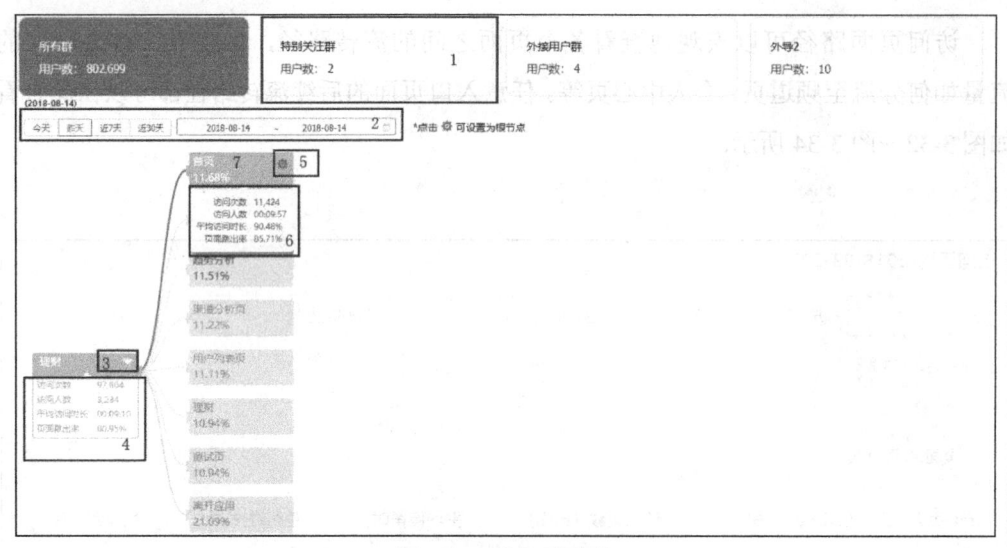

图 3-34　详细页面图

PC 网站端的在线运营指标与 App 端的十分接近，但个别指标的定义与命名略有差异。因此，我们为 PC 网站端挑选的概况指标也与 App 端的概况指标不同。在线运营指标页面 PC 端如图 3-35 所示。

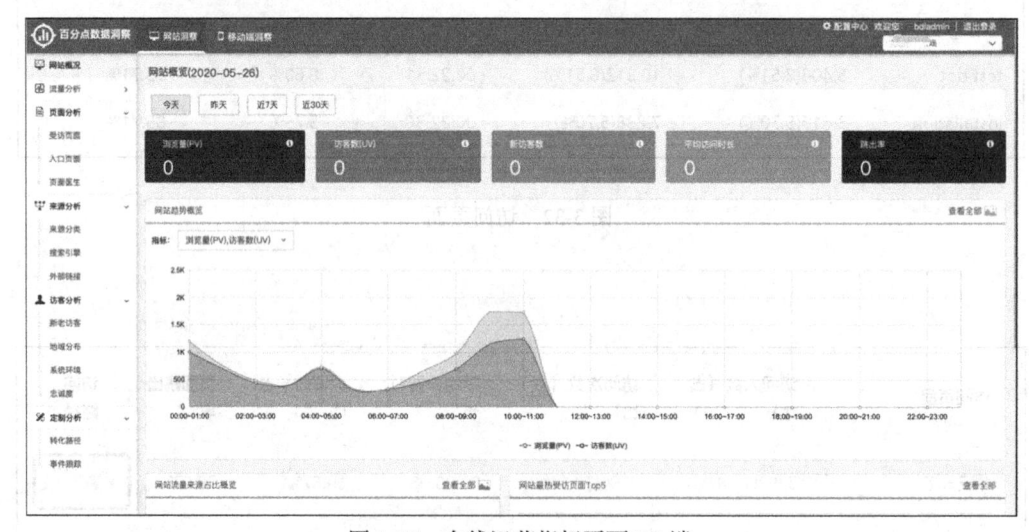

图 3-35　在线运营指标页面 PC 端

4. 流量分析

流量是 PC 网站端在推广过程中最关心的指标。因为"引流"的数量直接影响着网站的到访人数。PC 端的流量与 App 端的渠道是两个意义相同但命名不同的指标。流量分析首页会对 PC 端的 PV、UV、平均访问时长等常用指标做出概要的统计展示。PV 等同于 App 端的活跃次数，UV 等同于 App 端的活跃人数，流量分析如图 3-36 所示。

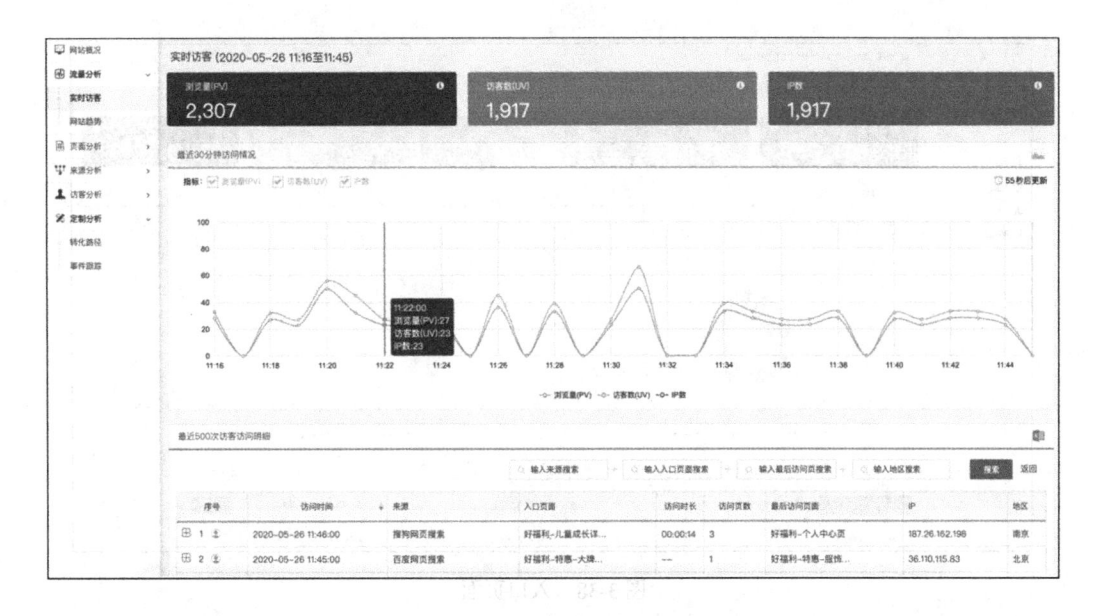

图 3-36　流量分析

5. 页面分析

PC 网站端的页面分析与 App 端的分析目标是一致的，可以按照单个页面的访问情况进行排序查看，可以找到最热门的、访问次数最为集中的优质页面，也可以发现那些较少被访问到的冷门页面，如图 3-37～图 3-39 所示。优质页面可作为学习标杆，分析其被频繁访问的主要原因，从而依照相应策略同步调整其他页面。冷门页面可作为"着重推广"的页面进行宣传，为其创造更多的"引流"机会。

图 3-37　页面分析

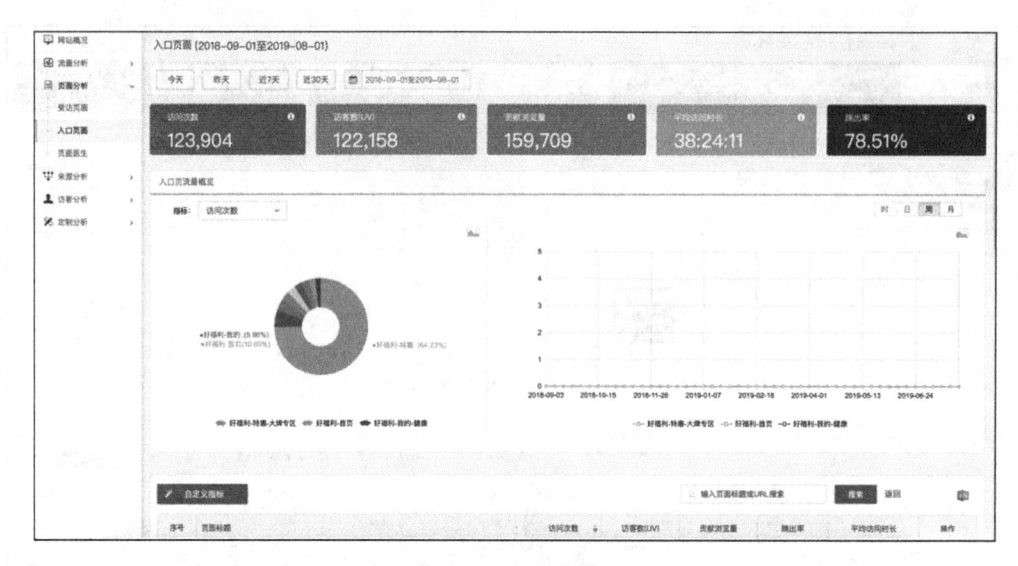

图 3-38 入口页面

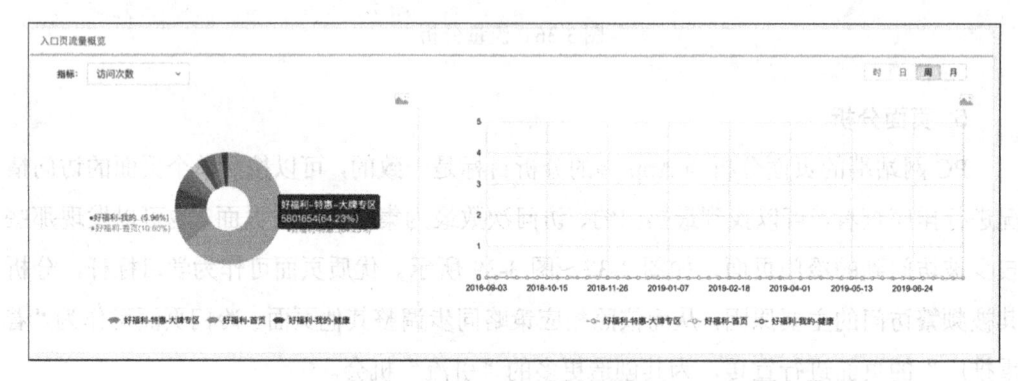

图 3-39 入口页流量概览

热力图是 PC 网站端较为普遍的分析方法，这是由于 PC 网站端与 App 端的用户使用习惯完全不同。用户在 PC 网站端上使用鼠标来操作，而在 App 端上使用手指进行操控。因此，在 PC 网站端，鼠标的每一次点击都可以有明确的点击位置，这种位置精确到可以用横纵坐标（x, y）来进行定位。将这些精确定位的点击数字加总，很容易绘制出热力图。而 App 端手指触屏的面积通常比较大，点击所对应的定位就相对模糊，不易绘制出精确的热力图。在 App 端通常使用"链接点击图"来取代热力图。两者的区别在于，热力图统计的点击位置是全屏幕的，它不仅统计点击到一个按钮时的位置，即使鼠标在一个空白的不可点击的区域进行一次点击，热力图也会记录它，所以在我们看到的热力图中用颜色强弱所表达的区域是发散的，并不完全等同于页面中"可点击"的区域。而链接点击图则只统计那些"可被点击区域"的点击次数。这同样是由于操作习惯的不同所导致的。在 App 端，点击行为、滑屏行为等都是只在 App 端手机中才会出现的行为,这种交互体验感更好,但在数据采集时却不够精确。因此,只有当行为具体触发到一个按钮,或者具体完成一次翻页时,才会被统计到。热力图概览如图 3-40 所示。

图 3-40　热力图概览

6. 访客分析

PC 网站端的访客分析与 App 端的用户分析意义相同,都用于识别出网站新老访客占比,从而了解网站的健康状况,如图 3-41 所示。如果新访客占比明显高于老访客占比,一方面说明引流渠道的效果较好,另一方面可能侧面反映出网站对用户的黏性不足。用户被引流到网站之后,并不会在之后主动重新回访成为老访客。

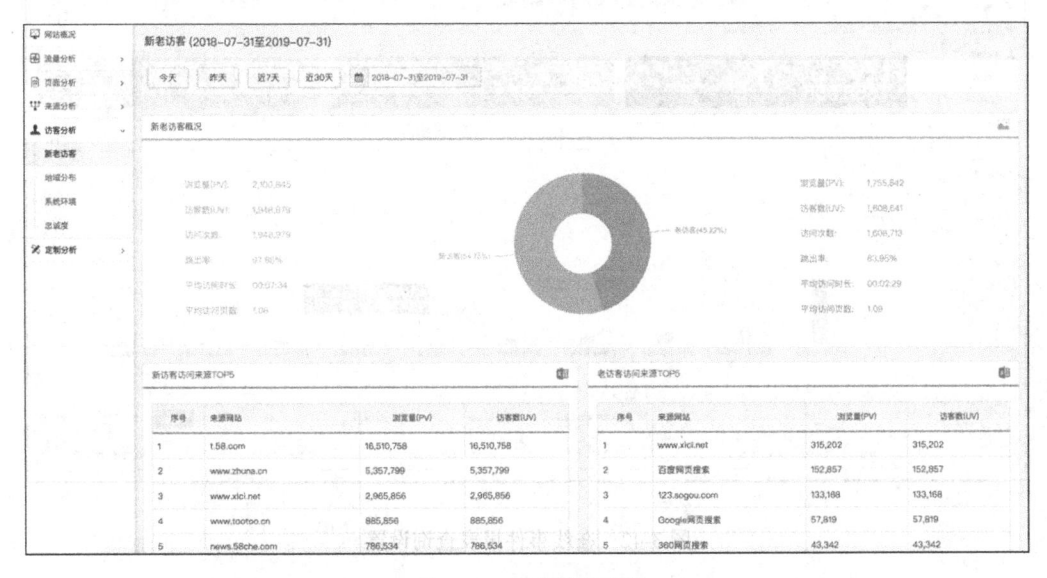

图 3-41　新老访客分析

7. 在线事件报表

行为统计分为"通用行为数据"与"业务行为数据"。在线事件报表的功能设计，主要是面向"业务行为数据"的。运营者对有业务含义的用户行为做了足够充分的埋点之后，会从任意维度对此类数据进行组合分析。例如，查看"近 7 天在网站订购特惠商品的人数"或"近一个月收藏了价值 500 元以上商品的人数"等。这类查询需求的条件是灵活的、多变的，但是如何让运营者能基于需要快速查看到指定报表呢？

采集到的行为数据可以按照"事件名称"与"业务参数"来进行组合。基于此种分类，可以构建出有规律的查询条件输入框。运营者可以使用"事件：名称=在线订购"且"业务参数：商品类型=特惠"，或者"事件：名称=收藏"且"业务参数：商品金额>500 元"作为输入条件，只要在系统给出的选择区做出上述形式的选择，根据相应条件筛选出的数据报表即可出现在下方，以供查阅。在事件下拉菜单中，将提供所有已经埋点的事件名称，每个事件在埋码时，已采集的参数也会出现在参数选项列表中，以供选择。

点击报表管理下的"在线事件报表"，就可以进入在线事件报表页面。在线事件报表用于捕捉具有业务含义的特定在线行为，如图 3-42 和图 3-43 所示。

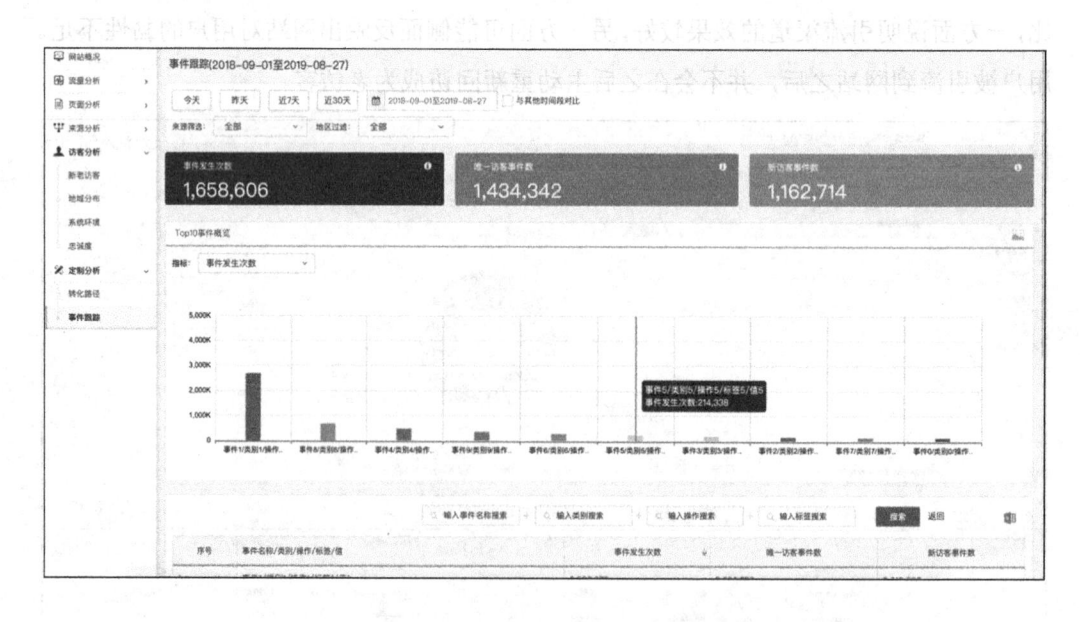

图 3-42　在线事件报表查询设置

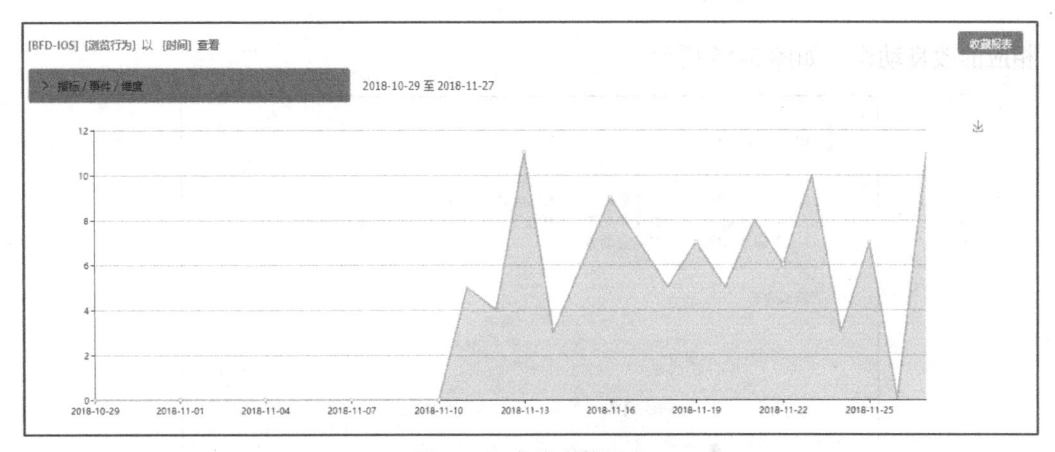

图 3-43　在线事件报表

8. 实时行为漏斗

实时行为漏斗是监测业务转化路径与转化目标的常用工具，在前文中针对转化路径与转化目标已经给出了具体的例子，如图 3-44 所示。

图 3-44　实时行为漏斗列表

系统中已经创建好的实时行为漏斗会以图 3-44 的列表形式呈现出来，供运营者随时单击进入任意一个漏斗查看详细的转化数据。

每个实时漏斗的创建过程如图 3-45 所示。漏斗的每个层级都需要选中一个已经完成埋码的在线事件及业务参数。

进入任意一个已经创建好的漏斗详情页后，即可查看该漏斗的详细统计数据（如漏斗中每一个层级的到达人数，漏斗每相邻两个层级的转化率，漏斗从第 1 步到任意一步的转化率）。也可以查看漏斗每相邻两个层级之间的"流入""流出"人数。运营者通过漏斗的数据呈现，可以快速地把握整个转化路径中哪个环节最容易流失用户，从而做出相应的改良动作，如图3-46所示。

图3-45 创建实时行为漏斗

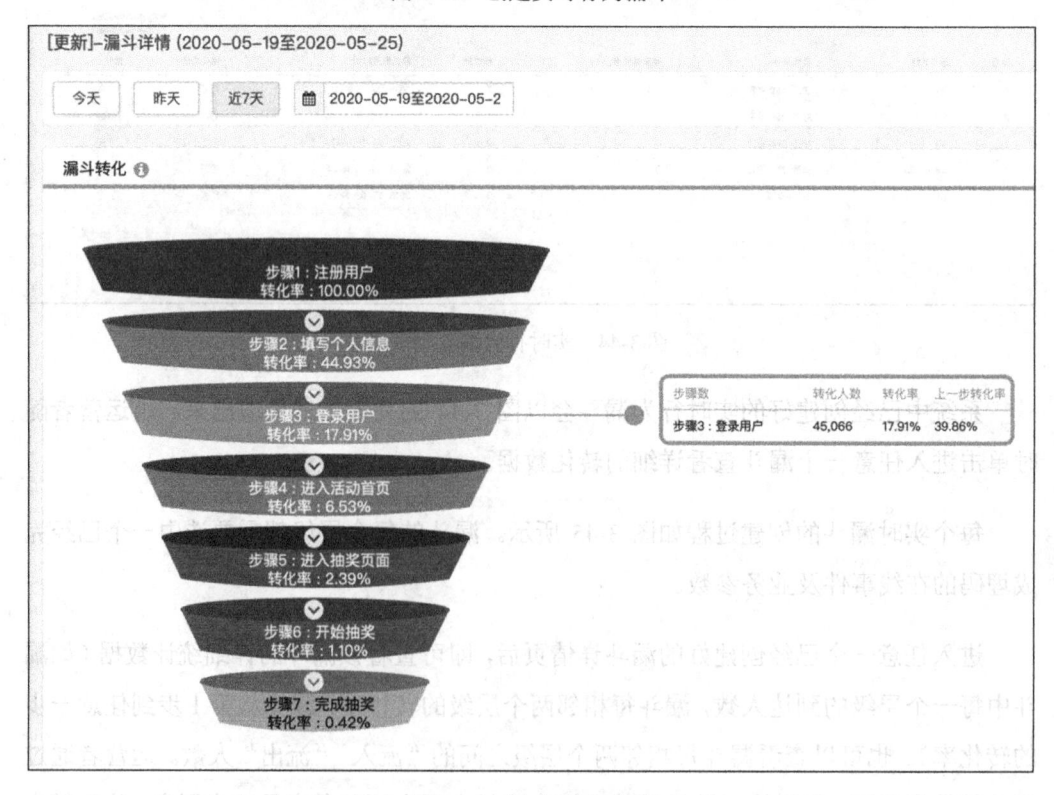

图3-46 漏斗详情页面

9. 预警管理

预警管理的主要功能是防止风险发生，在各项指标达到预警条件时，向相关部门发出紧急信号，以避免危害在不知情或准备不足的情况下发生，从而最大限度地减轻危害可能造成的损失，预警管理界面与创建预警内容如图 3-47 和图 3-48 所示。

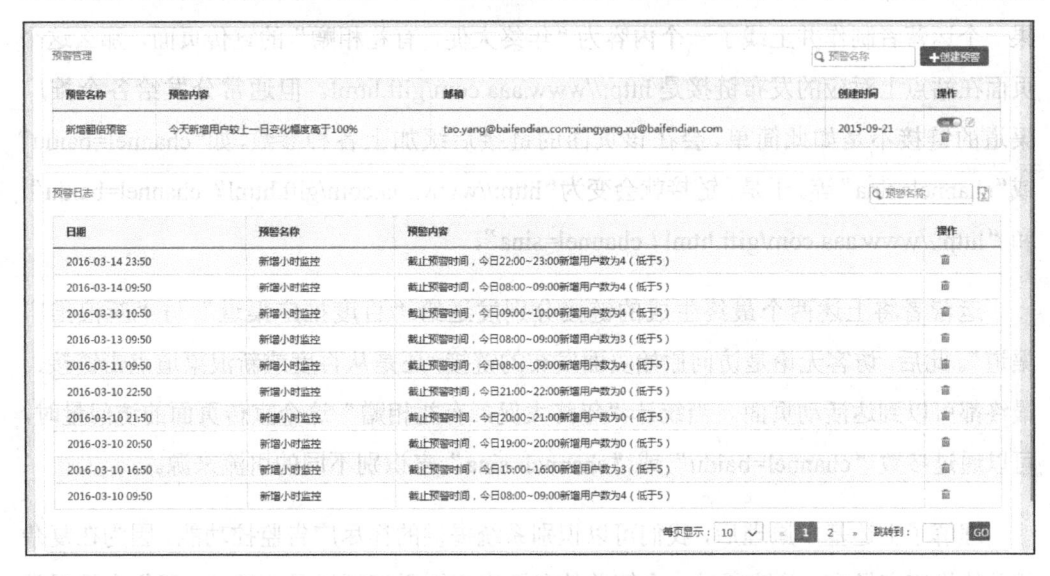

图 3-47 预警管理界面

图 3-48 创建预警内容

预警内容包括选择客户端、预警名称、规则条件、规则预览、选择邮件组、支持分页、不受时间筛选限制显示所有预警信息、默认显示最近时间的数据等。

10. 广告流量监测

广告流量监测主要用于评估广告推广的引流效果。其统计原理是运营者在系统内生成多个推广链接，然后分发给不同的推广渠道。当多渠道同时进行引流时，系统可识别这些推广链接中的各个参数，因此可以分别统计出不同渠道、不同素材的推广效果。如果一个运营者制作并上线了一个内容为"年终大促，有礼相赠"的宣传页面，那么这个页面在站点上对应的发布链接是 http://www.aaa.com/gift.html。但通常分发给各个推广渠道的链接不是如此简单，会在该页面的链接后缀加上各种参数，如"channel=baidu"或"channel=sina"等。于是，链接就会变为"http://www.aaa.com/gift.html？channel=baidu"和"http://www.aaa.com/gift.html？channel=sina"。

运营者将上述两个最终生成的链接分别发送给"百度推广渠道"与"新浪推广渠道"。此后，访客无论是访问原始页面发布的链接，还是从百度或新浪渠道点击链接，最终都可以到达活动页面。当统计"年终大促，有礼相赠"这个宣传页面的访问量时，可以通过参数"channel=baidu"或"channel=sina"来识别不同的引流来源。

理解了上述基本原理后，我们可以识别系统提供的详尽广告监控功能。因为在复杂纷乱的推广市场中，单纯通过一个简单的参数来识别引流渠道是不够的。我们会根据常规的广告统计原则，设定"媒介""来源""计划""单元"和"创意"5个维度的参数。这些参数的工作原理与前文介绍的原理是一致的。下面分别进行介绍，如图3-49和图3-50所示。

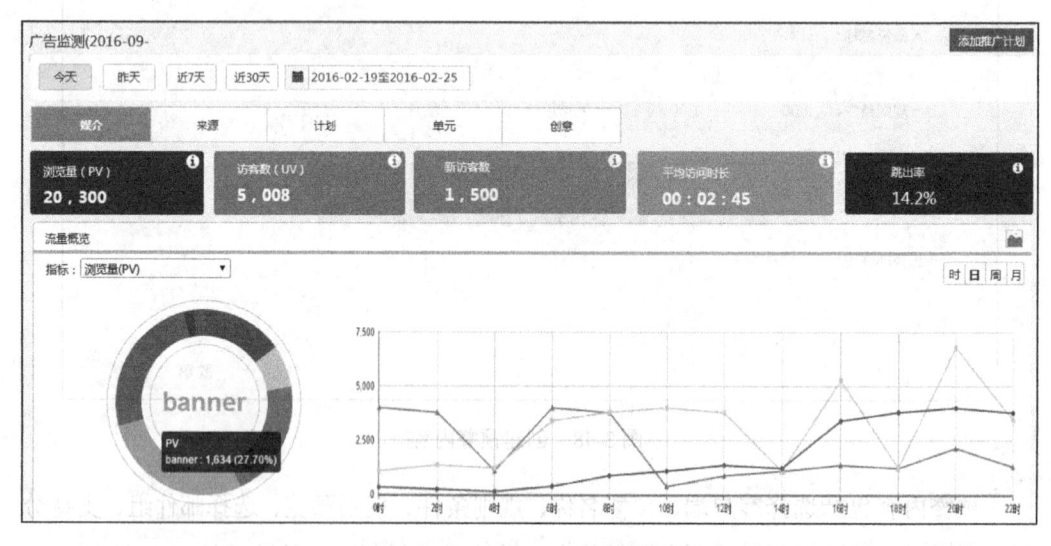

图 3-49　广告流量监测页面

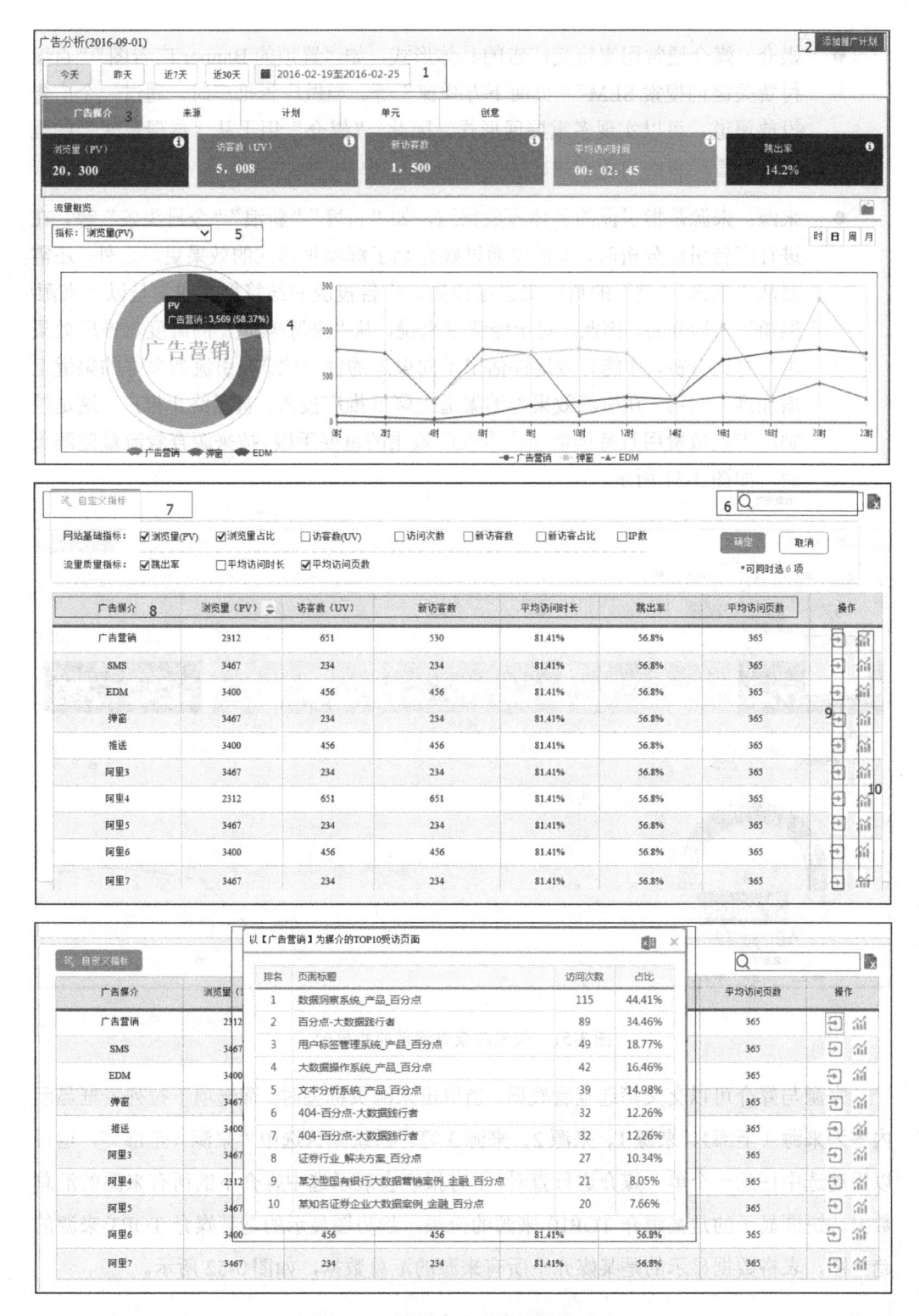

图 3-50　按媒介查看流量监测页面

- 媒介：媒介通常用来定义广告的具体形式，如"置顶的 Banner 广告图""百度付费关键词搜索 SEM""页面下方弹窗"等。当做广告推广时，通过一个广告投放渠道，可以实现多重展现形式。因此，"媒介"用于从"展现形式"的维度来查看广告的引流效果。

- 来源：来源是指引流的具体投放渠道，如"百度""新浪""今日头条"等。在进行广告引流分析时，除需要通过媒介来了解哪种形式的效果更好之外，还需要从"来源/渠道"的角度来进行评估。广告投放的结算形式通常是以"来源/渠道"来划分的，因此，对于经营者来说，从"来源/渠道"的维度对推广效果进行对比分析，才能有效地评估出不同渠道的性价比。在引流效果好的渠道上增加推广费用，在引流效果差的渠道上降低推广投入，甚至终止推广。这是控制广告投放费用且持续增强广告推广效果的重要手段。按来源查看流量监测页面，如图 3-51 所示。

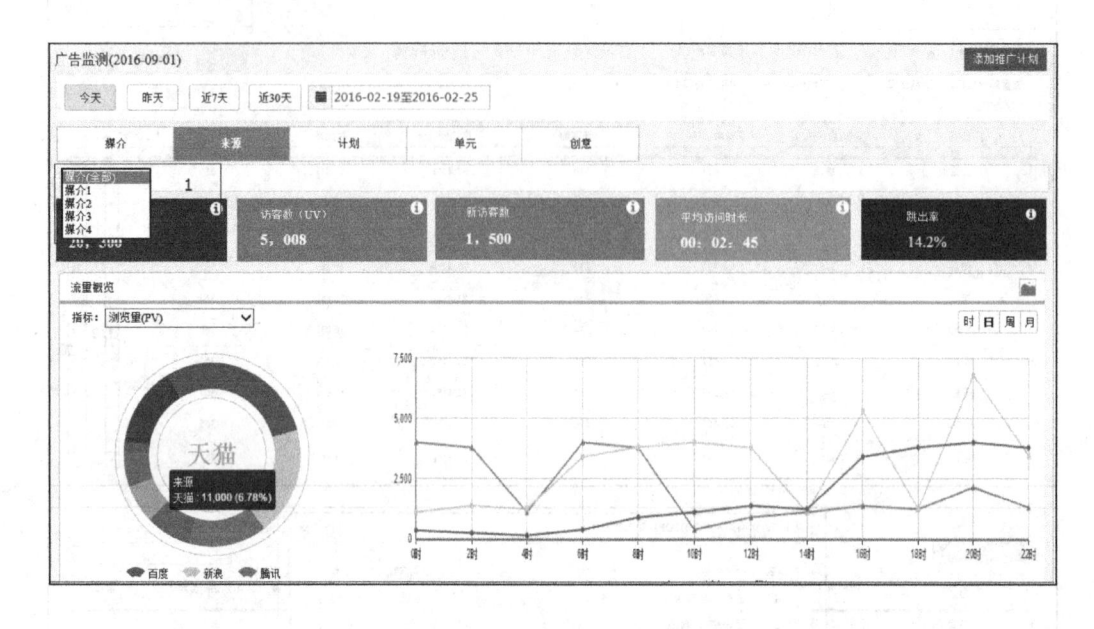

图 3-51　按来源查看流量监测页面

　　来源与媒介可以交叉筛选查看数据。当单击来源页标签时，筛选项下拉列表框显示内容为来源（全部）、来源 1、来源 2、来源 3 等。系统默认选中"来源（全部）"，也可以手动选中任意一个单一媒介进行查看。下方报表会展示选中媒介下的所有来源的汇总数据。饼图显示的是某媒介 TOP10 来源的份额，趋势图显示的是某媒介 TOP3 来源的趋势图，表格数据显示的是某媒介下所有来源的汇总数据，如图 3-52 所示。

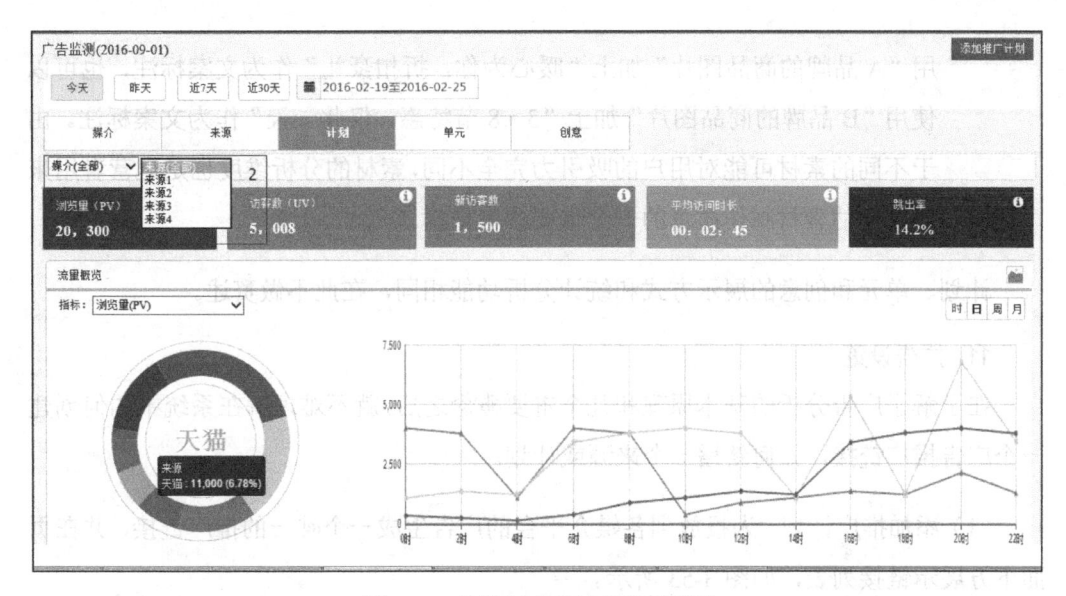

图 3-52 按计划查看流量监测页面

- 计划：计划是与媒介和来源不同的另一个维度，它通常是与网站的具体业务强相关的。例如，"三八妇女节暖心推广计划""6·18 大促满 100 送 20 计划""新品试用计划"等。这些计划是网站运营者规划出来的，是后续进行统计分析时预留的分析维度。运营者可以根据不同的计划维度来查看其推广效果，经过对比可评估出引流效果好、转化情况好的活动计划。

计划也可以与媒介和来源同时进行交叉筛选得出分析结果。当选中计划后，系统默认选中"媒介（全部）"及"来源（全部）"，运营者也可以在下拉菜单中选中任意一个单一的媒介或单一的来源。系统将统计出选中媒介、选中来源下所有计划的汇总数据。饼图显示的是某媒介某来源 TOP10 计划的份额，趋势图显示的是某媒介某来源 TOP3 计划的趋势图，表格数据显示的是某媒介某来源下所有计划的汇总数据。

- 单元：单元是计划的细分维度。例如，一个"三八妇女节暖心推广计划"可以拆解为若干细化的单元（如"护肤品单元""口服液单元""女包/奢侈品单元"等）。单元同样是由运营者规划的细分维度，同样是后续进行统计分析时预留的分析维度。

- 创意：创意是指具体的宣传图片、宣传语、动画效果等展现内容，它是在单元或计划的基础上继续细分的分析维度。例如，同一个"三八妇女节暖心推广计划"下的"护肤品单元"，可以设计制作出不同元素组成的宣传图片，可以使用"A品牌的商品图片"加上"暖心为你,折扣豪礼"作为文案标注,也可以使用"B品牌的商品图片"加上"3·8节特惠,仅此一天"作为文案标注。由于不同的素材可能对用户的吸引力完全不同,素材的分析维度也是运营者用来对比评估素材制作质量的一个重要参考依据。

计划、单元和创意的展示方式和统计分析功能相同,在此不做赘述。

11. 广告设置

在了解了广告分析的基本原理和几个重要概念之后,就不难理解在系统中如何创建一个广告推广链接,如何新增一个来源或计划。

(1)添加推广计划。为投放到各媒介平台的广告生成一个唯一的推广链接,并在页面下方展示链接列表,如图3-53所示。

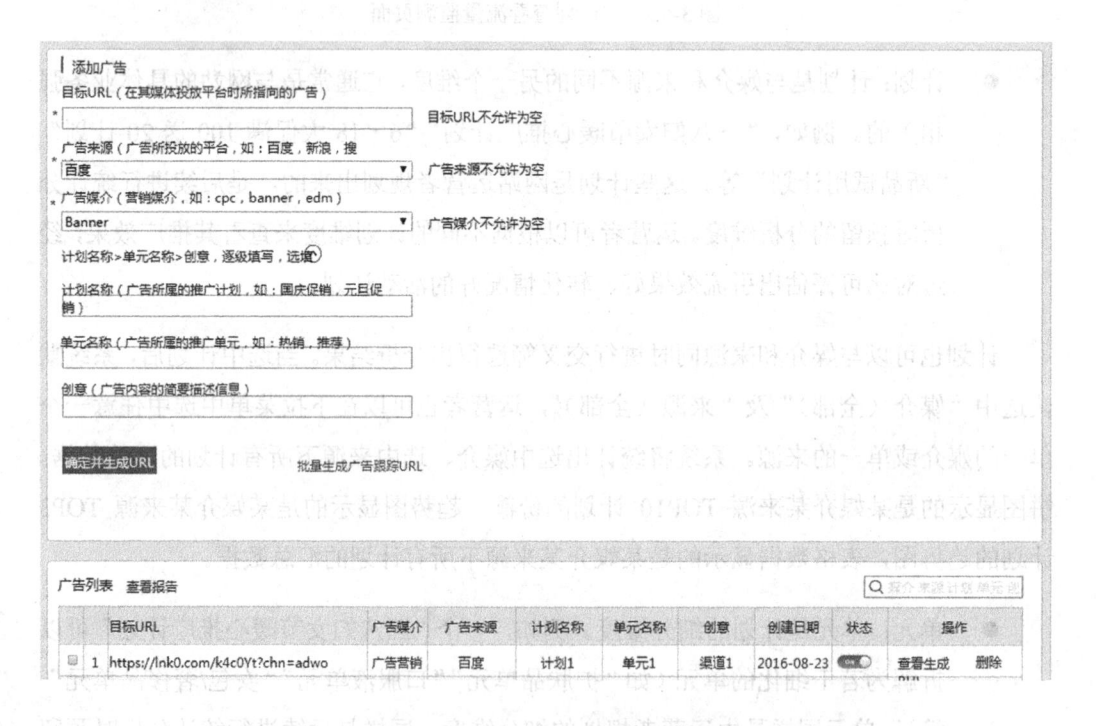

图3-53 创建一个广告推广链接

(2)操作路径。单击广告监测页面右上角的"添加推广计划"按钮,打开如图3-54所示的页面并填写相关参数。

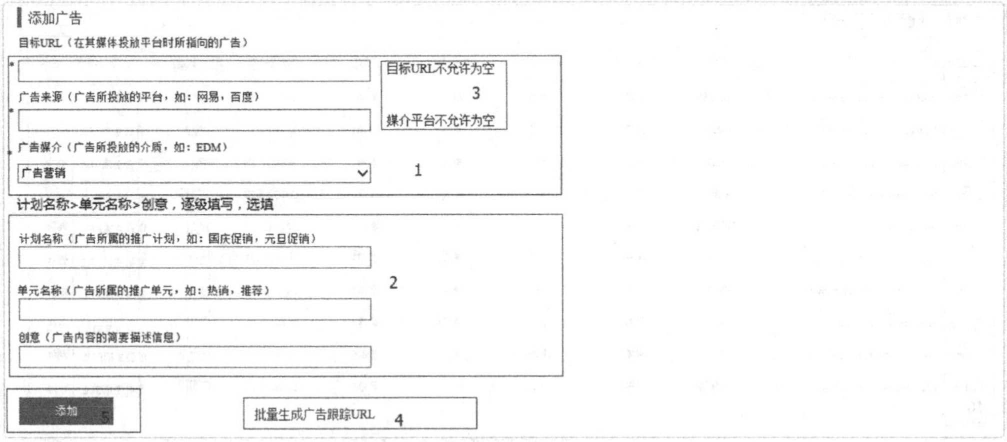

图 3-54　填写广告推广链接的相关参数

其中，目标 URL、广告来源、广告媒介为必填项。

①目标 URL：广告点击后的落地页，如 https://www.baifendian.com/。

②广告来源：标识投放广告的渠道。默认广告来源有百度、新浪、搜狐、腾讯、网易，还可以自定义广告来源。添加自定义广告来源，页面跳转到"添加广告来源"弹窗。

③广告媒介：一般是指广告的类型（广告形式），标记广告来源分类，为一级分类，可以理解为广告载体，标识广告是以什么形式投放出去的。默认广告媒介有 Banner、Buttons、SEM、DSP、EDM、文本链接、网盟、弹窗、SMS，还可以自定义添加广告媒介。添加自定义广告媒介，页面跳转到"添加广告媒介"弹窗。

计划名称、单元名称、创意为可选项，需要逐级填写。

①计划：广告所属的推广计划，如七夕促销、元旦促销等。

②单元：广告所属的推广单元，如亲子时光、户外出行等。

③创意：广告内容的简要描述信息，如创意 1、创意 2 等。

生成后的链接为 https://www.percent.cn/?source=sina&medium=sem&plan=plan1&unit=unit1&creative= creative1&percent =1。

已创建好的广告列表如图 3-55 所示。

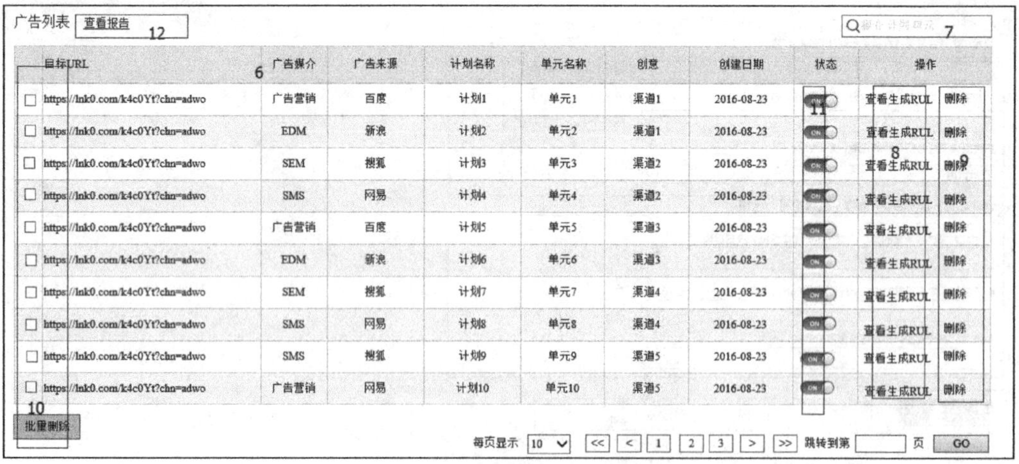

图 3-55 已创建好的广告列表

对于创建好的广告列表，可以查看详情，也可以将系统生成好的若干推广链接进行复制，分别提供给不同的推广渠道用于引流。

第4章
基于大数据的行为分析——无埋码

4.1 无埋码技术的实现原理

　　无埋码是一种进行在线行为数据采集的新兴埋码技术,它的特点是埋码量小,易于调整。传统的埋码操作需要预先评估页面上需要采集的具体位置,然后在指定的按钮或功能区块中埋入指定的采集代码,从而获取指定的行为数据。如图4-1所示,当需要采集某个电商网站的单品订购行为时,需要在单品页的订购按钮位置埋入指定的采集代码。每当该订购按钮被点击时,埋入的代码会对此行为进行定向数据收集,包括该按钮被点击的次数,以及该按钮被点击的同时需要收集哪些额外的业务参数等,经过后续的加工分析得到"指定时间内"该按钮被"点击"的次数,继而得出在线订购行为所有的发生次数。

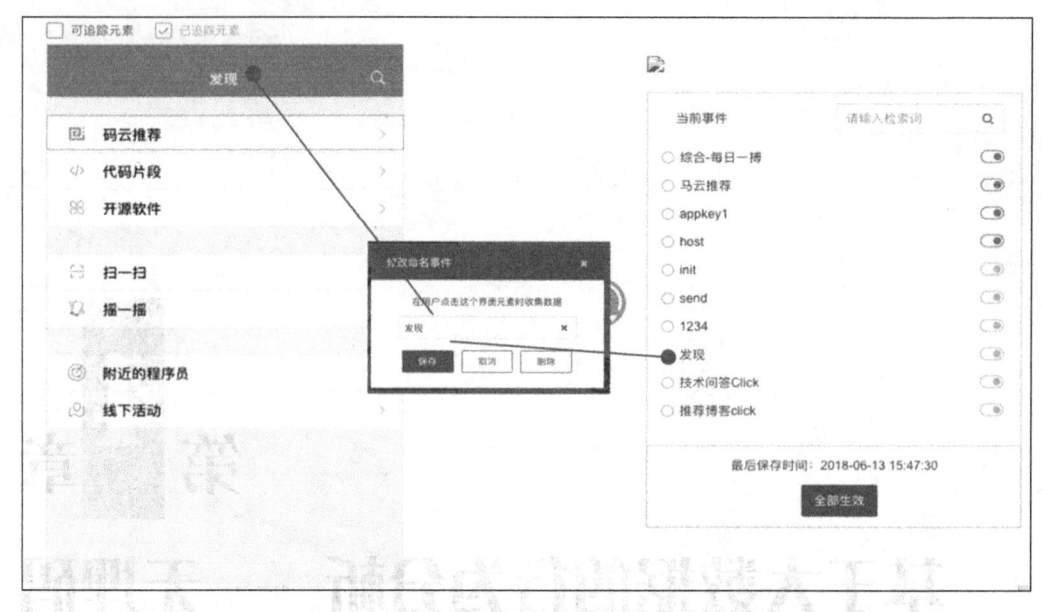

图 4-1 无埋码的设定界面中选中指定位置并命名一个事件

与传统埋码方式不同，无埋码借用了热力图的数据采集方式。在浏览器或移动端 App 的默认访问机制下，每一次鼠标在页面上点击或每一次手指在 App 上点击时，系统都可以自动获得点击目标在当前页面中的相对位置。例如，当前点击的位置处于页面距离左上角横向 x 像素、纵向 y 像素的位置。基于这样的原理，无埋码的采集技术就好比将页面设定为一个有标尺的画布，而页面上所有可以被点击的区域都已经标定好相应的位置。例如，"位于页面右上角的按钮"或"位于页面左下角"的按钮。以这样的方式来设定好需要采集行为数据的"可点击位置"后，即使不在指定的"订购"按钮或"点赞"按钮处进行传统的定制埋码植入，也可以统计到"指定位置点击区域"的点击次数。当需要采集的位置发生变化时，也可以通过切换统计的目标位置来完成采集目标的切换。

然而，由于无埋码的采集技术是通过"标定点击目标的相对位置"而实现的定位采集，它的采集结果通常只能局限于某特定位置下按钮被点击的次数，无法获得该点击发生的同时需要采集的额外参数。我们已经了解到，在传统埋码模式下，在采集到"订购"按钮点击的次数的同时，还可以获得该订购行为发生的时候对应订购的商品名称、商品金额、商品数量等重要的业务参数。但在无埋码模式下，我们只能准确地获得一个位于页面右上角的按钮被点击的次数，无法同时获取其他参数。

无埋码相对于传统的埋码方式而言，其优势在于很容易标定或更改要采集的目标位置,但其劣势在于很难同时收集到更多的业务参数,这对于后续的在线行为分析而言是有所欠缺的。

4.2 无埋码技术的使用实例

若想要针对不同的在线行为采集需求,我们可以采用无埋码技术与传统埋码技术相融合的方式来进行行为数据的采集。例如,对于首页、列表页等版块内容较为丰富聚合的页面,可优先采用无埋码技术。因为这类页面的作用在于向用户提供足够的浏览引导,用户在这类页面中可以快速地获取到下级页面导航的指引,从而进行后续的定向访问。所以,首页或列表页的特点就是版面变化比较频繁,且对此类页面进行数据采集与分析的目标在于对版面进行调整时有足够的数据分析结果进行指导:按用户习惯的视觉重点来区分热门区域或非热门区域,按各个版块点击量来识别各类素材的引导效果是否良好。

因此,无埋码"易调整"的特性刚好满足此类页面的行为采集与分析的要求,且各版块的引流效果也无须更多业务参数辅助,仅依靠一张展示各版块的点击量热度分布的势力图就已经能说明问题,足以用来指导如何调整页面的排版布局。但更多的页面,更多的在线行为,单纯依靠点击量绘制热力图的数据是远远无法达到分析的效果的,如电商网站核心业务中的在线订购行为,对于网站或 App 的经营者来说,单纯采集到"订购"按钮的点击次数并没有太大的分析意义,只有同时采集到订购的目标商品名称、商品金额、商品数量等关联性数据之后,才有可能在丰富的参数支撑下分析出有价值的结果。

在这里举例说明:某电商网站的经营者,通过在线行为分析数据发现其单品页的订购按钮每天被点击约 1000 次,但成功到达"确认"订单页面的人数却不足 100 人,这样的流失率显然是不正常的。经营者详细对比了成功到达"确认"订单页面的订购行为数据,与未成功到达"确认"订单页面的订购行为数据,发现在众多参数中,"选定赠品"的数据是差异最大的。凡是在赠品区勾选指定赠品后发生的订购行为,都可以顺利完成订单的确认,而未选定赠品的订购行为都没有进入到下一页面。由此推断是单品页的赠品选定规则阻碍了较多用户的操作流程。在单品页面设计之初,经营者需要用户选定一件自己心仪的赠品后才可以成功提交订单,但由于页面的提示信息不足,很多用户忽略了这一点,未进行主动勾选就直接点击了订购按钮,导致页面无法正常流转至"确认"订单的环节。针对所发现的问题,经营者快速做出了调整。在赠品区由系统默认选定至少一款赠品，这样即使用户忽略了此处的勾选，也不会影响订购流程的正常流转，从"点击'订购'按钮"到"成功'确认'订单"的转化率迅速得到了极大提升。

这个例子就是对传统埋码方式的最佳说明。在很多时候，我们需要尽可能多地采集到关联性数据，也就是业务参数，只有把更多的参数内容进行融合分析，才可得出有价值的结论。在这个例子中，倘若只利用无埋码技术采集"订购"按钮的点击次数，而没有同时收集到订购行为发生时其赠品的勾选情况，就完全无法在后续的分析中发现并解决问题。

无论是传统的埋码方式还是新型的无埋码方式，都是获取行为数据的技术实现方案，它们既各有所长又各有所短，因此结合页面自身的特点与不同的行为分析目标，将无埋码技术与传统埋码技术同时使用，才是更科学的行为数据采集策略。

4.3 无埋码采集系统示例

4.3.1 连接应用

在无埋码事件管理页面中选定一个系统内已经存在的独立应用之后，点击链接进入"摇一摇"连接页面（前提是该应用已经植入了无埋码相关的代码段落）。

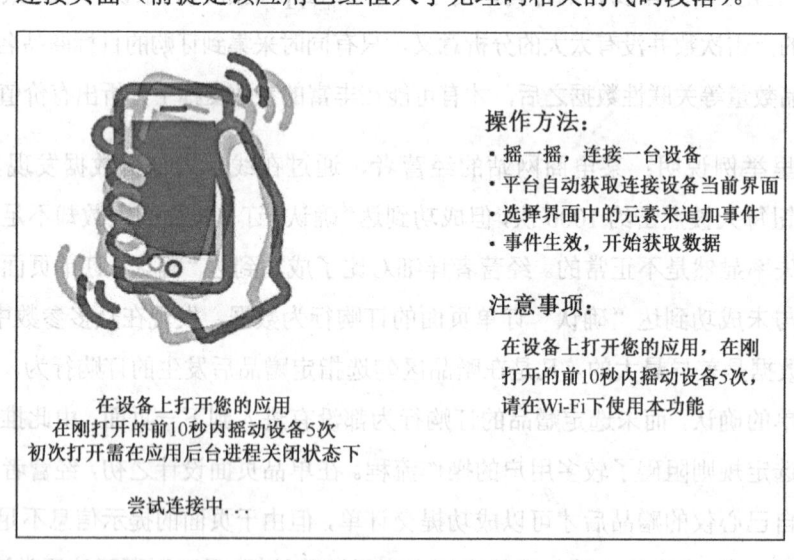

图 4-2 无埋码首页中的"摇一摇"连接

在打开的前 10 秒内摇动设备 5 次，如果设备配对成功，就会出现设备连接选项，如图 4-3 所示。

图 4-3　设备连接选项页面

点击"确定"按钮进入事件配置页面，点击"取消"按钮则取消连接。

4.3.2　配置无埋码事件

在点击"确定"按钮之后，进入事件配置页面，如图 4-4 和图 4-5 所示。此时可以在页面中配置需要统计的按钮，设置无埋码的采集。

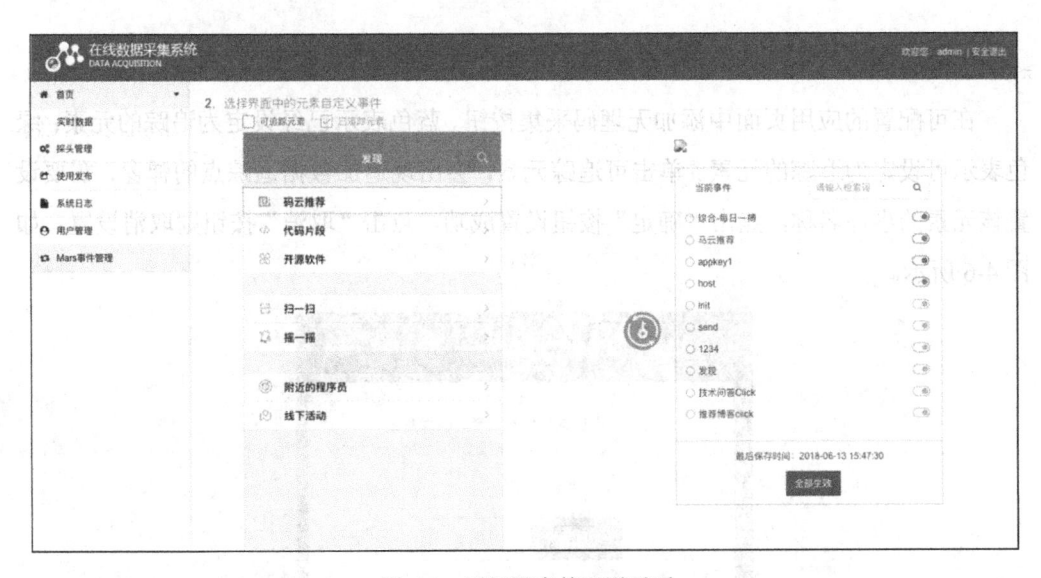

图 4-4　无埋码事件配置页面

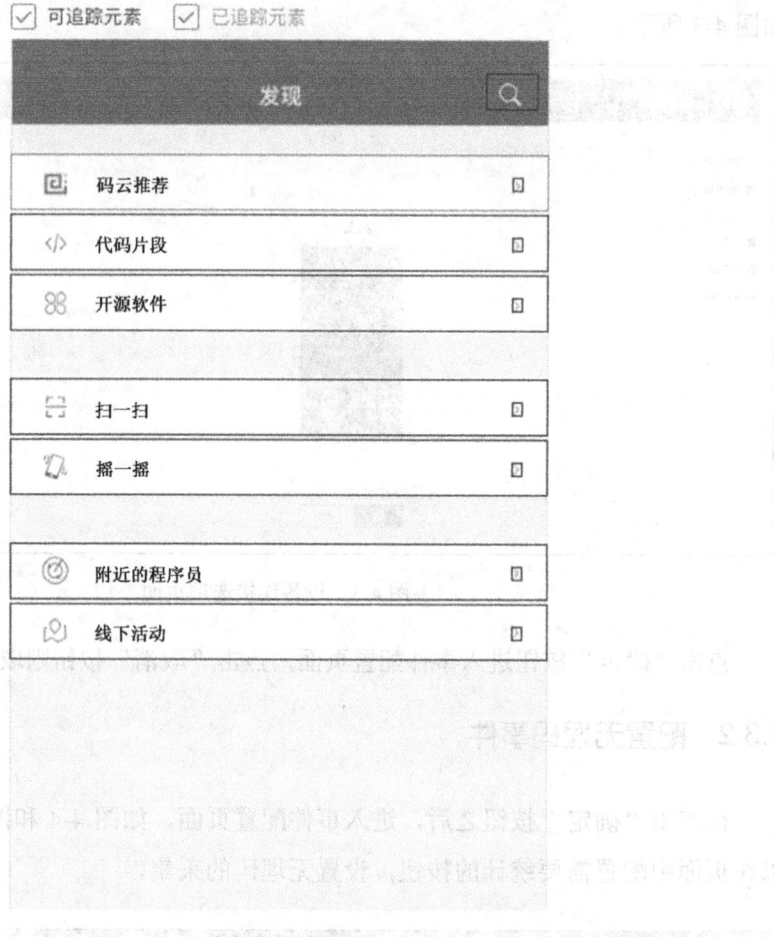

图 4-5 可单击选定的事件配置页面

在可配置的应用页面中添加无埋码采集按钮。蓝色表示已经设定为追踪的元素；绿色表示可设定为追踪的元素。单击可追踪元素，会出现追加数据追踪点的弹窗，需要设置该元素的事件名称，点击"确定"按钮设置成功，点击"取消"按钮则取消设置，如图 4-6 所示。

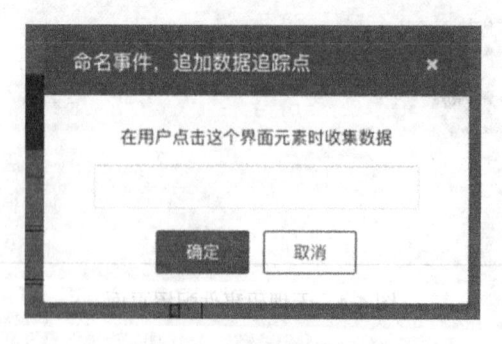

图 4-6 追加数据追踪点

第 4 章　基于大数据的行为分析——无埋码

当点击已经设置过的元素时，会出现"修改命名事件"页面，可以在此修改按钮的名称，或删除该设置，如图 4-7 所示。

图 4-7　修改命名事件名称

配置完事件之后，会在右侧出现所有正在追踪的事件列表，如图 4-8 所示。点击"全部生效"按钮后被设定为追踪的元素将进入监听状态。当设置为追踪的元素被实际点击之后，该元素的点击行为数据会发送到服务器，系统会自动记录该元素的点击量。

图 4-8　无埋码追踪事件列表

点击"开关"按钮可以设置状态，默认为关闭状态。开启状态时探头采集数据；关闭状态时停止数据采集。

· 73 ·

4.4 其他无埋码渠道的行为数据分析

我们以网站及 App 的在线行为数据作为代表，详尽阐述这类数据的采集与分析的相关内容。在现实世界中，产生行为数据的渠道不局限于网站、App、微信公众号等常见的线上媒介；例如，行为数据还包括用户在线下的实体门店柜台申办会员卡、报名参加活动、通过 POS 机刷卡交易、兑换礼品等；又如，佩戴智能手环收集到的计步数据、实时心率和血压的健康数据，汽车的车载系统记录的驾驶数据等都属于产生行为数据的有效获取渠道。这些数据虽然在形式上大有不同，但通过各种定制化的技术处理，最终都可以完成数据的采集，并进行后续数据分析。在这里，我们挑选其中的两种渠道进行讲解。

1. 渠道一示例：基于 Wi-Fi 探针采集线下门店到访及定位数据

在现实生活场景中，各类经营性质的门店为顾客提供场内 Wi-Fi 已经是十分普遍的现象。例如，在星巴克、4S 店、银行的营业厅等都会看到企业经营者为用户提供的 Wi-Fi 服务。在场内进行消费或休息的顾客可以通过连接其 Wi-Fi 来上网聊天或浏览网页，从而节省自己的手机流量。那么，在这样的场景下，数据是如何被采集到的，又可以获取到哪些数据呢？

以星巴克为例，回顾一下在店里连接 Wi-Fi 上网的整个过程。首先，我们会看到陈列在门店柜台的 Wi-Fi 连接提示牌，上面清楚地写着店内提供的 Wi-Fi 地址为 Starbucks，于是我们打开自己的手机 Wi-Fi 网络连接列表，在其中找到 Starbucks 并点击连接。然后，我们的手机会自动弹出一个页面，上面写着"请填写您的手机号并将接收到的短信验证码填入输入框"。当我们输入手机号码并点击"获取验证码"之后，很快会收到一条短信，如"感谢您的光临，您的 Wi-Fi 验证码为 8827"，我们回到刚才自动弹出的页面，将 8827 填入验证码输入框之后，就完成了整个 Wi-Fi 连接流程，可以正常地上网聊天、购物等。

在这个过程中，有几个环节是可以通过技术手段采集到数据的。

（1）感知到用户进入门店的数据。在手机没有禁用 Wi-Fi 连接的情况下，当用户进入店内并打开手机的网络连接列表时，会发现网络连接列表中已经可以查看到

Starbucks。这意味着，用户已经进入了星巴克店内的 Wi-Fi 设备可探测到的物理范围。在这个阶段，Wi-Fi 设备只能收集到"有一部平板设备或有一部手机"进入了店内的探测范围，而对于手机号码等信息一无所知，此类数据的获取是由架设在店内的 Wi-Fi 设备完成的。它就像一个架设在店内的天线，随时监测着有多少台设备进入了它的信号覆盖范围。由于无法获取到手机号码等准确信息，也无法与自然人进行精确地关联判断，所以它的价值仅在于粗略地统计指定时间段内的累计数量。这种数据在实际应用场景中，通常用作"门店客流量"的统计。

（2）获取到用户手机号码的数据。当用户在手机的网络连接列表中看到 Starbucks 并点击连接之后，弹出的页面会要求用户填入手机号码，以便于获取到短信验证码。因此，手机号码的获取，正是在这个环节完成采集的。实际上，我们看到的自动弹出的页面，也是在服务端的一种验证逻辑。用户填写的手机号码，除了被用于发送短信验证码，还会同时在后端被存储记录下来，在这个环节记录下手机号码与手机设备号的对应关系，有助于后期的身份识别。在上一阶段的数据采集场景中，当顾客刚刚踏入门店但尚未连接 Wi-Fi 之前，我们只能感知到有一台设备进入了信号覆盖区，这个阶段只能获取到一串设备的唯一标识码。而在其填写手机号码之后，我们就同时获取到了设备码与手机号码，此时如果将两者的关联进行记录，那么在一段时间之后，当这位顾客再次光临门店并且尚未连接 Wi-Fi 之前，我们也可以及时地识别出他。虽然在当时依旧只能探测到顾客的设备号，但系统已经在此前记录过这个设备号所对应的手机号码，因此可以在顾客进门的第一时间向其发送短信，推广店内促销活动或表达欢迎之意。

（3）获取用户在店内定位的数据。Wi-Fi 的连接设备是有其物理覆盖范围的，星巴克的门店面积通常不会很大，基本上布设一个 Wi-Fi 设备即可覆盖到店内的全部面积。但是，在大型的商超、大型的会议中心或展馆内，为了达到足够的覆盖面积，通常会布设多个 Wi-Fi 信号发射器。这些发射器会以合理的密度分布在商超或展馆的各个位置。因此，每个 Wi-Fi 发射器的覆盖范围都是呈圆形的，信号强度越靠近圆心越强，越远离圆心越弱。每一个 Wi-Fi 发射器都可以感知到，在它自己的圆形辐射范围内，可以探测到的任意顾客处于距离圆心多远的信号强度上。因此，基于三点定位的原则，我们就可以通过任意相邻的 3 个 Wi-Fi 发射器来定位一个顾客所处的具体位置。当然，这种定位的数据是根据信号强度来推算的，建筑障碍物和其他类型的信号都会对此数据产生干扰，因此会有微小的偏差，一般在 1～3m 的误差范围内。这类数据通常用于绘制客流热度分布图、用户行走路线图等。

2. 渠道二示例：基于汽车内置的车机系统采集车辆行驶数据

随着移动端操作系统的日益成熟与智能硬件的逐步发展，很多汽车厂商都在车辆内部安装了内置的车机系统。在驾驶位的旁边由显示器进行呈现，操作感与传统的安卓系统相仿，以此来完成人与汽车之间的交互，如查看导航地图、简单的人机对话、天气温度查询、车辆行驶状态提示等。那么，这种车机系统又会产生怎样的数据，如何来进行数据采集呢？

我们可以把车机系统理解为一部安卓手机，将车机显示屏上看到的功能界面，理解为在手机中使用的各种应用，如日历功能、导航功能、查看天气功能等。这样就不难理解，所有关于移动端在线行为数据采集的方法，在车机系统中都是完全通用的。只不过采集到的数据，并不局限于那些通用的"浏览""点击"等行为，还包括更多与车况及驾驶行为相关的数据，如车辆启停数据、油耗数据、车门关闭情况数据、司机与车机的语音交互数据等。

这些由车辆内置的车机系统采集到的数据，回传到服务端进行统计分析后，可以用于评估车辆健康状况、分析司机驾驶习惯、搜寻车辆所处地理位置等。这些分析后的结果数据会通过车机系统或其他应用系统反馈给车主。有效地提升车主的驾驶体验和服务体验。

上述两个示例代表着各行各业多形态的行为数据采集方式与应用场景。在现实的自然世界中，描述行为的数据来源复杂多样，只要通过合理的方式对其进行采集与统计加工，都可以获得具有解读价值的分析结果。后面主要围绕用户标签画像来阐述数据的另一种应用场景。行为数据只是用来生成标签画像的一类数据，如需产生全景完整的标签画像，需要将行为数据与更多其他渠道产生的数据融会贯通。我们将从画像的理论、方法、实例等方面，详细讲解关于用户的标签体系建设。

第 5 章 行为分析的指标与模型

5.1 用户行为分析的 3 个层次

互联网用户行为分析是基于互联网用户轨迹,通过数据分析方法的科学应用,经过理论推导相对完整地揭示用户行为的内在规律,并将这些规律与网络营销策略相结合,从而发现目前网络营销活动中可能存在的问题,并帮助企业建立快速反应、适应变化的商业智能决策。

对产品用户和行为数据的研究可以大致划分为宏观层、微观层和中间层 3 个层次。宏观层指的是产品的月活跃用户数、订单总金额、销售收入等总体表征企业经营状况的一系列数据;微观层则是指每一位用户的浏览页面时间、加入购物车产品种类等行为细节数据;而中间层是通过一系列数据模型、数据分析等数据研究方法(如临时用户模型、转化分析模型、漏斗模型、用户分群、用户画像等)描述特定群体的行为特征。中间层介于宏观层和微观层之间,基于多个维度对产品宏观层的问题进行深入剖析,挖掘用户行为的本质，洞悉问题的内在原因，进而改进营销组合策略，实现产品快速增长，建立持续竞争优势。

5.2 行为分析指标

行为分析指标按照不同的分类标准可以分成不同的类别。按照用户行为轨迹可将行为分析指标分为渠道类指标、访问类指标、转化类指标、留存类指标及社交类指标 5 类指标。

5.2.1 渠道类指标

互联网线上推广渠道总体上可以分为 5 种类型：原生广告类社交媒体、普通社交媒体、搜索引擎、软件商店和换量联盟。

渠道类指标的具体分类如表 5-1 所示。

表 5-1 渠道类指标

指　　标	指标含义
曝光量（渠道达到量）	即产品推广页中有多少用户浏览
CPM（Cost Per Mille）	指每千人成本，即每 1000 人看到广告的费用
CPC（Cost Per Click）	指每位用户点击成本，按每位用户的点击计价
CPA（Cost Per Action）	指每次行动成本，按每位用户的每一次行为计价
渠道 ROI	即投资回报比

5.2.2 访问类指标

访问类指标的具体分类如表 5-2 所示。

表 5-2 访问类指标

指　　标	指标含义
PV（Page View）	即页面浏览量，是衡量网络新闻的主要指标
UV（Unique Visitor）	即独立用户，是指通过互联网访问、浏览某网页的自然人
DV（Depth of Visit）	即访问深度，是指用户在一次浏览网站的过程中浏览网站的页数
日新增用户数	在某个时间段内使用网站或应用的新用户总数（统计周期一般为天）
获客成本	获取一个客户所花费的平均成本

第 5 章　行为分析的指标与模型

续表

指　标	指标含义
用户访问时长	一次会话持续的时间
人均页面访问量	人均页面访问量=通过浏览器访问的用户会话（Session）来记录的访问数/UV
人均浏览页数	每个唯一身份访问者（UV）页面浏览量（PV）的平均数量。人均浏览页数=PV/UV
平均访问页数	平均每次访问浏览的页面数量。平均访问页数=浏览量/访问次数
访问来源	也称为"推荐来源"，通常互联网用户会通过各种渠道进入某网站访问，这里的"渠道"是指"访问来源"
平均停留时间	访客在一次访问中，平均打开网站的时长，即每次访问，打开第一个页面到关闭最后一个页面的时间平均值
跳出率	只访问了入口页面（如网站首页）就离开的访问量与所产生总访问量的百分比。跳出率=访问一个页面后离开网站的次数/总访问次数
搜索访问次数占比	搜索访问次数就是访客点击搜索结果到达网站的次数。搜索访问次数占比=搜索访问次数/总访问次数

5.2.3　转化类指标

转化类指标主要包括注册、登录、订阅、下载、加购、购买等指标。转化类指标的具体分类如表 5-3 所示。

表 5-3　转化类指标

指　标	指标含义
最近购买间隔	用户最近一次购买距离当前的天数
购买频率	用户在一段时间内购买的次数
购买商品种类	用户在一段时间内购买的商品种类
平均每次消费额	也称为客单价。平均每次消费额=用户在一段时间内的消费总额/消费次数
单次最高消费额	用户在一段时间内购买的单次最高支付金额
日应用下载量	单个用户账户下载的应用数量
一次会话用户数	即下载完 App，仅打开过产品一次，且该次使用时长在 2 分钟以内的新用户数量
用户会话次数	用户会话（Session）是用户在时间窗口内的所有行为集合。用户打开 App、搜索商品、浏览商品、下单并且支付、最后退出的整个流程算作一次会话
漏斗转化—第一步进入次数	第一步进入次数=含有此页面的访问次数
漏斗转化—中间步进入次数（漏斗中）	在漏斗上一步进入次数中以上一步为前链进入此步的次数
进漏斗转化—进入率（漏斗中）	进入率=在漏斗上一步进入次数中以上一步为前链进入此步的次数/上一步进入次数

续表

指标	指标含义
漏斗转化—进入次数（漏斗中）	在当前步骤的进入次数中，没有进入漏斗下一步而去了其他页面的次数
漏斗转化—进入率（漏斗中）	进入率=在当前步骤的进入次数中没有进入漏斗下一步而去了其他页面的次数/当前步骤的进入次数
漏斗转化—退出次数	在当前步骤的进入次数中，没有进入漏斗下一步直接退出网站的次数
漏斗转化—退出率	退出率=当前步骤退出次数/当前步骤进入次数

5.2.4 留存类指标

留存类指标的具体分类如表 5-4 所示。

表 5-4 留存类指标

指标	指标含义
用户留存率	留存用户数占当时新增用户数的比例（这里的"当时"指的是用户首次使用网站或 App 的时间点，一般统计周期为天）
渠道留存率	不同用户渠道的用户留存率
次日留存率	次日留存率=当时新增用户中在第 2 天依然使用网站或 App 的用户数/当时新增用户数。次日留存分析需要结合产品的新手引导设计和新用户转化路径等一起进行
退出率	退出率=从该页退出的页面访问数/进入该页的页面访问数。例如，某商品页进入 PV 为 1000，该页直接关闭的访问数为 300，则退出率为 30%
活跃度	线上产品的用户在线时长及登录频次
活动参与率	参加活动人数占总人数的比重
活跃交易用户数	与活跃用户一样，活跃交易用户也可以区分成首单用户（第一次消费）、忠诚消费用户、流失消费用户等
DAU（Daily Active User）	即日活跃用户数量，指的是一个统计日内登录或使用某个产品、独立不重复的用户数
MAU（Monthly Active Users）	即月活跃用户人数
用户回访率	用户回访率=回访用户数/统计周期内流失的用户数×100%
用户流失率	如果在某段时间内消费的人群中，一部分人在一个流失周期后变为流失人群，那么流失人群的人数与消费人群的总人数之比被定义为流失率。首先要确定如何定义客户流失行为，不同运营人员对流失行为的定义不同
功能使用率	产品重要功能的使用指标，如收藏率、点赞率、评论率等
GMV（Gross Merchandise Volume）	即销售额，指的是一段时间内的成交总额

续表

指标	指标含义
复购率	计算复购率有两种方法。 （1）复购率=重复购买客户数量/客户样本数量。例如，客户样本 100 人，其中 60 人重复购买（不用考虑重复购买了几次），复购率=60/100，即 60% （2）复购率=客户购买行为次数（或交易次数）/客户样本数量。例如，客户样本 100 人，其中 60 人重复购买，这 60 人中有 40 人重复购买 1 次（购买 2 次），有 20 人重复购买 2 次（购买 3 次），复购率=（40×1+20×2）/100，即 80%
退货率	退货率=产品售出后由于各种原因被退回的数量/同期售出的产品总数量

5.2.5 社交类指标

社交类指标主要包括关注、互动、好友、送礼等。社交类指标的具体分类如表 5-5 所示。

表 5-5 社交类指标

指标	指标含义
好友数量	用户分享渠道可以细分为微信好友/群、微信朋友圈、微博等渠道
帖子数量	发帖数量级按自定义时间窗口统计
看帖数量	浏览帖数量级按自定义时间窗口统计
回复数量	回复数量级按自定义时间窗口统计
分享数量	分享数量级按自定义时间窗口统计
点赞数量	点赞数量级按自定义时间窗口统计
转发数量	转化数量级按自定义时间窗口统计
评论数量	评论数量级按自定义时间窗口统计

5.3 用户模型构建

用户行为分析领域系统化的理论分析模型最早是在 Alan Cooper 的著作《About Face：交互设计精髓》中提出的。在该书中，Alan Cooper 共提到了两种行为分析方法，即基于访谈和观察构建客户模型和构建临时客户模型。为了适应大数据时代的潮流，解决时代问题，本书在前人的基础上提出了基于行为数据构建客户模型的方法。下面对这 3 种方法进行详细的介绍。

5.3.1 传统的用户模型构建方法

Alan Cooper 提出了基于访谈和观察构建客户模型和构建临时客户模型两种方法,二者最大的区别在于:第一种方法是基于真实的访谈和观察的,而第二种方法是根据专家等对用户行为的理解。因此,两种方法在适用性和准确性上有一定差异。其完整步骤如图 5-1 所示。

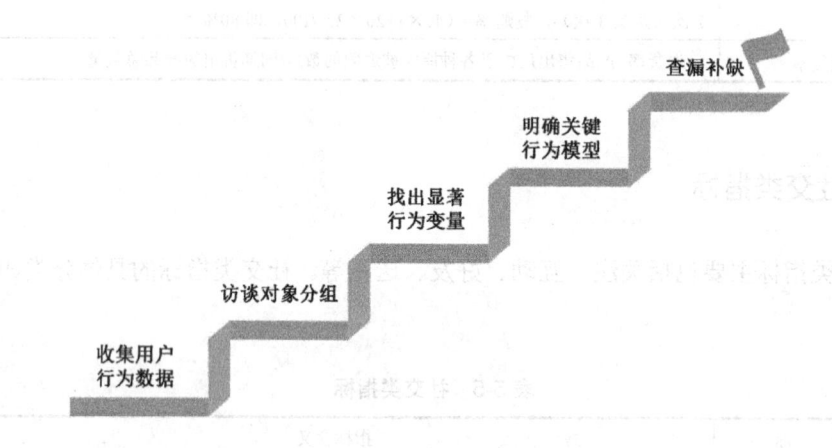

图 5-1 基于访谈和观察的客户模型

基于访谈和观察的客户模型构建方法是逻辑严谨的用户分析方法。下面将分别阐述每一个步骤的具体含义。

(1)收集用户行为数据:是指在观察用户或与用户交谈的过程中,收集记录访谈内容、访谈场景、访谈用户的背景信息、行为信息等。

(2)访谈对象分组:是指根据角色对访谈用户进行分组,如学校可以分为老师、学生两组角色。

(3)找出显著行为变量:是指找出各个组中的显著行为并把行为拆分为活动行为、活动频率、活动时间、用户态度等行为变量。

(4)明确关键行为模型:是指找出访谈用户的重要行为模式,并根据用户的行为模型推测其行为动机、行为目的等。例如,有的老师会经常询问学生近期的研究进度,而有的老师则是不定时地询问学生的研究状态,两种老师都是为了监督学生的研究进展,但是采取了不同的行为方式。

(5)查漏补缺:是指在分析用户行为细节、深度挖掘用户目标的基础上,弥补用户模型行为特征的缺漏,并合并行为模式相同而样本的人口统计变量数据有差异的用户模型;在查漏补缺的基础上进一步描述用户的特征并为其选择合适的照片,基于观察和访谈的用户模型构建工作就基本完成了。

由于时间、资源等限制无法对客户进行访谈和观察时,可以根据行业专家对客户的理解或从市场研究中获得的人口统计数据构建临时客户模型。

5.3.2 大数据时代下基于行为数据的用户模型构建方法

大数据时代已然到来,传统的用户模型构建方法由于具有过程相对烦琐、花费时间较长等特点已经不能满足现代企业的要求。网络上的软件应用更新速度越来越快,对企业根据市场需求迅速更新换代的要求也越来越高。为适应市场瞬息万变的特点,企业越发倾向于"快速试错",即在产品开发完成后迅速推向市场,然后再根据市场需求修正产品的不足。为顺应时代变化,人们提出了以用户行为数据为基础,以快速响应市场、契合企业需求为准绳,运用多种软件分析工具,兼顾线上线下多个渠道的用户模型构建方法,如图 5-2 所示。

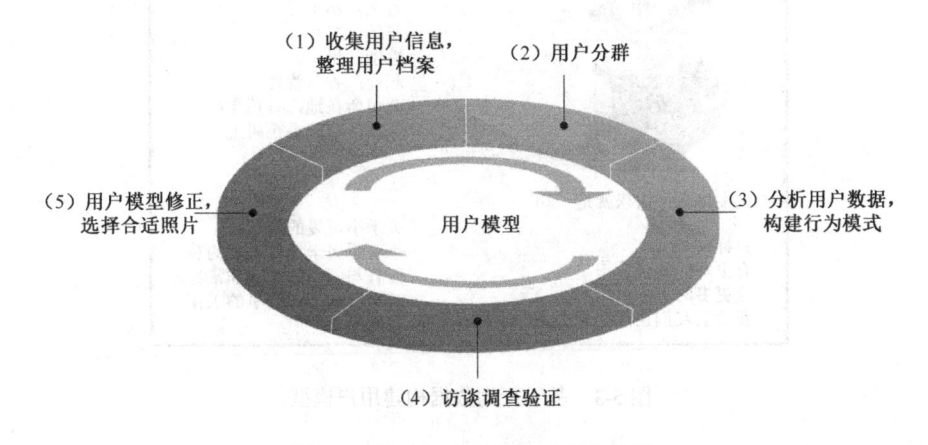

图 5-2 基于行为数据构建用户模型

(1) 收集用户信息,整理用户档案:是指企业尽可能收集所有与用户相关的信息,包括用户的人口统计信息、用户填写的单据信息、组织对用户的理解、组织与用户打交道的经验数据等;每位用户在组织中的所有信息构成了该用户的用户档案,用户档案一般记录的信息包括用户的人口统计特征、用户行为数据、用户的生活方式数据等。

(2) 用户分群:是指根据已有的经验和对用户的认知将用户分为不同的群体,例如,学校中的用户可以分为老师和学生两个群体。

（3）分析用户数据，构建行为模式：此步是基于行为数据构建用户模型方法最核心的步骤。其主要的工作是从每一个用户群体中按照随机抽样的方法抽取不少于 30 个样本，深入分析这些样本的属性特征信息和行为数据信息，根据经验，尽量还原出用户的真实使用场景、使用过程及使用目的，并根据获得的用户信息和合理推测构建候选的用户模型。例如，用户群体 A 定期采购大量食材，根据已有的用户信息和以往的经验，我们推测他们是食堂管理员，需要为学校的老师和学生定期采购食物，那么这个用户群体 A 就可以作为一个用户群（也可以说是一种显著的行为模式）进行后续研究。

（4）访谈调查验证：是从每个用户群体中采用随机抽样的方式随机抽取几个用户进行观察、深入访谈或问卷调查等活动，用以验证构建的用户模型的准确性。

（5）用户模型修正，选择合适照片：是指通过上述方法对随机抽取的某些用户进行调查研究，根据真实的用户行为进一步修正每个用户群体的用户模型，并为其选择合适的照片，如图 5-3 所示。

图 5-3　基于行为数据构建用户模型

在数据的世界里，准确性是度量一切的标准，分析用户数据的速度更是至关重要。企业处理用户数据的速度决定了其能否迅速把握市场机遇、抢占目标市场、拓展市场份额。以往由于技术的局限性，企业只能选择为用户打标签的方式标记用户，进行用户观察；而随着互联网技术的普及及大数据应用的发展，记录用户行为数据的理想变成现实。与打标签的方式相比，基于用户行为数据构建用户模型的方式可以更加客观地还原用户的产品购买场景和使用场景，便于分析人员更加科学准确地推测用户的使用目的，并进一步推进营销工作，及时满足消费者的个性化需求。另外，运用大数据手段记录的用户行为数据,是随着用户在产品中扮演的角色从陌生人到访客,到最后成为高价值用户的过程实时动态更新的,真正实现用户数据与用户的共同成长。基于用户行为数据构建的用户模型,企业可以从用户所处的新用户、流失用户、活跃用户、沉默用户等生命周期的不同阶段出发,分别采取有针对性的拉新、挽回、留存、转化等运营策略。

5.4 用户行为全程追踪

AARRR(Acquisition、Activation、Retention、Revenue、Refer)模型以用户生命周期理论为基础,将用户行为过程划分为用户获取、用户转化、用户留存、产生收入及用户传播 5 个步骤。这 5 个步骤对应的关键指标分别为获客成本、激活转化率、用户留存率、用户活跃度及用户分享率。因为新用户是企业持续发展的源泉,而获取新用户的成本是相当昂贵的,所以在用户获取过程中,选取性价比高的用户渠道宣传就显得非常必要;用户转化也是新用户为企业提供价值的重要阶段,只有用户在产品的使用过程中保持活跃,才有可能成为企业的忠实用户;用户留存指的是用户对企业产品的依赖程度进一步增加,对企业的忠诚度也比较稳固;产生收入是企业获取新用户的目的,在这一阶段用户就可以为企业创造收益了;用户传播是指用户在使用企业产品时获得了很好的体验,并进一步把产品推荐给身边的朋友,使得企业的利润水平进一步提升。下面分别介绍用户行为的整个过程。互联网经典获客模型 AARRR 模型如图 5-4 所示。

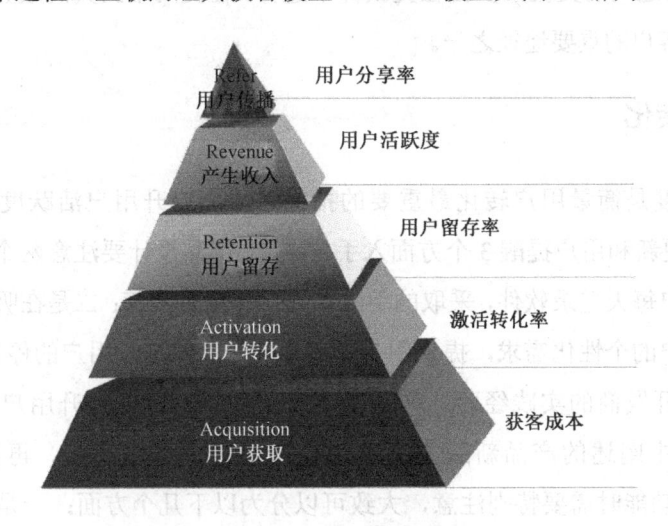

图 5-4 AARRR 模型

5.4.1 用户获取

软件应用的用户获取渠道大致可以分为传统渠道和互联网渠道两类。

（1）在传统渠道方面主要有促销、广告和代理等类型。具体来说，促销属于立竿见影的推广方案，在短期之内可以迅速获取大量的用户，虽然促销活动获取的用户流失率相对较高，但由于促销的效果非常明显，这种方式也成为各类企业每逢节假日惯用的获客方法，尤其是免费版产品推广的效果是非常惊人的；广告投放的渠道大体分为线上和线下两种，线上投放主要通过搜索引擎、网站界面、应用软件等媒介进行线上投放，而线下投放主要是指地铁广告、公交站牌等位置的广告投放；代理指的是由知名公司参与代理推广软件应用、增加产品可信度的方式，这种推广方式可以借助知名公司的影响力在短时间内获取到大量的优质用户，但是寻找合适的代理商不是一件容易的事情。

（2）在互联网渠道方面，主要有论坛网站、应用商店、社交网络等类型。论坛网站根据用户群体的性质大致可以分为两种类型，第一种以提问和分享的"小白"为主，第二种以具有相关领域专业知识的"专家"为主。在这两种论坛中获取用户的方式完全不同，第一种适合间接推广法，将产品与论坛网站内容紧密结合，既不容易引起用户反感，又有利于获取到大量目标客户；第二种方法适合直接推广法，比较显眼的产品推广往往能收到更好的效果。应用商店中包含着大量的软件应用，是应用用户聚集的地方，更是互联网应用获取客户的首要来源。随着互联网技术的发展，社交软件成为迅速崛起的社交媒介，人与人之间的交流大多在社交软件中进行，社交网络因其高效且低成本的优势已经成为获取客户的重要途径之一。

5.4.2 用户转化

用户活跃度是衡量用户转化最重要的指标之一。提升用户活跃度主要可以从产品设计、版本更新和用户提醒3个方面入手。首先，产品设计要注意两个方面的内容：一是要吸引用户每天登录软件，采取的手法如每日登录奖励等；二是在吸引用户登录以后，要根据用户的个性化需求，提供用户感兴趣的产品，延长用户的停留时间。其次，根据许多产品开发商的实践经验，产品的定时更新不仅可以提升用户的活跃程度，而且更新说明中阐述的产品新版本功能也能激励用户变得活跃。再次，使用提醒（Notification）功能时需要特别注意，大致可以分为以下几个方面：一是提醒的频率不能过高，否则会引起用户的反感；二是不要在午休、凌晨等不合适的时段发推送；三是要发送用户感兴趣的消息,如腾讯新闻每天的新闻推送;四是发送能够引起用户情感反应的消息,如支付宝推出的蚂蚁森林种树、蚂蚁庄园喂小鸡等都能引起用户的共鸣。

总而言之,当使用 App 成为用户的一种习惯时,用户活跃度才能稳定提升。而在这个过程中,自身及竞争对手的累计用户数、每日活跃用户数、每日新增用户数、用户留存率等数据都是非常重要的指标。

5.4.3 用户留存

用户留存率是衡量用户黏性最为重要的指标。企业可以从用户数量和用户质量两方面入手提高用户的留存率。

(1)在用户数量方面。由于用户可选路径具有多样性,为用户设计一条合理路径,并在路径的每一个步骤中提升用户转化率是控制用户获取成本的关键。标准的用户转化路径包括产品渠道、点击链接、下载安装包、安装软件和激活软件 5 个步骤。产品渠道是产品接触用户的第一步,也是准确推算用户获取成本的基础。另外,渠道获取到的用户质量也是决定企业能否盈利的重要因素;用户是否点击链接决定了用户能否顺利实现转化,并进一步成为企业的高价值用户。影响点击量的因素主要包括广告的文案设计和文本设计等;用户下载安装包主要取决于安装包是在 PC 端下载,还是在移动端下载,安装环境是 Wi-Fi 环境还是数据流量环境及安装包的大小等;除系统排斥等情况之外,用户在下载安装包后一般都会直接安装该软件;激活软件指的是软件产品安装完成以后用户打开的过程,用户激活成本是考核渠道推广效果的关键指标。

(2)在用户质量方面。用以衡量的最重要的指标就是用户留存率。提升用户留存率就要明确用户的流失环节和流失原因,采取积极的解决方案,最大可能地减少用户流失率。游戏产品的用户流失主要发生在注册登录、创建角色、完成新手教程、通过前三关等新手体验环节。运营分析人员可以通过收集每个环节的用户流失数据,分析用户流失的原因,并进一步指导游戏设计和用户引导流程优化。用户留存分析基本遵循以下流程:第 1 步是分析,找到潜在用户流失的关键位置;第 2 步是埋点,跟踪关键行为数据;第 3 步是观察,分析数据异常原因;第 4 步是执行,对产品进行改进。

5.4.4 产生收入

互联网用户的付费行为主要可以从付费用户和付费内容两个角度进行分析。首先,从付费用户的角度来说，常用指标有用户付费率、每平均用户收入、新增付费用户、免费转付费用户的转化率、转化周期、付费用户留存率及重复购买用户比例等。其次，从付费内容的角度来说，常用指标有：首次付费场景、付费金额、付费等级等；重复付费内容的购买场景、购买金额、购买等级等；付费项目偏好；道具购买分布；道具消耗分布；付费用户等级分布；付费用户剩余金额分布等。收集用户数据、分析用户行为可以帮助产品开发商充分验证产品是否具有持续盈利的能力，并设置合理的收费道具及价格，调整付费功能点，制定下一步运营策略，从中获取最大化的回报。

5.4.5 用户传播

病毒传播（也称为自传播）是近几年经常被提及的市场营销概念。从用户的病毒传播到再次获取到新的用户，产品的推广运营过程形成了一个螺旋式上升的轨道。常用于量化评估病毒传播效果的指标是 K 因子。K 因子原本是一个传染病学领域的概念，主要用于量化在一个已经感染了病毒的宿主所能接触到的所有宿主中，会有多少宿主被其传染上病毒的概率。K 因子的计算公式为

$K=$平均每个用户向他的朋友发出的邀请的数量×接收到邀请的人平均转化为新用户的转化率

同理，如果平均每个用户会向他的 50 个朋友发出邀请，而接收到邀请转化为新用户的平均转化率为 5%，那么 $K=50×5\%=2.5$。当 $K>1$ 时，用户群体就会像滚雪球一样越来越大；而当 $K<1$ 时，用户群体在到达某一规模后就会停止增长。事实上，目前 K 因子大于 1 的媒介很少，因此绝大部分移动应用还不能完全依赖于病毒传播，必须通过和其他营销手段结合的方式实现用户的增长。但是从产品设计阶段就加入有利于病毒传播功能的理念，还是非常有意义的。

AARRR 模型基于用户生命周期理论，将用户行为过程详细地划分为用户获取、用户转化、用户留存、产生收入及用户传播 5 个紧密联系的步骤。每一个步骤对应的理论方法都可以帮助企业提升用户终身价值，为企业创造更大的利润。用户获取核心指标如图 5-5 所示。

在实际操作过程中，针对用户获取流程的每一个步骤，都需要时刻以数据性的思维方式来关注指标的变化情况，努力提升各个阶段的转化率，从而降低用户获取成本，提升用户的产品体验。

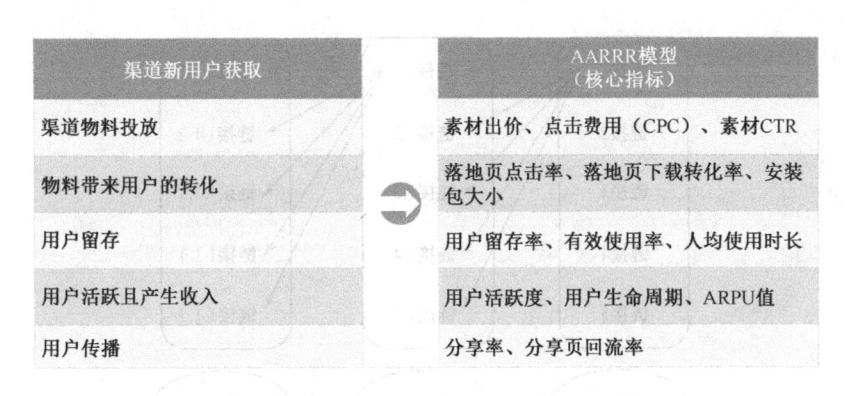

渠道新用户获取	AARRR模型（核心指标）
渠道物料投放	素材出价、点击费用（CPC）、素材CTR
物料带来用户的转化	落地页点击率、落地页下载转化率、安装包大小
用户留存	用户留存率、有效使用率、人均使用时长
用户活跃且产生收入	用户活跃度、用户生命周期、ARPU值
用户传播	分享率、分享页回流率

图 5-5　用户获取核心指标

5.5　转化分析模型

5.5.1　科学地构建漏斗

用户漏斗模型的构建过程需要遵循科学方法的指导，用户流向分析能够通过对客户在应用软件或网站中访问行为路径的转化数据进行分析，量化产品推广的效果，并准确把握用户行为偏好，挖掘用户行为的深层动机，进而为用户设计个性化路径，提升企业的个性化服务效果。例如，用户 A 要在电商平台上购买一台计算机，在网页上搜索计算机的相关信息之后，就会到电商平台网站或应用软件的首页上搜索计算机品牌等关键字，反复比较各种计算机的参数配置、性价比、用户评论、优惠信息等，然后将某些品牌的计算机加入购物车，提交订单并完成支付过程。相关分析人员在深入分析用户 A 的购买路径以后，可以根据经验明确用户 A 是高价值用户还是低价值用户、是哪些品牌的忠实客户等信息，进一步挖掘用户 A 购买计算机的动机，并为用户 A 设计一条个性化的购买路径，方便用户 A 下次购买产品，达到优化用户个性化服务质量、提升用户满意度的目的。具体的用户流向分析如图 5-6 所示。

上述的用户流向分析对分析人员的经验判断能力要求比较高，而具备高素质用户流向分析能力的人才相对匮乏。针对这一供需不平衡的问题，开发智能路径分析功能就显得十分必要。该功能对分析人员的经验要求不高，只要分析人员确定了转化目标，就可以智能分析用户转化路径，并一键生成用户行为分析的转化漏斗。综上所述，用户流向分析包括 3 个步骤：第 1 步，选择转化目标；第 2 步，智能分析转化路径；第 3 步，一键生成转化漏斗。

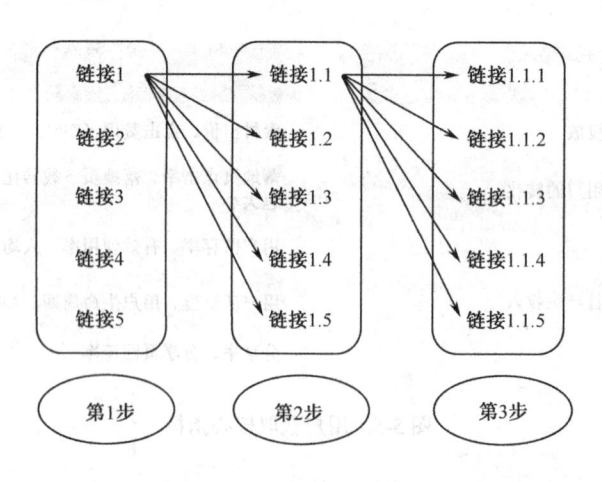

图 5-6 用户流向分析

5.5.2 漏斗对比分析法

传统的漏斗模型无法在细节层面上对比分析用户的转化情况。为了解决这一问题,我们引入了漏斗对比分析法。所谓"对比分析法",指的是从不同角度出发,分别运用漏斗模型分析用户的转化路径,进而比较不同漏斗之间的异同点,为企业进一步优化用户转化路径、提高用户服务质量提供一定的指导。

如图 5-7 所示,通过对 Chrome、Edge、Safari 这 3 种浏览器的对比分析可以发现,Chrome 的客流量是最多的,但是转化率只有 5.26%,是上述 3 种浏览器中转化率最低的;而 Edge 的情形与之正好相反。这种简单的对比对 3 种浏览器开发企业来说是非常有用的,不仅可以帮助他们了解自身的优劣势,而且对比分析行业内其他竞争者的状况可以帮助他们进一步提升转化率,获得可观的利润。

Chrome
第1步 浏览（3059）
第2步 浏览（2598）
第3步 注册（161）
落地页注册转化
5.26%转化率

Edge
第1步 浏览（148）
第2步 浏览（128）
第3步 注册（15）
落地页注册转化
10.13%转化率

Safari
第1步 浏览（379）
第2步 浏览（336）
第3步 注册（27）
落地页注册转化
7.12%转化率

图 5-7 漏斗对比分析法

5.5.3 漏斗与客户流向结合分析法

传统的漏斗模型只有用户大致的流程走向,而缺少在流程的每一个步骤中用户流失的具体信息。然而，这些信息对于分析用户注册流程、规划用户转化路径是十分必要的。因此，漏斗与客户流向结合分析法就显得尤为重要了。如图 5-8 所示，第 1 步共有 4756 人浏览落地页面，其中 750 人在第 1 步浏览后离开页面（流失率为 750/4756≈15.77%），而在这 750 人中，有 87.73%（658/750=87.73%）的用户直接离开页面，9.73%（73/750≈9.73%）的已注册用户直接登录页面，2.64%（19/750≈2.53%）的用户直接跳过落地页到网站首页了；第 2 步共有 4006 人浏览落地页面，3729 人在第 2 步浏览后全部直接离开页面（流失率为 3729/4006≈93.09%）；第 3 步共有 277 人进入注册页面，然后全部离开该页面（流失率为 277/277=100%）。由此可以清楚地看到，第 2 步、第 3 步的用户流失率极高，应该着力改进。

图 5-8 漏斗与客户流向结合分析法

5.5.4 微转化行为分析法

漏斗与客户流向结合分析法可以分析功能层面和事件层面的用户转化行为，但是更为深层次的细节分析也是十分必要的。为此，本节引入了微转化行为分析法的概念。所谓"微转化行为分析法"，是指在漏斗与客户流向结合分析法的基础上，深度挖掘用户流失原因的行为分析方法。延续图 5-8 落地页广告的情境，用户第 2 步浏览和第 3 步注册是用户流失的关键步骤。研究发现，在第 3 步注册的过程中有一个步骤是填写表单，因此填写表单的细节行为分析就显得至关重要了。填写表单转化漏斗如图 5-9 所示。

综上分析，可以发现共有 4513 人访问页面，只有 365 人填写表单，表单填写率仅为 8.09%（365/4513≈8.09%），但是表单填写的成功率则高达 84.66%（309/365≈84.66%），因此影响用户转化最重要的因素就是填写率的问题。用于注册页面的文案内容和页面设计都是影响客户是否填写表单的因素，那么我们应该采取哪些具体措施提升表单的填写率呢？5.5.5 节的内容为我们提供了解决问题的方法。

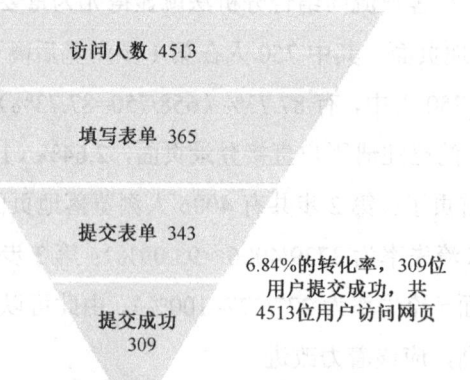

访问人数 4513

填写表单 365

提交表单 343

提交成功 309

6.84%的转化率，309位用户提交成功，共4513位用户访问网页

图 5-9 填写表单转化漏斗

5.5.5 用户注意力分析法

用户注意力分析法也称为热力图分析法，指的是根据用户在网络页面上的浏览行为、点击行为、页面滚动行为、鼠标指针在页面上划过的痕迹、页面停留时长等信息构建用户注意力热图，表征用户对某些信息的关注程度，从而合理推测用户最关注的内容。某网页 A 的注意力热图如图 5-10 所示。

图 5-10 某网页 A 的注意力热图

从图 5-10 中可以看出，在网页 A 中，用户的关注点集中在网页的左上角，大致形成了一个"F"的形状，用户的浏览轨迹大致为从左到右浏览信息，随着用户的视线向下转移，水平向右分散的视线区域越来越小。因此对企业运营工作的启示为，希望用户看到的信息或重要的产品信息应该放在网络页面的左上角；而对于销售网站广告位的广告商来说，左上方的广告位销售价格也可以相对高一些。

5.6 精细化运营模型

用户分群是用户精细化运营、精准化营销的前提。用户分群不是把用户随意划分为几个群体，而是要基于企业的运营实践，采用相对客观的方法、合理的用户行为指标，把用户划分为不用的群体。用户分群原理主要基于用户的互联网行为轨迹，将用户行为标签化，从而描摹该群体在特定范围的行为特征和规律。运营人员依据不同群体画像，有针对性地进行精细化运营，并为不同群体的用户提供差异化服务。下面介绍几种常用的用户细分模型。

5.6.1 用户常规分群体系构建

定制化标签体系是基于用户运营的需求，灵活组合各类标签，定义目标人群。例如，按照用户的性别、年龄、地域等个人属性来划分用户群；按照用户点击数据产生的页面偏好标签来划分具有不同页面内容偏好的用户群；按照浏览、收藏、加入购物车、下单等行为划分用户群；按照渠道来源进行划分用户群等，如表 5-6 所示。

表 5-6 用户行为标签

一级分类	二级分类	标签内容	
人口属性	基本信息	性别	男、女
		年龄	18 岁以下、18~24 岁……
		婚姻状况	已婚、未婚
		子女状况	有子女、无子女
	地理位置	国家	中国……
		省	北京市、××省……
		市	北京市……
		区县	朝阳区、海淀区……
		城市等级	一线城市、二线城市、三线城市……

续表

一级分类	二级分类	标签内容	
上网特征	上网习惯	上网时段	12—13时、19—22时……
		上网时长	低于1小时、1~2小时……
		上网频次	1~2次、3~4次……
	设备属性	终端类型	Mobile、Tablet、iPad
		终端型号	R9、R10……
		终端品牌	苹果、三星……
		操作系统	Android、iOS
		浏览器	Chrome、Safari……
营销特征	消费特征	消费周期	半个月以内
		消费层级	1级、2级……
		价格敏感度	高、中、低
		消费能力	1级、2级……
阅读兴趣	品类	金融	
		金融&保险	
		……（支持四级品类）	
购物偏好	品类	金融	
		金融&保险	
		……（支持四级品类）	
	品牌	三星	
		……	
	属性	金融	最高价格200元
		金融	最低价格10元
		金融	平均价格100元
		金融	品牌：华为
		金融	消费层级1级~9级……
		……（品类）	……
购物需求	品类	金融	
		金融&保险	
		……（支持四级品类）	
	品牌	三星	
		……	
	属性	金融	最高价格200元
		金融	最低价格10元
		金融	平均价格100元
		金融	品牌：华为
		金融	消费层级1级~9级……
		……（品类）	……

构建用户常规分群体系，支持多维度的最细颗粒度的行为细分，从而针对不同群组实施差异化的营销策略。此外，可以针对不同群组进行文案测试、功能测试、设计测试、路径测试、投放测试，不断深挖数据价值，灵活定制推广方案，找到实现企业利润增长的最佳方案。

5.6.2 用户生命周期模型构建

按照用户生命周期来划分用户，可以捕捉用户行为轨迹中的关键节点，能够帮助企业了解不同生命周期的用户需求，从而制定有针对性的运营和营销策略，不断提升用户参与度及每个关键节点的转化过程。从用户在平台的生命周期历程来看，可分为引入期、成长期、成熟期、休眠期和流失期，如图 5-11 所示。

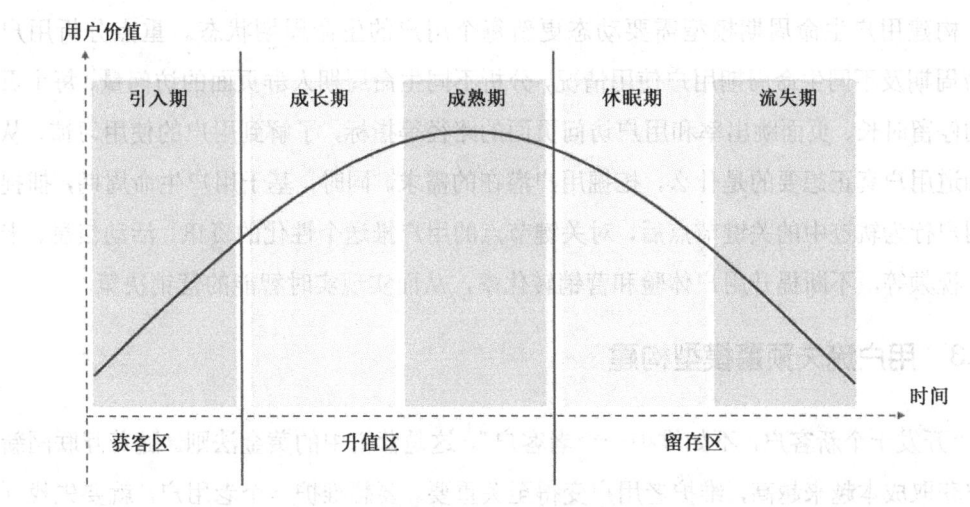

图 5-11 用户生命周期分类

建立一个科学、有效的生命周期模型应该包含以下工作：一是明确定义用户生命周期的各个阶段；二是确定关键阶段的转换时间节点；三是建立生命周期模型，定义各阶段的用户行为，为用户打上相应的生命周期标签，如表 5-7 所示。

表 5-7 业界通用的用户行为划分标准

用户生命周期	用户行为特征定义	用户类型
引入期	（1）基于用户需求，描绘出对产品有需求的用户画像，通过适当的渠道已经触达但未注册、下载等行为的用户	潜在用户
	（2）尝试使用，但并未纳入用户信息的用户，如未注册进行使用的用户	
	（3）已经完成下载、注册，并在当日活跃，但尚未进入留存阶段	新用户

续表

用户生命周期	用户行为特征定义	用户类型
成长期	（1）首次注册并发生登录行为 （2）一定时间内，平均登录次数为 X 次 （3）每天使用时长达 X 分钟的用户 （4）使用收藏/点赞/评论等功能	活跃用户
成熟期	（1）每天/3 天/7 天……持续登录行为 （2）一定时间内，平均登录次数为 X 次 （3）完成付费转化且未流失用户	留存用户
休眠期	距离上次活跃已过 X 天的用户	沉睡用户
流失期	（1）已卸载用户 （2）距离上次活跃已过 X 月未登录	流失用户

构建用户生命周期模型需要动态更新每个用户的生命周期状态。重点分析用户生命周期及不同生命周期用户使用情况，分析不同生命周期人群页面的访问量、每个页面的停留时长、页面跳出率和用户访问页面的路径等指标，了解到用户的使用习惯，从而知道用户真正想要的是什么，挖掘用户潜在的需求。同时，基于用户生命周期，捕捉到用户行为轨迹中的关键节点后，对关键节点的用户推送个性化的资讯、活动信息、卡券、视频等，不断提升用户体验和营销转化率，从而实现实时智能的营销决策。

5.6.3 用户流失预警模型构建

"开发十个新客户，不如维护一个老客户"，这是营销中的黄金法则。随着互联网新用户获取成本越来越高，维护老用户变得至关重要。要想维护一个老用户，就要先找到潜在的流失用户。用户流失预警模型主要是通过建模分析流失用户的群体特征，预测出用户流失的概率，对高流失概率人群进行标识，并结合用户价值筛选出重点维护的易流失人群。这对于优质用户的维护是十分重要和有效的运营手段。

建立一个科学、有效的用户流失预警模型应该包含以下工作：一是根据相关数据和实际业务，相对客观、合理地定义用户流失行为；二是分析影响用户流失的关键因素；三是建立精确、有效地预警模型用于预测每位用户的流失概率；四是根据流失概率大小将用户分群；五是结合每个用户的价值贡献筛选出需要维护或挽留的高价值易流失用户。

首先，确定如何定义用户流失行为。不同运营人员对流失行为的定义不同。例如，多少天未登录记录为流失，或者多少天未消费记录为流失等。如何定义流失周期？在具体实践上，一般是根据平均回流率来确认流失周期，通过考察不同流失周期下的回流率变化趋势，选择合适的流失周期。这里以用户多久未消费作为判别流失行为的依据。

（1）流失周期：若一个用户超过一段时间没有发生购买行为，则该用户被定义为流失用户，用于判断流失的时间长度称为流失周期。

（2）流失率：在某段时间内消费的人群中，如果其中一部分人在一个流失周期后变为流失人群，那么流失人群的人数与消费人群的总人数之比定义为流失率。

（3）回流：在已经流失的人群中，后来又重新来本店购买的人群称为回流人群。

（4）回流率：指回流人数与流失人数之比。

流失预警模型的目的是要挖掘出用户流失与用户特征、行为特征之间的关系。而要提取一个用户的行为特征需要设置一个行为观察时间窗口。如图 5-12 所示，根据运营人员的业务经验，回流率选取在 10%左右较为合理。根据图 5-12 中所示的曲线可知，将流失周期定义为 12 个月较为合理。

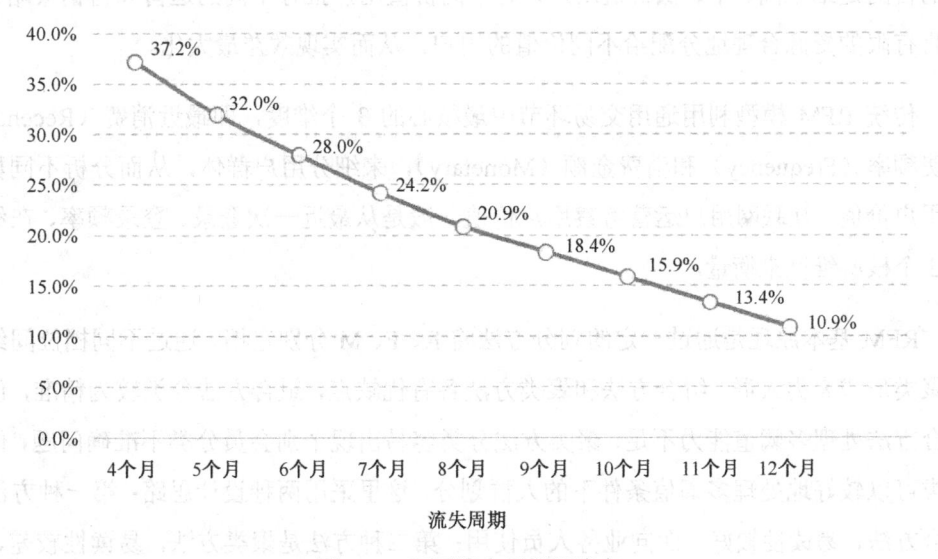

图 5-12 不同流失周期回流率

影响用户流失的关键因素需要结合运营经验和数据实际情况进行甄别。首先对用户多维特征数据与流失行为进行探索性分析，考察每个维度特征与流失是否存在强相关关系，对高度相关的指标予以保留，剔除弱相关指标。用户多维特征包括用户画像数据、用户行为数据、用户消费数据、用户权益数据等。其中，用户画像数据涵盖性别、年龄、地域、会员类型、渠道来源等指标；用户行为数据涵盖登录天数、登录时长、登录频次、注册天数等指标；用户消费数据涵盖最近购买时间、消费金额、客单价、消费频次等指标；用户权益数据涵盖积分等级、折扣金额等指标。

最后，预测每位用户的流失概率，并根据流失概率大小将用户分群。筛选出对用户流失行为有影响的关键变量后，运用 Logistic 回归模型，预测每位用户的流失概率。基于用户的流失概率值可以将用户细分为四类群体：第一类是正常用户，基本没有流失的可能性，建议保持当前的营销策略；第二类是轻度流失用户，有一定流失倾向但短期内不会流失，建议采用预防性营销策略；第三类是严重流失用户，有较高的概率流失，建议采用挽回性营销策略；第四类是非常严重流失用户，建议在成本允许的情况下尝试挽回一些高价值用户。

5.6.4 用户价值管理（RFM）模型构建

在用户分类中，RFM 模型是一个比较经典、成熟的用户价值管理模型。该模型构建的目的是细分高、中、低价值用户，对不同价值用户推行不同的运营和营销策略，从而将有限的资源合理地分配给不同价值的用户，从而实现效益最大化。

传统 RFM 模型利用通用交易环节中最核心的 3 个维度，即最近消费（Recency）、消费频率（Frequency）和消费金额（Monetary），来细分用户群体，从而分析不同群体的用户价值。互联网用户运营考察用户价值一般是从最近一次登录、登录频率、在线时长 3 个核心维度来衡量。

RFM 基本原理是通过一定的划分方法将 R、F、M 分别定档，通过不同档位间组合或聚类形成 8 类人群。组合方法和聚类方法各有优缺点，组合方法分类较为精准，但是组合方法处理多阈值能力不足，聚类方法分类容易出现个别会员分类不准确问题，但是聚类可以较好地处理多阈值条件下的人群划分。这里采用两种设计思路：第一种方法是组合方法，易读性较好，面向业务人员使用；第二种方法是聚类方法，易读性较差，面向分析人员使用。

（1）组合方法。以二分法为例，组合方法利用中位数将 R、F、M 二等分，大于等于中位数标记为 1，小于中位数标记为 0，再对二等分结果进行组合，形成 8 类人群，如表 5-8 所示。

表 5-8　8 类人群划分规则

R	F	M	类别标记	类别名称
1	1	1	8	重要高价值
1	0	1	7	重要发展
0	1	1	6	重要保持
0	0	1	5	重要挽留
1	1	0	4	一般价值
1	0	0	3	一般发展
0	1	0	2	一般保持
0	0	0	1	一般挽留

（2）聚类方法。业务人员根据历史数据按照业务需求通过聚类模型对 R、F、M 进行阈值划分。一般情况下都是多阈值，并对阈值划分进行标记，如表 5-9 所示。

表 5-9　多阈值划分

R_CLASS	F_CLASS	M_CLASS
4	1	1
3	2	2
2	3	3
1	4	4

然后，利用聚类方法 K-Means 对阈值标记进行聚类，聚类群组选择 8 类。

从电商网站用户价值来看，考察用户价值的维度逐步多元化，已纳入了回答问题、评价、晒单、分享社交互动的相关指标来综合考量用户价值。RFM 模型基于实际业务需要不断演进变化。在纳入社交互动指标后，通过业务规则或其他模型来确定每一个变量的权重，从而综合加权得出每个用户的价值度。

5.6.5　大小数据融合的用户画像模型构建

大数据分析重在理解数据之间的相关关系，以数学、统计学、计算机科学、运筹学等为基础，包括时间序列模型、机器学习、预测和预警等，挖掘用户的行为特征和规律。小数据更偏重于定量和定性的研究，了解消费者的态度和心理。大数据分析也有一些劣势，包括数据源的偏差、不能挖掘因果关系等；小数据分析也有一些弱点，如抽样的偏差、消费者回忆的偏差、样本成本比较高、采集周期比较长等。大数据和小数据各有优劣，通过大小数据融合的分析方法能够更好地挖掘出数据价值，了解消费者的全景画像。

首先通过大数据部署代码获得真实用户的线上行为,包括搜索、浏览、点击、加购物车、购买、收藏等,考察目标用户真实的行为轨迹和浏览路径,判断用户关注的商品和品牌、消费品类和品牌倾向,长期购物需求和短期购物需求等。但是,大数据分析无法探索用户的心理属性、对品牌认知和态度、决策影响的关键因素。通过市场调研数据得到的小数据,作为大数据的一个很好的补充,能够把行为和态度数据结合起来,用大小数据融合的分析方法,这样可以形成比较完整的消费者洞察,如图 5-13 所示。

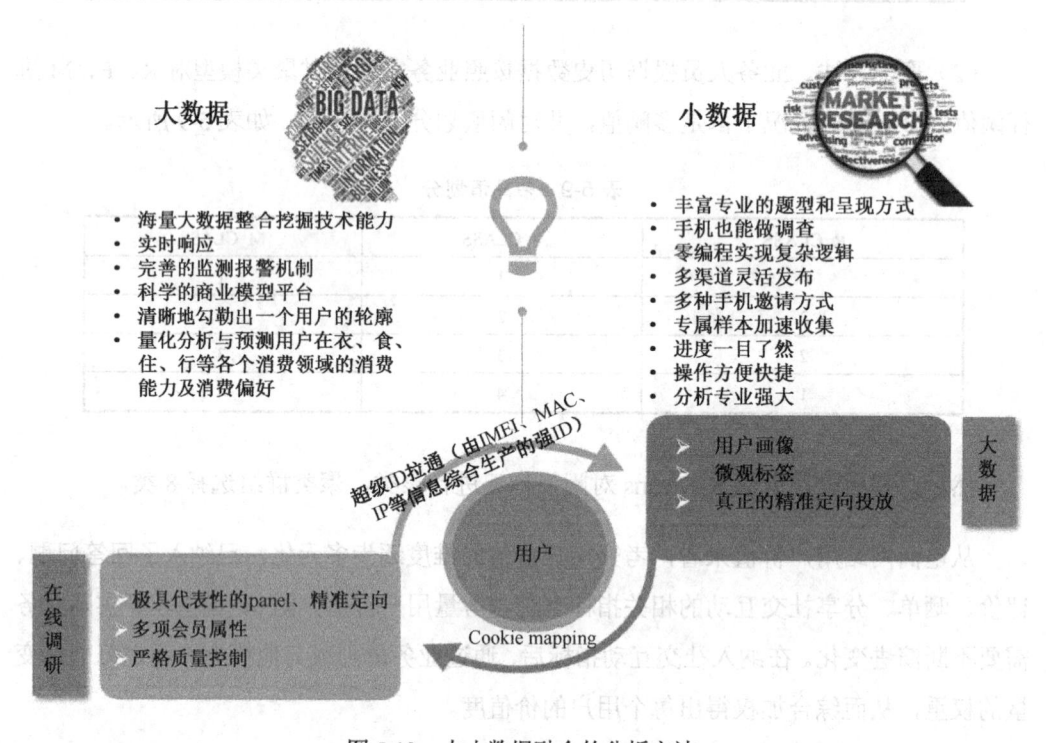

图 5-13 大小数据融合的分析方法

大数据获取用户的互联网行为轨迹数据,通过 IMEI、MAC 等 ID 标识与市场调研公司调研的 panel 进行拉通,把大小数据进行融合,衍生出新的数据价值。例如,通过大数据建模,构建用户生命周期模型、用户流失预警模型、用户价值模型等,然后通过小数据调研,分析各个细分用户群体的品牌认知和态度、购买动机、决策关键因素、产品体验、产品潜在需求等。通过大数据发现问题,通过小数据回答问题,共同深挖潜藏的根本原因。

第6章 行为分析与日常运营

深度挖掘用户线上行为，通过分析线上运营渠道的用户转化率、用户生命周期、用户访问路径、用户关注热点、用户停留时长等，能够帮助企业更加有效地进行渠道运营、产品运营、营销运营和用户运营，优化线上运营模式，提高线上用户转化率。

6.1 用户行为分析与渠道运营

6.1.1 渠道归因模型

与传统媒体广告渠道的独立性不同，互联网广告渠道的高度交互性和协同性意味着广告主必须整体评估渠道贡献。由于消费者很有可能在进行一次转化之前接触过多个渠道的广告，孤立地去衡量任何一个渠道的贡献度都会导致结果的偏差。互联网广告渠道的这种特性催生了新的技术和分析方法，来解决广告渠道的效果衡量问题，这就是渠道归因模型。归因模型通过分析消费者从浏览到最终购买的整条转化路径，客观量化路径中每个接触点上广告渠道的贡献度。归因模型可以相对客观地评估网站渠道贡献率和广告渠道贡献率。

媒体、电商网站通过对到站用户的日志提取分析，可以分析每个用户的到达网站时间、广告投放来源渠道、到站后展示、点击网页数量和转化行为。通过根据不同时间设置的权重，计算得出不同渠道对用户价值行为的贡献率。综合所有用户的不同渠道的转化率计算出协助转化渠道的综合贡献率。然后，根据不同的渠道贡献率量身定制不同的宣传策略。

首先，选取一定时间内某个特定网站的全部用户上网日志作为数据分析对象，对每一个用户按照访问时间顺序进行倒排。其次，对每一个转化价值的链接按照经验算法给予每个渠道不同的权重值。如果没有转化链接，可以直接使用用户浏览网页的个数作为转化价值。经验算法目前使用较多的有以下几种方式：一是首次互动归因模型或最终互动归因模型；二是平等对待转化路径上的所有渠道，分配相等的权重；三是按照时间衰减赋予权重，渠道距离转化的时间越接近，对转化的影响越大；四是基于马尔科夫链的归因模型，访客下一次访问某个渠道的概率，取决于这次访问的渠道。所选择变量一般为网站标识、用户标识、用户到站链接、用户前链、到站时间和单次转化成本。

归因模型可以用来评估网站各种推广渠道对网站整体的贡献程度，也可以很好地衡量出不同互联网广告渠道之间的协同作用，结合同业经验及当前运营监测结果，可以提出渠道运营策略的优化建议。

6.1.2 渠道引流趋势分析

通过归因模型了解每个渠道的贡献程度，以及各个渠道的协同关系，在精准定位高质量引流渠道的同时，还要监测投放、直接访问、自然搜索、付费搜索、推荐网站、外部渠道等不同渠道的引流变化趋势。监测这些指标每天的发展趋势变化，使运营者能够及时了解并调整渠道优化策略。

以广告投放引流为例，深度分析不同终端、不同媒体渠道、不同活动、不同广告位、不同素材、不同时段的引流趋势和特点，重点关注广告着陆UV、订单数量、新用户引流占比、新用户订单占比、订单转化率等核心指标的趋势变化。

此外，针对各渠道引流网站和关键词进行分析，分析维度包括外链数量、引流网站数量、持续引流网站数量、新增引流网站、来源关键词、持续引流关键词、新增引流关键词等的变化情况。其中，外链数量指标反映有多少网站链接指向本网站，是网站能否有较高排名的重要因素；引流网站数量指标能够反映本月有多少个网站为本站带来了流量；持续引流网站数量指标反映的是网站是否有比较稳定的推荐流量基础；新增引流网站指标能反映是否有新增网站链向本网站，或品牌提升；来源关键词指标反映了访客本月搜索过多少个词语并最终到达本网站；持续引流关键词指标反映网站是否有比较稳定的搜索流量基础，同时还能反映品牌知名度是否越来越高；新增引流关键词指标能够反映网站是否新增了信息，或某些关键词的排名上升是否覆盖了新的受众。

6.1.3 不同渠道用户画像

不同渠道来源的用户特征往往会有所不同，与第一方网站所提供的内容匹配度有高有低，选择与本网站匹配度最高的渠道进行合作，可以有效提升用户留存率。用户画像数据的获取方式一般有两种：一种是基于一方数据中的注册信息和购买信息等；另外一种是基于与三方数据 Cookie、IMEI 拉通后回传的用户画像标签。

如图 6-1 所示，通过分析不同渠道来源用户的性别、年龄、地域、婚姻状态、是否有子女、消费偏好、阅读偏好、品牌偏好、消费等级等，甄别与网站用户定位一致的渠道，并加强对该渠道的投放力度。同时，基于不同渠道的用户画像，设计在各个渠道的不同投放方案，包括内容、素材、创意、形式、广告位等。

图 6-1 不同渠道用户画像

6.1.4 不同渠道用户站内行为

分析渠道用户的站内行为，可对各渠道的整体访问情况进行分析，建立概要视图。

追溯各渠道来源群体,分析各渠道群体用户的站内行为,主要分析访问次数、访问人数、跳出率、停留时长、访问页面数、订单数量、订单转化率等关键指标;主要页面节点的点击情况;提供不同渠道、不同时段的对比分析;考察不同 Banner、运营位、商品页面等页面营销元素的点击情况,从而评估渠道引流质量,优化渠道运营策略。

如图 6-2 所示,从付费流量来看,渠道 B 和渠道 C 的跳出率超过 95%,基本是进入网站后闪退,停留时长也远低于渠道 A。后续要在优化运营策略上加大渠道 A 的投放力度,同时与渠道 B 和渠道 C 沟通优化改进策略;从自然流量来看,渠道 D 的访问人数和访问次数远高于渠道 E 和渠道 F,但停留时长和访问深度都低于渠道 E 和渠道 F,因而建议进一步采取措施增加渠道 D 的用户黏性。

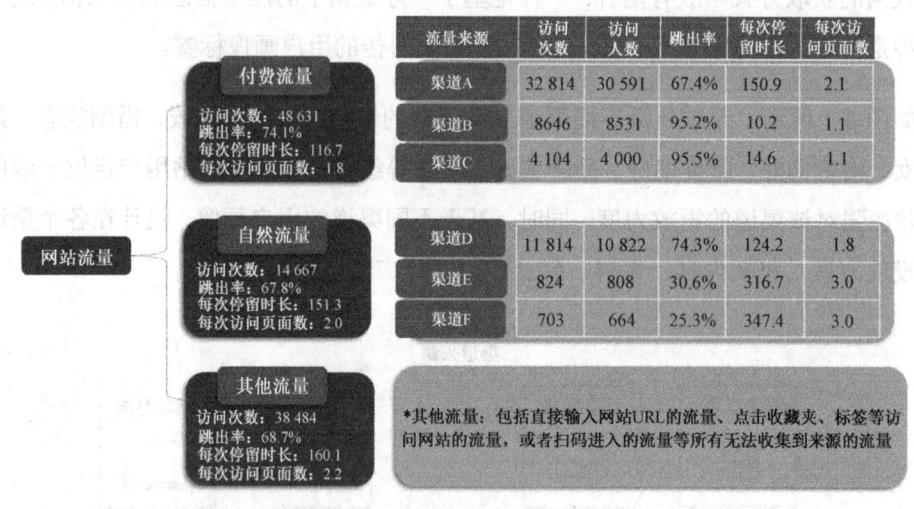

流量来源	访问次数	访问人数	跳出率	每次停留时长	每次访问页面数
渠道A	32 814	30 591	67.4%	150.9	2.1
渠道B	8646	8531	95.2%	10.2	1.1
渠道C	4 104	4 000	95.5%	14.6	1.1
渠道D	11 814	10 822	74.3%	124.2	1.8
渠道E	824	808	30.6%	316.7	3.0
渠道F	703	664	25.3%	347.4	3.0

网站流量
- 付费流量:访问次数:48 631;跳出率:74.1%;每次停留时长:116.7;每次访问页面数:1.8
- 自然流量:访问次数:14 667;跳出率:67.8%;每次停留时长:151.3;每次访问页面数:2.0
- 其他流量:访问次数:38 484;跳出率:68.7%;每次停留时长:160.1;每次访问页面数:2.2

*其他流量:包括直接输入网站URL的流量、点击收藏夹、标签等访问网站的流量,或者扫码进入的流量等所有无法收集到来源的流量

图 6-2　不同渠道站内行为分析

6.2　用户行为分析与产品运营

6.2.1　用户健康度分析

用户健康度是基于用户行为深度挖掘考察的核心指标,一定程度上反映了产品的健康度。用户健康度主要包括两大类型:一是用户规模和质量,衡量产品自身的运营状态;二是用户构成及转化,验证产品对各阶段用户的吸引力。

用户规模和质量的分析综合反映了产品的总体运营状态,包括登录用户占比、页面浏览数(PV)、独立访客数(UV)、活跃用户数、交易额、付费用户数、付费率、每用户平均收入等核心指标。

用户的构成及转化是以不同类型用户的转化来衡量产品的发展潜力和健康程度的,包括潜在用户、新注册用户、本周回流用户、活跃用户、忠诚用户、流失用户等用户构成情况,以及这些状态之间的转化评估。以新用户留存为例,查看每天新增用户和活跃用户在之后 1 天、2 天、N 天、N 周、N 月后的留存情况,分析次日留存、7 日留存、14 日留存、30 日留存趋势对比图,结合渠道、地区、版本多维查询组合,衡量应用对用户的吸引程度、渠道用户质量及投放效果等。考察新用户留存的提升情况,可以减少获客成本的浪费,及时调整留存策略。以表 6-1 注册用户留存率分析为例,从数据中可以看到,从 2017 年 1 月到 2018 年 3 月的注册用户在 2018 年前 3 个月的留存情况。从表中数据来看,2017 年 2 月和 3 月注册效果较好。一是注册总人数都超过 6 万,二是即使经过一年的变化,留存率依然保持 33%以上。

表 6-1 注册用户留存率分析

注册年度	注册月份	注册总人数	占比	2018 年 1 月	2018 年 2 月	2018 年 3 月
2017	1 月	37 598	4.30%	41.90%	45.50%	41.60%
	2 月	80 191	9.10%	33.20%	40.40%	33.20%
	3 月	63 080	7.20%	35.10%	39.90%	35.20%
	4 月	50 819	5.80%	32.50%	37.40%	33.20%
	5 月	49 438	5.60%	32.40%	36.60%	32.80%
	6 月	41 672	4.70%	32.90%	37.70%	33.00%
	7 月	39 655	4.50%	32.20%	36.70%	31.50%
	8 月	41 549	4.70%	31.40%	35.80%	30.80%
	9 月	43 196	4.90%	30.50%	35.30%	30.30%
	10 月	44 248	5.00%	33.80%	37.90%	33.10%
	11 月	47 437	5.40%	40.10%	43.60%	38.20%
	12 月	46 845	5.30%	47.90%	47.50%	40.80%
2018	1 月	75 996	8.60%	100%	54.20%	42.90%
	2 月	141 691	16.10%	—	100%	34.40%
	3 月	77 784	8.80%	—	—	100%

6.2.2 用户路径分析模型

用户路径指的是用户在网站或 App 中的访问行为路径,即用户从哪个渠道、哪种场景到该网站或 App 的登陆页,到了该页面之后又去了哪里,页面跳转的过程是否与运营设计的路径一致,哪些路径是基于业务场景需求的最优路径等。用户路径分析模型可以很好地回答这些问题,及时发现用户的关注焦点及干扰选项,指导运营人员进行内容改版和功能布局调整。

以电商为例,用户从登录到离开,需要经过浏览首页、点击各类导航栏、点击各类筛选按钮、浏览不同商品详情页、收藏、搜索商品、加入购物车、提交订单、支付订单等多个环节。分析各个页面的访问和跳转情况,可以设置任意页面为根节点,分析该节点到之后多个层级页面的跳转情况。如图6-3所示的页面文件访问路径,分析关键路径上的页面跳转及转化率,找到流失用户的页面,对比设想的用户路径与实际用户路径的区别,洞察用户意图和动机,引领用户走向期望路径。在此基础上,可以对比分析不同渠道、新老用户关键路径的差异。

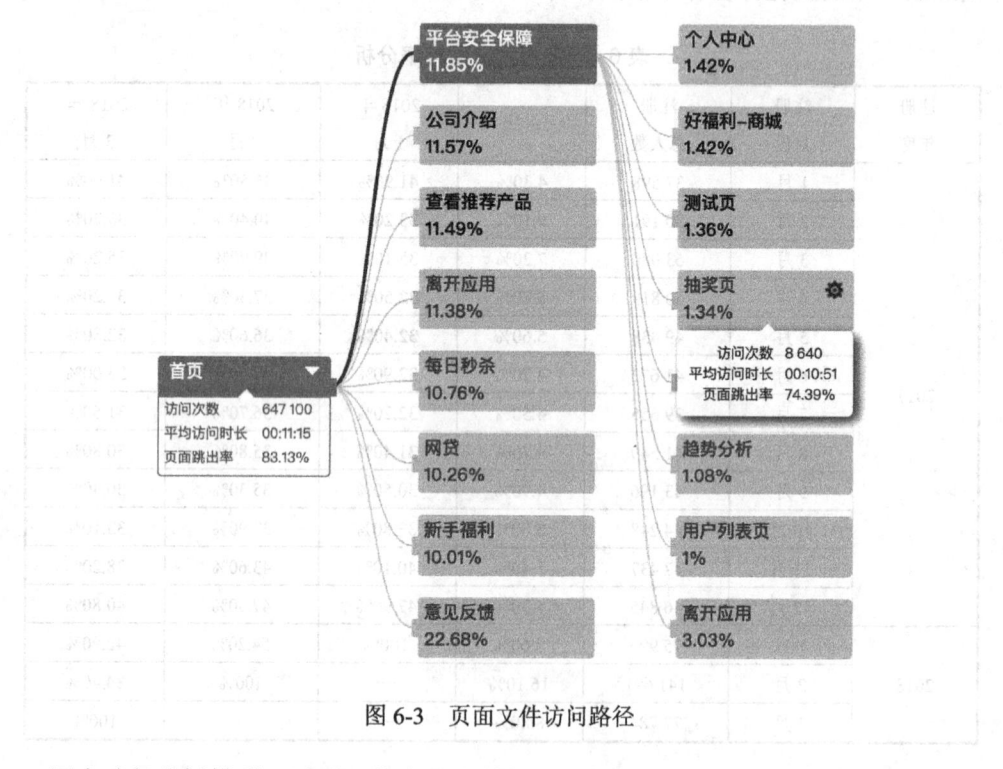

图6-3 页面文件访问路径

用户路径分析模型可用于评估产品当前设计、体验、内容、转化等方面的效果,形成产品运营分析报告,并提出改进意见。以下是用户路径分析模型应用的一些具体情境。例如,用户路径分析发现用户在品类页之间来回跳转,发现品类页缺少面包屑导航,当前页面与整个站点的层次结构交代不清;导航内容有重叠,主导航与子导航部分内容重合等；商品列表页的筛选模块默认折叠，不够醒目。使用时，需要点击展开→勾选→点击确认后生效；如果需要变更筛选条件的则需要再次展开筛选项，造成使用不便；用户在搜索页面停留时间较长，发现顶部站内搜索框颜色与背景色过于接近；搜索结果无法进行进一步筛选；搜索结果页左侧菜单是全站导航，而非针对搜索结果的关联分类与搜索，容易误导搜索用户等。

6.2.3 漏斗分析模型

漏斗指的是多个自定义事件序列按照指定顺序依次触发的流程中的量化转化模型，考察漏斗在每一步的触发人数、转化比例和最终的转化率。通过每一步转化率的变化，运营人员可以对应用中的一些关键路径进行分析，来确定整个流程的设计是否合理，优化步骤，进而提高目标转化率。此外，基于漏斗模型，识别用户关键行为节点，在用户关键行为节点上有针对性地实施个性化营销策略，从而提高用户转化效果。

以某电商 App 实际运营过程中的具体案例来说明流量漏斗分析模型的运用。运营人员想要了解 App 改版后对电商平台的订单使用流程的影响，可以用漏斗分析模型来衡量转化率和完成率。转化率和完成率提升得越多，说明效果越明显。当然，是否要改版，不仅取决于单一的漏斗分析模型，还要结合业务场景和其他指标综合分析。

如图 6-4 所示，从网站改版前后的对比数据来看，改版后各环节的转化效率明显高于改版前，特别是从访问到加购物车环节，改版后转化率为 4.5%，高于改版前 0.6 个百分点；从转化效果来看，支付人数 53 人，比改版前增加了 15 人，且交易数量和交易金额也明显增长。

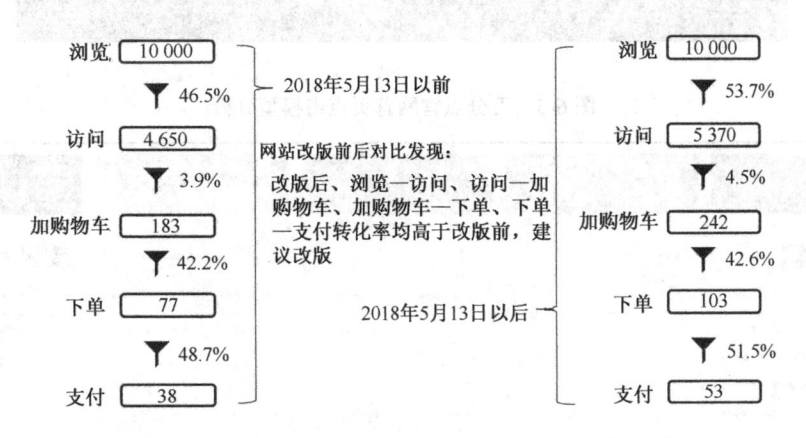

图 6-4 某电商网站改版前后的转化效果对比

6.2.4 用户点击模型

用户点击模型是评估用户和产品交互的重要模型，通过分析各版块、主题、页面，以及产品和活动详情页的点击情况，从而挖掘用户和产品的深层次关系需求，深度感知用户体验。通用的用户点击模型有两种：一种是根据点击密度判断用户对版块、主题、页面、内容、活动等的浏览喜好，了解点击量相对较高和较低的页面，进一步深挖原因；另一种是记录页面内所有鼠标点击行为的位置，并通过颜色区分不同区域的点击热度，有助于运营人员根据不同热度了解页面布局和设计是否合理。

如图 6-5 所示，以百分点官网的用户点击模型分析为例，可以查看每个版块的点击密度，包括被点击的次数、被点击人数、占比、同比、发生点击的用户列表、按钮的当前与历史内容的点击变化等。如图 6-6 所示，可以查看每个页面的浏览量、访问数、贡献下游浏览量、平均停留时长、退出率。如图 6-7 所示，通过分析鼠标点击行为位置的热力图，分析哪些区域是用户关注的重点区域，可以观察到页面某位置的改变对于用户的价值。

图 6-5 百分点官网首页点击模型分析

图 6-6 百分点官网各页面点击分析

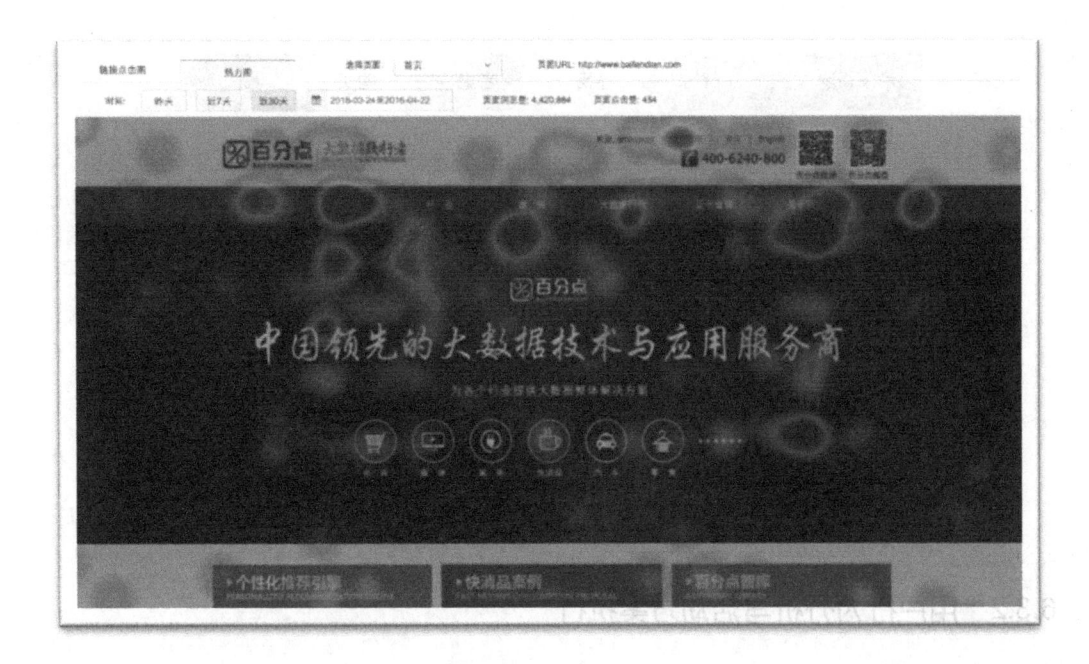

图 6-7　百分点官网鼠标点击行为位置的热力图

6.3　用户行为分析与营销运营

依托用户互联网行为轨迹洞察，从搜索、点击、关注、收藏、下单、社交等用户行为中提取数据，获得实时性和可行性洞察，了解用户的行为特点、消费主张、价值观及其变化趋势，从而指导传播策略、传播内容和形式的制定。

6.3.1　用户行为分析与活动方案设计

在活动方案设计阶段，由于活动目标、活动形式、产品属性、推广渠道不同，活动受众也大不相同。用户行为洞察作为营销洞察中重要的一环，在充分了解目标受众和指导营销策划中发挥着重要作用。

如图 6-8 所示，通过用户不同时间段的内容偏好、兴趣偏好对比、电商浏览关注分析等，为活动时间和主题的确定提供参考；通过用户活动敏感度分析、活动类型偏好、消费倾向和等级等，梳理活动形式和逻辑；通过用户口碑聆听、用户品牌忠诚度分析，以及忠诚用户、新增用户的消费偏好等，制订总体推广计划；通过用户媒介使用习惯、用户渠道重合度、用户来源分析等，选择最优的投放渠道。

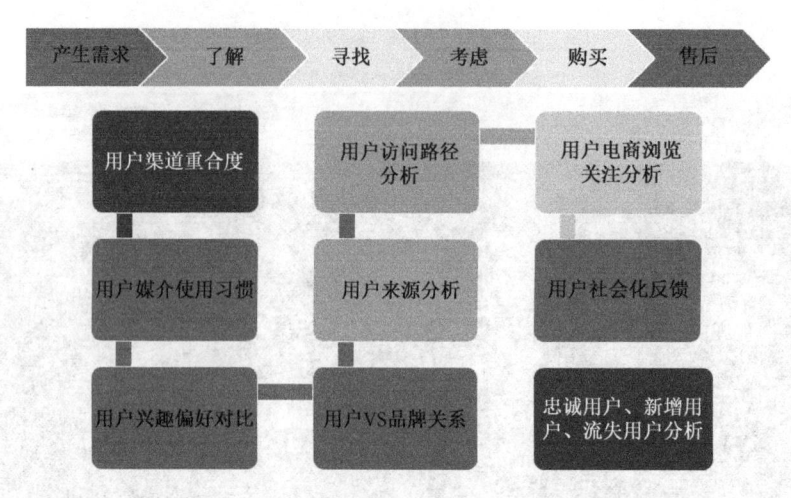

图 6-8 用户行为洞察指导营销策划

6.3.2 用户行为分析与活动方案执行

如图 6-9 所示,在活动执行中,基于实时行为轨迹、线下交易数据、客户属性标签等,筛选出种子群体(也可称为种子客群)。通过每次营销活动的不同渠道扩散得到数据回馈和闭环数据分析后,选择合适的渠道进行扩散。种子群体扩散有两种方式:一种是标签扩散,另一种是模型扩散。①标签扩散。分析种子客群在已有标签体系中的标签特征,根据种子客群的各维度标签,寻找最邻近的若干标签作为扩散标签;②模型扩散。分析种子客群的原始特征维度,挖掘出种子客群的区别特征,以种子人群作为正例,候选客群作为负例,构建分类模型,再根据置信度和显著性逐步筛选特征。对于任意种子客群,利用各维度原始特征,建立机器学习模型,能够挖掘相似人群并进行扩散。

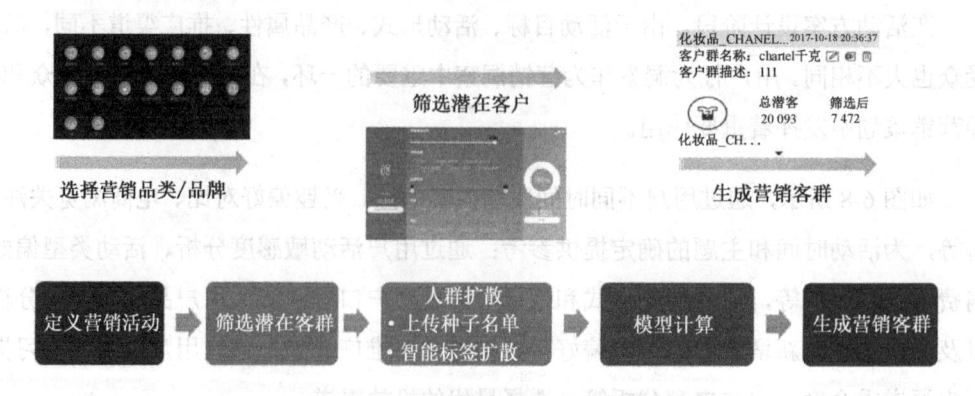

图 6-9 活动执行中目标群体的筛选

6.3.3 用户行为分析与活动效果评估

通过对不同时段、不同活动的用户行为关键指标进行分析,可以实时反映投放效果,快速支持营销优化决策。如图 6-10 和图 6-11 所示,可以通过对渠道、受众、活动、时间、广告位置、素材版本等各种维度的监测来深入洞察用户行为。在每次活动预热、拉新、集中推广等不同阶段分别考察展现量、点击量、到达量、消耗、订单转化量等指标。在投放过程中,不断沉淀触达用户标签,增进消费者洞察,多渠道整合效果监测,及时优化媒介投放策略。

图 6-10 不同活动不同时段广告效果分析

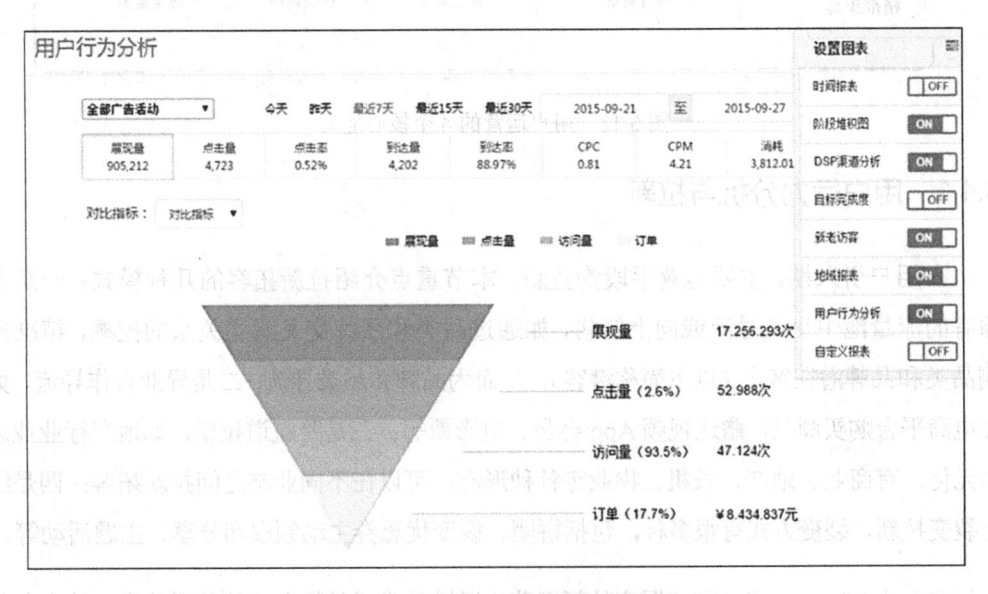

图 6-11 广告活动的效果转化分析

6.4 用户行为分析与用户运营

用户运营是通过实时采集用户行为数据，结合推荐算法、规则引擎和效果评估体系，分析挖掘用户偏好，建立人与产品、人与内容的精准匹配。在与消费者接触的各个触点上实行无感知营销的即时性交互沟通，从而与用户建立长期稳定的关系，形成用户生态群，提升消费者体验。做好用户运营，要借助系统、工具、技术、数据挖掘算法和模型、运营经验，积累精准用户、精准内容、精准商机、精准渠道 4 个核心能力，如图 6-12 所示。下面将从用户生命周期的角度，介绍渠道用户增长的运营模式。

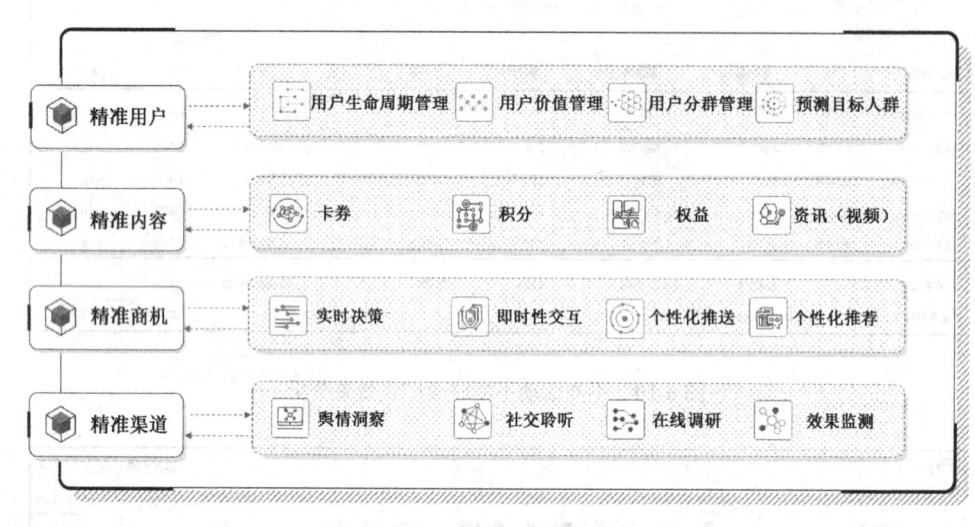

图 6-12 用户运营的 4 个核心能力

6.4.1 用户行为分析与拉新

在用户引入期，主要运营手段为拉新。本节重点介绍拉新拓客的几种模式：一是在原有的流量池中交叉导流或向上销售，如通过品类和品牌交叉购买关系的挖掘，精准预测品类和品牌潜在客户（以下简称潜客），从而为品牌和品类导流；二是异业合作导流，如在电商平台购买商品，赠送视频 App 会员、电影票等；三是跨航道拉新，如地产行业业态多元化，有商业、地产、长租、物业等各种形态，可以在不同业态之间拉新拓客；四是线上裂变拉新，裂变方式有很多种，包括拼团、裂变优惠券主动领取和分享、主题活动等。

（1）内部跨品类或品牌的用户拉新运营。通过品类或品牌之间的关联关系，结合业务实际定义潜在客户，建立潜客挖掘模型，寻找潜客。为客户定制专属的营销活动，并通过营销工具进行不同渠道的信息推送。最后，收集活动数据，优化活动决策，如图6-13所示。

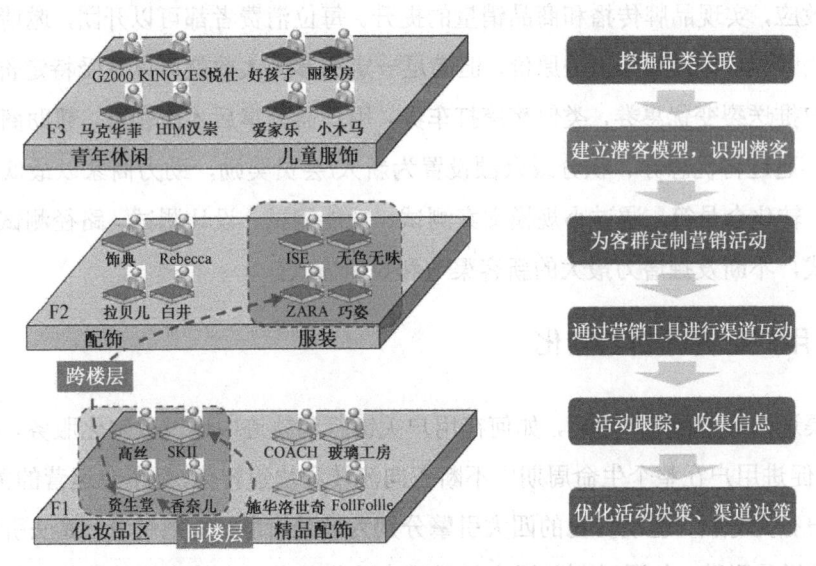

图6-13 跨品类或品牌的用户拉新拓客模型

（2）外部广告投放的拉新运营。可选择的投放渠道有很多，包括微信、微博、小红书、抖音、快手、淘宝、央视等。通过前文介绍的渠道运营，深耕契合度高、转化效果好的渠道资源。无论选择哪个平台，一定要打通转化路径，形成公域流量到私域流量的转化。让用户沉淀到已有的私域流量池，如图6-14所示。

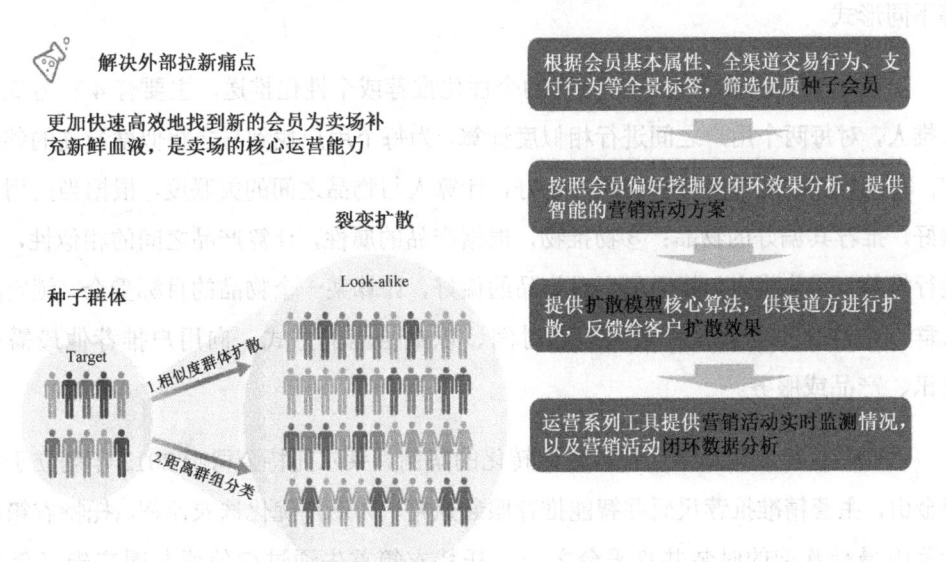

图6-14 外部广告投放的拉新运营

（3）线上拉新裂变运营。拉新裂变的方式有很多种，包括新客专享价、新客秒杀、新客砍价、新客拼团、零元购等。例如，通过团长制拼团活动，利用"粉丝"社交传播和分享效应，实现品牌传播和商品销量的提升。每位消费者都可以开团，邀请自己的朋友来参团购买，一人购买仍是原价，但满足一定的参团人数就可以享受特定价格；商家可给用户推送裂变优惠券，类似滴滴打车券，用户需分享后才能领取，帮助商家快速拉新引流；通过将优惠券、积分或余额设置为新人/会员奖励，助力商家以最低成本沉淀"粉丝"、转化会员等。通过小规模文案测试、功能测试、设计测试、路径测试、投放测试等方式，不断发掘潜力最大的新客渠道和拉新方式。

6.4.2 用户行为分析与转化

多渠道用户"种草"之后，如何在用户关键行为轨迹中通过数字化服务，提高用户活跃度，促进用户在整个生命周期中不断正向流转和快速转化，是用户运营的关键要素。结合用户行为分析，驱动转化的四大引擎分别为场景引擎、规则引擎、算法引擎和展示引擎。①场景引擎，如通过判断用户处于哪个购物环节，有什么样的购物目标，从而进行个性化推荐或推送；②规则引擎，如结合用户、场景、算法输出数据和业务 KPI，决定为用户推荐哪些内容；③算法引擎，如计算用户之间的相似度、商品之间的相似度、用户对商品的评分、用户分群、热门排行等，进行个性化推荐或推送；④展示引擎，将推荐内容以最佳的展示方式呈现在用户面前，推荐内容可以采用视频、卡券、活动信息等不同形式。

如图 6-15 所示，基于用户行为的个性化推荐或个性化推送，主要有 4 种方式：①人推人，对每两个用户之间进行相似度计算，为每个用户找到与之相似度最高的邻居用户；②人推物，基于用户对物品的偏好，计算人与物品之间的关联度，根据当前用户的偏好，推荐其偏好的物品；③物推物，根据产品的属性，计算产品之间的相似性，进而进行推荐；④物推人，基于用户对物品的偏好，计算某一个物品的目标受众，锁定潜客人群。个性化推荐就是在最合适的时间、以最恰当的方式，向用户推荐他最需要的资讯、产品或服务。

下面是托特衣箱基于用户行为促转化的案例。莱尔托特公司于 2012 年创立于美国旧金山，主营精准推荐尺码并智能推荐服装风格，为用户优化选衣流程。托特衣箱已成为美国最受欢迎的时装共享平台之一。托特衣箱首先通过微信朋友圈广告（免洗、大牌、包邮、抽奖等产品和服务优势）吸引用户到平台。在试用期内，平台系统通过先进的数据算法，结合用户尺寸档案，通过为用户提供精确的尺码建议和衣品风格，取得用户信任，实现快速转化。试用期结束后，邮寄尺子并进行线上调研，基于用户价格预期发送优惠券，推送个性化沟通信息。用户开始使用下单后，推送年度优惠提醒，进一步结合消费的各类行为特征，进行消费者有效互动沟通，差异化营销。

图 6-15 个性化推荐或推送模型

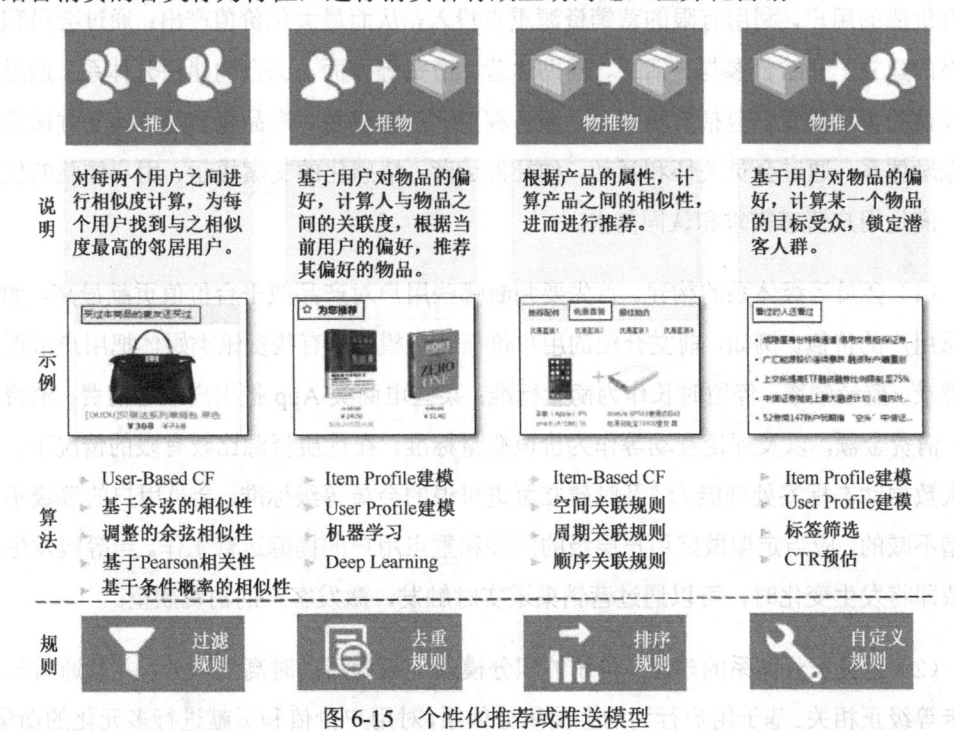

表 6-2 所示为托特衣箱生命周期转化策略。

表 6-2 托特衣箱生命周期转化策略

微信朋友圈广告	微信运营助手 （关注）	7 天试用后	下单 （月度会员）
免洗	微信信息推送	邮寄尺子	使用
大牌	7 天试用	试用	提前多次发送年度优惠提醒
包邮	智能搭配	到期前调研（价格预期），发放优惠券	
无须会员押金	场景选衣 正装（面试、简约、商务精英、知性优雅）、休闲正装（甜美可爱、通勤优雅、浪漫约会、重要场合（婚礼、年会、派对、约会）	创始会员宣传——优惠券	利用智能算法，托特衣箱甚至可以计算用户的风格偏好，匹配用户所在地点和天气变化，根据穿搭场景进行更精准建议
美国抽奖活动——加运营助手		更多内容与每个人想听到的话	

6.4.3　用户行为分析与留存

在做用户运营时，以会员等级、会员积分、会员权益等作为主要抓手，满足用户的利益、荣誉、情感等诉求，以保证用户留存率的稳定。通过会员等级体系建设，细分出最有价值的用户，利用有限的营销资源重点投入，从而最大化价值产出；通过会员积分体系的建立，并结合参与、活跃、辅助运营、消费等方面，综合构建积分体系；通过会员权益的灵活设置，包括价格权益、服务权益、活动权益、产品权益等，建立健康良性的激励体系；通过会员关怀和互动，如社群运营、情感化的文案提示、用户体验的优化等，满足用户情感需求和认同需求。

（1）会员等级体系的构建。首先要判断哪些用户对产品或平台价值贡献最高，如何衡量用户的价值。例如，前文介绍的用户价值管理模型。有些资讯类媒体把用户最近一次登录、登录频率、停留时长作为衡量标准；某些电商类 App 把用户最近消费、消费频率、消费金额，以及评论互动等作为价值衡量标准。在优质资源比较有限的情况下，利用大数据动态标签处理能力，及时建立可进可退的会员等级标准。会员用户的等级不是只增不减的，应当定期做好用户层级的回顾和重点用户的提醒运营工作。当等级发生变化或即将发生变化时，可以通过营销渠道实时触发，激发客户的消费欲望。

（2）会员积分体系的建立。传统的积分模式一般为活动时高倍积分，并且通常与会员卡等级正相关。基于用户行为的会员积分体系，对用户价值和贡献进行多元化的衡量。例如，京豆奖励，如图 6-16 所示的京东会员系统，购买商品或每日签到等都会获得额外的京豆。又如，趣头条在一个特定期限内，老用户邀请的门新用户所赚的所有金币量，老用户也能得到相同数量的奖励。还有一些生态型积分模式，一些银行合作的某种企业（航空公司、零售商、视频网站等），在产生特定数量的消费后会累计积分、返现、送权限等。

（3）会员权益的设置。会员权益包括价格权益、服务权益、活动权益、产品权益四大权益。①价格权益，指的是打折、返利、满赠、满减等。②服务权益，如生日关怀、周年纪念、线下会员关怀等。例如，丝芙兰的会员体系最大特点是建立了社群，和各类会员进行交流、寻找灵感，参加独家活动等。亚马逊利用自己技术和内容的优势，不断地推出各种免费的数字服务，如免费的 Video 视频服务、免费的电子书服务、免费的 Prime Music、免费的 Prime Photos 等。③活动权益，如京东 Plus 赠送爱奇艺会员，将双方的数据打通并流量共享，进而将流量变成"留量"。④产品权益，如天猫的拍卖特权、试用特权。针对不同类型价值贡献的客户，设计不同的权益等级晋升路径，使不同消费行为类型的客户都能获得合理的权益回报。

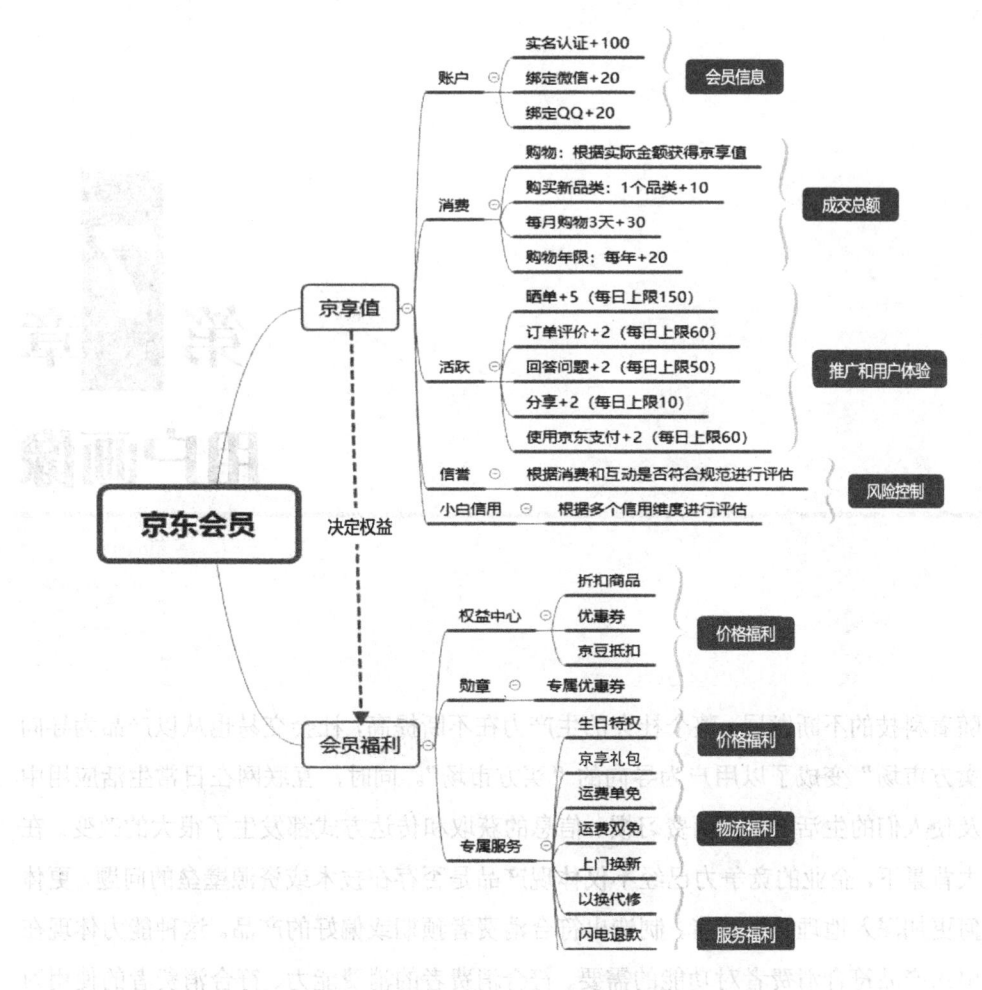

图 6-16 京东会员系统

用户运营的目的是实现潜在用户转化为首次登录用户、从登录用户转化为注册用户、从注册用户化转为活跃用户、从活跃用户转化为忠诚用户。其目标是基于用户行为判断用户的生命周期，并通过数字化服务推动用户的转化效率，驱动用户实现生命周期的快速跃迁。

第7章 用户画像

随着科技的不断发展，整个社会的生产力在不断提高，社会交易也从以产品为导向的"卖方市场"变成了以用户为导向的"买方市场"。同时，互联网在日常生活应用中的普及使人们的生活方式、消费习惯、信息的获取和传达方式都发生了很大的改变。在这种大背景下，企业的竞争力已经不仅体现产品是否存在技术或资源壁垒的问题，更体现如何更加深入地理解消费者，制造出符合消费者预期或偏好的产品。这种能力体现在制造出的产品符合消费者对功能的需要、符合消费者的消费能力、符合消费者的使用习惯等。另外，如何能用消费者喜欢的方式将所制造出的产品告知潜在的消费者，同时能使用合适的营销方式最终让消费者买单，也是决定产品能不能在市场上取得好成绩的重要因素。当大数据和人工智能的相关技术越来越被人们所认知，也越来越多地应用在人们的日常生活中时，就有很多企业或个人希望运用这些新的技术来解决产品生产过程中相关决策的制定和产品在终端市场上销售的相关问题。要解决这些问题，一个必不可少的环节或前提就是要足够了解用户，在互联网或企业软件服务的领域中，人们使用用户画像来描述用户。

7.1 用户画像概述

7.1.1 用户画像的定义

关于"用户画像",大家已经或多或少听过或在相关应用中接触过。如果没有,简单地用一句话概述就是:用户画像是对现实世界中用户的描述、刻画或建模。从这句话可以看出构建"用户画像"的目的是描绘现实世界中的业务场景,其本质上是从业务场景的角度出发,并不是一个纯技术的范畴。在现在的大环境下,构建"用户画像"是很多企业的刚性需求,因为"用户画像"在企业的日常产品设计、运营设计等很多方面都发挥着重要作用。

下面从用户画像的目标、方式、组织、标准、验证 5 个维度来对用户画像及标签体系做进一步的说明。

(1)目标:指建立用户画像的目的,即为什么要建立用户画像。建立用户画像是为了帮助企业进行生产、营销方面的决策,进行这些决策的前提条件都是要足够了解用户。因此,用户画像的建立目标可以概述为描述人、认识人、了解人、理解人。

(2)方式:即用什么样的方式描述用户,可以分为形式化的手段和非形式化的手段。其中,形式化的手段包括使用文字、图像、视频、音频等来描述。

(3)组织:即用户画像及其标签体系的表现形式,包括结构化和非结构化形式。

(4)标准:即用户画像及其标签体系建立的标准。一般使用常识、共识、知识体系来作为建立用户画像的标准。特别要说明的是,用户画像及其标签体系与业务强相关,因此这里作为建立标准的常识、共识、知识体系应该基于用户画像及其标签体系需要服务的业务。

(5)验证:当构建好用户画像之后,需要用正确的方法来验证所构建的用户画像是不是正确的或是否可以为业务提供服务。验证的依据包括事实验证和推理过程检验。事实验证就是检验所构建的用户画像得出的结论是否达到预期,如果没有就需要对用户画像进行改进;而在某些场景下,很难进行事实验证,这时就需要对构建用户画像的方式进行逻辑推理检验，来检验所构建的用户画像方法是否正确。

在谈论用户画像时，经常会遇到"大数据"这个词。这是因为大家都希望自己构建的用户画像是全面的、全息视角的，这就离不开海量数据的支撑及大数据相关技术的支持。在这里，用户画像是对现实世界中用户的数学模型，强调了用户画像是对现实世界的描述，数学建模指的是使用海量的多维度的数据进行用户画像的描述。所以，可以用两句话来形容用户画像："源于现实，高于现实"；"源于数据，高于数据"。用户画像"源于现实，高于现实"是因为用户画像是描述用户的数据，是符合特定业务需求的对用户的形式化描述；用户画像"源于数据，高于数据"则是因为用户画像是通过挖掘、分析用户尽可能多的数据信息得到的。因此，在一定程度上，可以将用户画像看作"大数据+洞察"的结合。

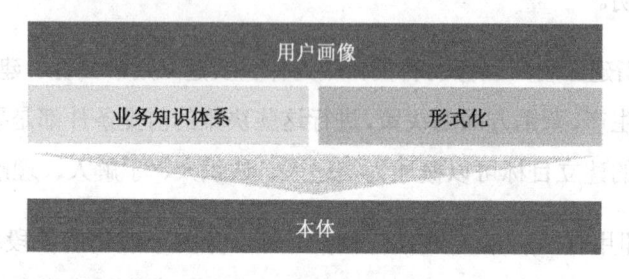

7.1.2 用户画像的构建原则

用户画像的构建原则如图 7-1 所示。

图 7-1 用户画像的构建原则

从图 7-1 中可以看出，用户画像使用业务知识体系和形式化来描述本体。因此，在构建用户画像及其标签体系时，不能脱离业务规则，同时应用尽可能形式化的方式进行描述。关于本体，Wiki 给出了如下定义。

本体是一种形式化的、对于共享概念体系的明确而又详细的说明。

本体提供的是一种共享词表，也就是特定领域中存在着的对象类型或概念及其属性和相互关系。

本体就是一种特殊类型的术语集，具有结构化的特点，且更加适合在计算机系统中使用。

本体实际上就是对特定领域中某套概念及其相互之间关系的形式化表达。

标签体系中的标签可以看成是一种用户特征的符号表示。在看待标签体系时，可以从"化整为零"和"化零为整"的角度和思路去看待。在标签体系中，"化整为零"指的是标签体系中的每一个标签都规定了观察、认识和描述用户的一个角度。"化零为整"指的是用户画像是一个整体，各个维度不是孤立的，标签之间存在着联系。所以，用户画像可以使用标签的集合来表示。在这里，还可以给用户画像和标签体系另一种数学上的解释：标签是特征空间中的维度。特征空间也可以从"化整为零"和"化零为整"的角度和思路去看待。在特征空间中，"化整为零"指的是每个标签都是特征空间中的基向量；"化零为整"指的是基向量之间存在关联，但是不一定是正交的。所以，从数学的维度可以说用户画像是特征空间中的稀疏向量。用户画像和标签体系的数学解释如图7-2所示。

图7-2 用户画像和标签体系的数学解释

在图7-2中，标签的全集是{A,B,C,D,E}，即标签体系中一共有A、B、C、D、E 5个标签。而某一个具体的人身上具有A、B、C 3个标签，即这个人的用户画像是{A,B,C}，这种标签描述的用户画像和下面这种特征描述的用户画像相互等价，即在 A×B×C×D×E 的特征空间中，如果A、B、C、D、E分别是标签在特征空间中的基向量，那么这个用户的画像可以描述为：⟨1,1,1,0,0⟩。

当使用标签构建用户画像时，人们会关注两个问题：标签体系准不准？标签体系全不全？在现实场景中，这两个问题往往无法同时解决，并且标签体系也无法完全满足"全"这个要求。所以，在真实的业务场景下所构建的标签体系，一般来讲都是在"全"和"准"之间折中，即做到在一定场景限定下的"全"和"准"。

7.1.3 用户画像的应用领域

用户画像在分析、营销、广告投放、推荐等领域有着广泛的应用，下面结合应用实例进行说明。

一般来说，根据具体的业务内容，会有不同的数据和不同的业务目标，也会使用不同的数据。在互联网领域，用户画像数据可以包括以下几项内容。

（1）人口属性：包括性别、年龄等基本信息。

（2）兴趣特征：浏览内容、收藏内容、阅读咨询、购买物品偏好等。

（3）消费特征：与消费相关的特征。

（4）位置特征：用户所处城市、所处居住区域、用户移动轨迹等。

（5）设备属性：使用的终端特征等。

（6）行为数据：访问时间、浏览路径等用户在网站的行为日志数据。

（7）社交数据：用户社交相关数据。

7.2 两种常见的用户画像

7.2.1 用户角色（User Persona）

第一种用户画像 User Persona 直译成中文就是用户角色。对于这种用户画像，维基百科的定义如下。

用户画像是一种在营销规划或商业设计上描绘目标用户的方法，经常有多种组合，方便规划者用来分析并设置其针对不同用户类型所开展的策略。在用户画像中，简单者可能仅具有年龄、职业和一段基本叙述，复杂者可能具有人口、态度、使用物品、喜好、渴望与操作行为等具体描绘的事物。

目前，用户画像的方法也广泛用于软件设计、广告设计、新科技开发与新市场定位等领域。其最重要的用处还是将人物角色结合市场区隔策略，带来说服力，为最终规划决策带来帮助。例如，在服务、产品与交互空间上都能引导出有效地讨论。对于大型项目，如一个以用户为中心的软件工程开发，用户画像可以使得开发方向有一个具体目标。用户画像的方法已经被认为是交互设计的一部分，且是网络营销规划中的一个常见名词。

百度百科给出了如下定义。

用户画像又称为用户角色，作为一种勾画目标用户、联系用户诉求与设计方向的有效工具，用户画像在各领域均得到了广泛的应用。我们在实际操作的过程中往往会以最为浅显和贴近生活的话语将用户的属性、行为与期待连接起来。作为实际用户的虚拟代表，用户画像所形成的用户角色并不是脱离产品和市场之外所构建的，形成的用户角色需要有代表性，能代表产品的主要受众和目标群体。

通过维基百科和百度百科的描述，我们可以看出 User Persona 这种用户画像是抽象出来的虚拟用户（也可以称之为目标用户）。这种用户画像的使用者往往是产品经理、运营人员、部分前瞻性业务的决策人员。假定我们现在要设计一款新产品，并同时准备好产品上线之后的运营活动，我们希望产品和运营活动上线之后会受到用户的欢迎。为了尽可能地实现这一目标，我们的产品和运营活动的设计都应该尽量从用户的角度去思考和设计，User Persona 就会在这个环节中起到重要的作用。在调研环节，产品经理和相关人员会使用问卷调查、用户访谈等方法，再根据自己的经验了解用户的差异和共性，刻画出不同的虚拟用户。刻画虚拟用户经常使用一些属性和场景作为描述维度，如性别、年龄段、身高、学历、家庭状况、职业、上下班时间段、常用交通工具等。通过这些预估的维度，产品经理在功能设计、流程设计等环节出现意见不一致时，可以通过 User Persona 在一定程度上甄别出什么样的功能是用户的真实需求，什么样的功能是我们臆想出来的伪需求，什么样的功能是共性需求或刚性需求，什么样的功能是离散需求或弹性需求，这样我们的产品设计才能是站在用户角度出发的设计。同样，伴随新产品上线而设计的运营活动也应该参考 User Persona 所描绘出的虚拟用户的属性或场景设计。从方法论上来看，产品设计和运营活动设计有很多相似、相通之处。

使用 User Persona 可以帮助我们对产品的使用对象、服务对象更加聚焦、专注，帮助我们从用户的角度出发去思考问题并进行设计；同时，由于设计的流程长、环节多、参与人员多，产生分歧往往不可避免，只有当所有参与产品设计的人都基于一致的 User Persona 进行讨论和决策时，才能约束各方保持在同一个大方向上，从而提高决策效率。既然 User Persona 可以在这么多地方帮助到我们，那我们应该怎样去构建 User Persona？

业内有很多关于 User Persona 的创建方法，甚至一些大公司会根据自身的需求总结出一套适合自身业务的 User Persona 方法论。在这里，我们以 Alen Cooper 的"七步人物角色法"为例进行说明。

(1) 发现并确认模型因子。即典型用户集群的行为变量集合，如活动（频率和工作量）、态度（如何看待生活必需品？如何提高效率？如何消遣娱乐打发时间？）、能力（受教育和培训程度、自我学习能力）、技能（在什么领域使用的产品？有哪些使用技巧和特殊技能？）。

(2) 访谈目标用户。将访谈对象和行为变量一一对应，定位到某个范围的精确点。例如，20%看重价格，20%看重功能，60%看重品牌，其中 A 用户就是这 60%的大多数。将用户进行四象限分类，不同类型的用户看重的产品侧重点和比例不同。

(3) 识别行为模式。在多个行为变量上，相同的用户群体拥有显著的行为模式。若模式有效，则行为变量和用户角色就有逻辑关系或因果关系。例如，爱听音乐的人会购买高质量耳机。

(4) 确认用户特征和目标用户特征。从数据出发，综合考虑细节，描述潜在使用环境、使用场景和当前产品的不足、用户的不满等。对一两个典型形象进行刻画，将人物角色可视化，如姓名、年龄、特征等。

(5) 检查完整性。检查人物和行为模式的对应关系是否存在重要缺漏？是否缺少重要的典型人物？是否缺少重要的行为模式？要确保人物角色和行为模式的独特性和差异性。

(6) 描述典型场景下用户的行为。用表述模型虚拟事件和用户的反应，介绍用户角色，简略勾画关注点、兴趣爱好及工作生活中与产品的直接关系，传达情感化信息，以同理心感受用户。

(7) 指定用户类型。对所有用户角色进行优先级排序：典型用户、次要用户、补充用户、非目标用户（负面人物角色）。

在构建 User Persona 的过程中，要尽量从下面的 PERSONA 七要素出发。

(1) P 代表基本性（Primary）：指该用户角色是否基于对真实用户的情景访谈。

(2) E 代表同理性（Empathy）：指用户角色中包含姓名、照片和产品相关的描述，该用户角色是否引起同理心。

(3) R 代表真实性（Realistic）：指对每天与顾客打交道的人来说，用户角色是否看起来像真实人物。

（4）S 代表独特性（Singular）：每个用户是不是独特的，是否彼此很少有相似性。

（5）O 代表目标性（Objectives）：该用户角色是否包含与产品相关的高层次目标，是否有关键词来描述该目标。

（6）N 代表数量性（Number）：用户角色的数量是否足够少，以便设计团队能记住每个用户的角色姓名，以及其中的一个主要用户角色。

（7）A 代表应用性（Applicable）：设计团队是否能够使用用户角色作为一种实用工具进行设计决策。

当我们在 User Persona 的帮助下设计的一款产品上线之后，随着时间的推移，产品的使用者越来越多，典型用户的画像也和我们最初所构建的 User Persona 出现了不一致的情况。这时，我们就需要另外一种用户画像 User Profile 来帮助进行后续的工作。

7.2.2 用户档案（User Profile）

第二种用户画像 User Profile 直译成中文就是用户资料或用户档案。在行业中，除新产品的设计阶段之外，在大部分的工作阶段，人们是通过 User Profile 这种用户画像来指导、协助工作的。在日常生活中，人们更多使用的是这种用户画像。下面提到的用户画像及标签体系，在没有特定说明的情况下，也是指 User Profile 及其相应的标签体系。用户画像有多种表现方式，在大多数情况下人们使用标签的集合来表示用户画像。这就决定了在大多数情况下，为了更好地刻画出一个用户，需要建立一个用户画像（User Profile）的标签体系。随着产品的上线和持续的运营，以及各维度的用户数据都成为刻画标签体系的"原材料"之后，如何建立一个好的标签体系就是使用好 User Profile 的前提。虽然现在有很多文章都提出了用户画像（User Profile）的使用方法和业务场景，但是却几乎没有人对用户画像（User Profile）给出一个好的描述。这里给出的用户画像（User Profile）标签体系的定义如下。

标签体系是对现实世界中一类实体的一个描述方式，从标签体系的顶级分类到最末级分类的路径是我们站在一个视角的描述，这个完整的路径才是我们使用标签体系对现实世界的实体进行的一次无歧义的描述。我们用标签体系中常见的人口统计学这个顶级分类为例：人口统计学>>自然属性>>性别>>男/女。如果对一个人的描述是男，我们并不能确定这个人的性别是男，或者是这个人的择偶性别是男；当描述是性别>>男时，看起来已经不会有歧义了，但是我们还是不确定这个人的生理性别是男性还是心理性别是男性，又或者互联网购物性别是男性，当我们给一个互联网购物性别为男性的女性去推荐大部分女性感兴趣的商品时，推荐结果就可能不尽如人意了；同样，当我们没有描述到末级标签时，由于语义不完备，也无法进行一次无歧义的描述。例如，人口统计学>>自然属性>>性别，这时我们并不知道这个人的性别到底是男还是女。

以银行使用标签体系描绘用户画像为例进行说明，如图 7-3 所示。

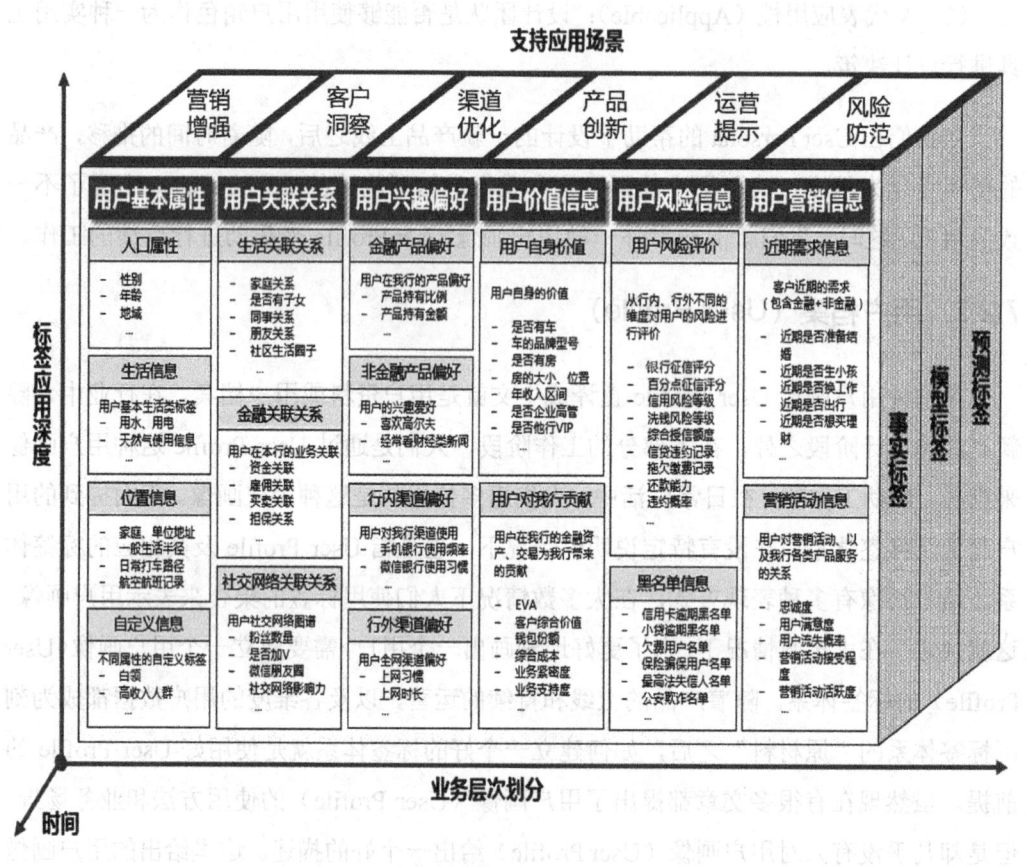

图 7-3 银行使用标签体系描绘用户画像

从图 7-3 中可以看到，3 个坐标轴分别是时间、业务层次划分和标签应用深度，这意味着用于构建用户画像的标签不是一成不变的。标签会随着时间发生改变，相应地，用户画像也会随着时间发生改变；业务层次划分和标签应用深度的坐标轴说明用于构建用户画像的标签体系本身是有层级及结构的，所构建的标签体系是由浅及深、由面到点的。另外，还可以看到标签本身会有多种类型，如在图 7-3 中所描绘的事实标签、模型标签、预测标签；同时，标签体系中的不同标签是支持不同的业务场景的。现在来对标签体系进行具体说明。

1. 标签分类

用户画像标签可以分为基础属性标签和行为属性标签，如图 7-4 所示。

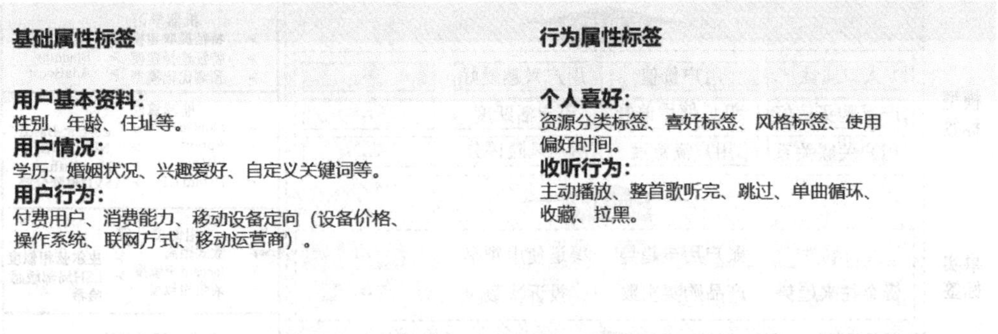

基础属性标签	行为属性标签
用户基本资料： 性别、年龄、住址等。 **用户情况：** 学历、婚姻状况、兴趣爱好、自定义关键词等。 **用户行为：** 付费用户、消费能力、移动设备定向（设备价格、操作系统、联网方式、移动运营商）。	**个人喜好：** 资源分类标签、喜好标签、风格标签、使用偏好时间。 **收听行为：** 主动播放、整首歌听完、跳过、单曲循环、收藏、拉黑。

图 7-4 基础属性标签和行为属性标签

基于一个目标的画像，其标签是动态扩展的，因此其标签体系也没有统一的模板。在大分类上与自身的业务特征有很大的关联。在整体思路上可以从横纵两个维度展开思考：横向是产品内数据和产品外数据，纵向是线上数据和线下数据。而正中间则是永恒不变的"人物基础属性"。

如果说其他的分类因企业特征而定的话，那么只有人物特征属性（关键是内涵）是各家企业不能缺失的版块。

所谓人物基础属性，指的是用户客观的属性而非用户自我表达的属性，也就是描述用户真实人口属性的标签。所谓非"自我表达"，举例来说，某产品内个人信息有性别一项，用户填写为"女"。而通过用户上传的身份证号，以及用户照片，用户购买的产品，甚至用户打来的客服电话，都发现该用户性别是"男性"。那么，在人物基础属性中的性别，应该标识的是"男性"。但是，用户信息标签部分，自我描述的性别则可能标注为女性。

2. 标签级别（标签的体系结构）

分级有两个层面的含义：一是指标到最低层级涵盖的层级；二是指标的运算层级。第一个层面非常容易理解，这里重点介绍运算层级。

标签从运算层级角度可以分为3层：事实标签、模型标签、预测标签，标签建模如图7-5所示。

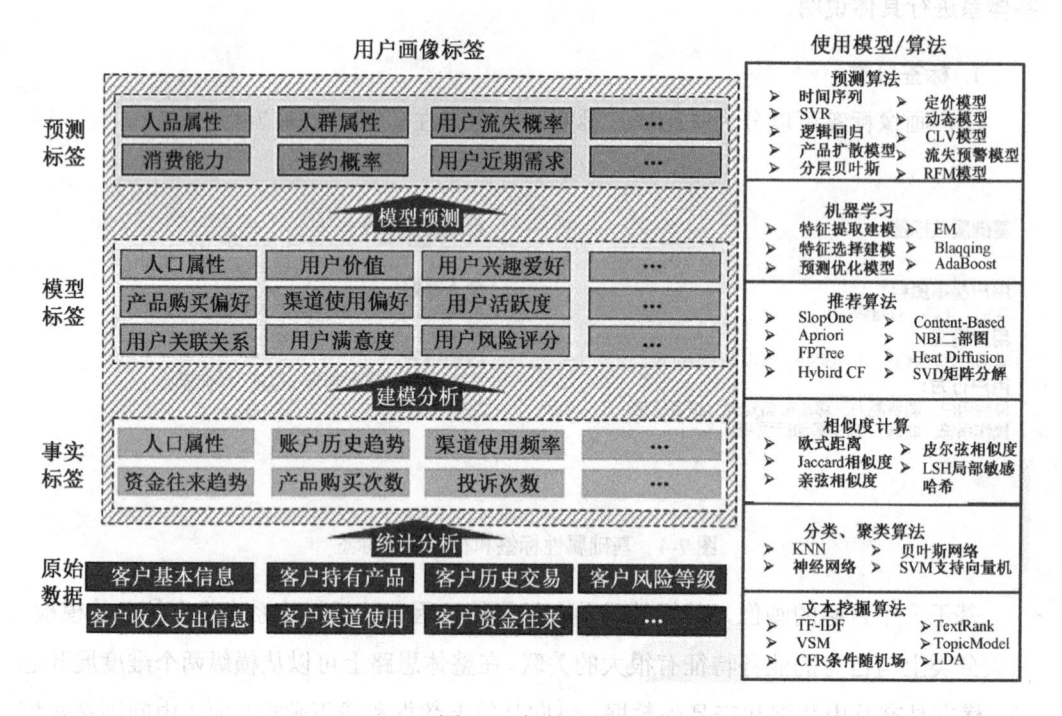

图7-5 标签建模

（1）事实标签是通过对原始数据库的数据进行统计分析得来的。例如，用户投诉次数是基于用户一段时间内实际投诉的行为做的统计。

（2）模型标签是以事实标签为基础，通过构建事实标签与业务问题之间的模型，进行模型分析得到的。例如，结合用户实际投诉次数、用户购买品类、用户支付的金额等，进行用户投诉倾向类型的识别，以便于客服人员进行分类处理。

（3）预测标签是在模型的基础上做的预测。例如，针对投诉倾向类型结构的变化，预测平台舆情风险指数。

3. 标签命名与赋值

标签命名和赋值的差别如图7-6所示。在构建用户标签的过程中，要有意识地区别标签命名和赋值。

一级分类	二级分类	标签	值
人口属性	基本信息	年龄	18~25; 26~35; 45+
		性别	女；男
		客户综合价值	高价值
	地理位置	居住城市	北京
		活跃区域	CBD
		工作地点	东单
	性格信息	性格	喜欢新鲜事物、冲动购物
		星座	双子
资产特征	持有产品	产品种类	活期存款、信用卡
		产品金额	活期存款2000、信用卡
	变化趋势	资产负债率	60%
		交易频率	信用卡月交易次数130
		月变化趋势	每月25~28日为交易高峰
		年变化趋势	近一年交易金额增长150%
营销特征	营销敏感度	价格敏感度	价格极端不敏感
		品牌敏感度	奢饰品、创意品牌
		收益敏感度	0.5%收益范围内不敏感
	风险偏好	风险属性	信用良好
		风险接受度	稳健性
兴趣爱好	阅读兴趣	材质属性	纸质书
		阅读品类	旅游/数据分析
		月均阅读书籍数量	8本、10本
	运动兴趣	运动类别	瑜伽、滑雪
		运动地点	CBD商圈、万龙八易滑雪场
	社交兴趣	社交属性	喜好熟人社交
		活跃圈子	金融圈、咨询圈、四大
购物偏好	交易行为偏好	产品偏好	化妆品、服装、鞋
		渠道偏好	手机App
	便利性偏好	便利性导向	客户体验要求较高
需求特征	关系偏好	服务属性	服务属性要求高
		回头率	对固定产品忠诚度高
	当前需求	当前非金融产品需求	海岛旅游、星巴克、美甲
		当前金融产品需求	期限3个月内的高收益产品
	潜在需求	潜在非金融产品需求	嬴政服务、柯南边产品
		潜在金融产品需求	万能健康险、股票型基金

标签基于业务需求、场景进行构建，划分主题、颗粒度等

图 7-6　标签命名和赋值的差别

4. 标签属性

标签属性可以理解为针对标签进行的再标注。这一环节的工作主要目的是帮助内部理解标签赋值的来源，进而理解指标的含义。如图 7-7 所示，标签属性可以总结出 5 种来源方式。

（1）固有属性：是指指标的赋值体现的是用户生而有之或事实存在的，不以外界条件或自身认知的改变而改变的属性，如性别、年龄、生育情况等。

（2）推导属性：由其他属性推导而来的属性。例如，星座，可以通过用户的生日推导；用户的品类偏好，可以通过日常购买行为来推导。

（3）行为属性：产品内外实际发生的行为被记录后形成的赋值，如用户的登录时间、页面停留时长等。

标签属性

固有属性
用户生而有的之或事实存在的属性

推导属性
由其他属性推导而来的属性

行为属性
产品内外实际发生的行为被记录后形成的赋值

态度属性
用户自我表达的态度和意愿

测试属性
来自用户的态度表达,但并不是用户直接表达的内容

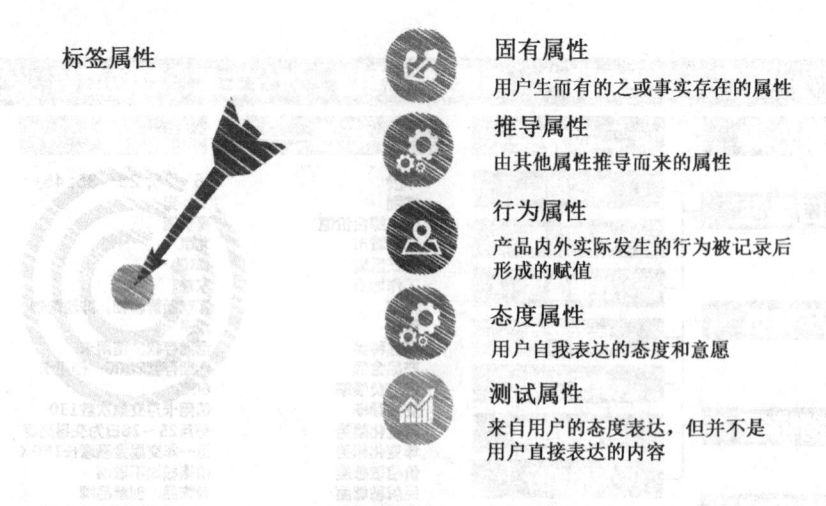

图 7-7 标签属性 5 种来源方式

(4)态度属性:用户自我表达的态度和意愿。例如,通过一份问卷向用户询问一些问题(如询问用户:是否愿意结婚、是否喜欢某个品牌等),并形成标签。当然,在大数据的需求背景下,利用问卷收集用户标签的方法,显得效率过低,更多的是利用产品中相关的模块做用户态度信息收集。

(5)测试属性:是指来自用户的态度表达,但不是用户直接表达的内容,而是通过分析用户的表达,经过结构化处理后得出的测试结论。例如,根据用户填写的一系列态度问卷推导出用户的价值观类型等。

值得注意的是,一种标签的属性可以是多重的。例如,个人星座这个标签既是固有属性,也是推导属性,它首先不以个人的意志为转移,同时可以通过身份证号推导而来。

即便成功地建立了用户画像的标签体系,也不意味着就开启了用户画像的成功之路。因为有很大的可能是这些标签根本无法获得,或者说无法赋值。

标签无法赋值的原因有数据无法采集(没有有效渠道和方法采集准确数据,如用户身份证号)、数据库不能打通、建模失败(预测指标无法获得赋值)等。

标签体系结构如图 7-8 所示。

(1)原始输入层:主要指用户的历史数据信息,如会员信息、消费行为信息、网站行为信息等。经过数据的清洗,从而达到用户标签体系的事实层。

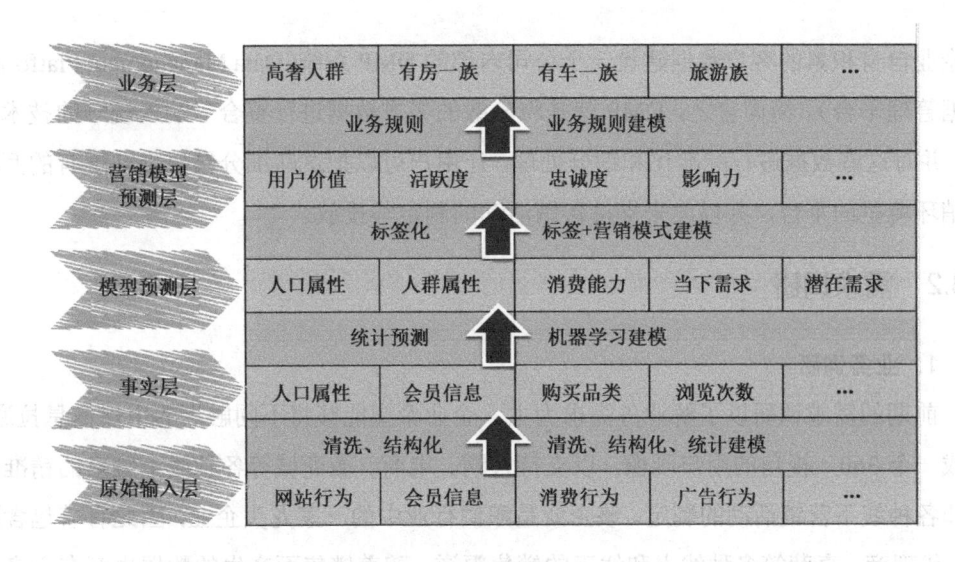

业务层	高奢人群	有房一族	有车一族	旅游族	…
	业务规则		业务规则建模		
营销模型预测层	用户价值	活跃度	忠诚度	影响力	…
	标签化		标签+营销模式建模		
模型预测层	人口属性	人群属性	消费能力	当下需求	潜在需求
	统计预测		机器学习建模		
事实层	人口属性	会员信息	购买品类	浏览次数	…
	清洗、结构化		清洗、结构化、统计建模		
原始输入层	网站行为	会员信息	消费行为	广告行为	…

图 7-8　标签体系结构

（2）事实层：用户信息的准确描述层。其最重要的特点是，信息可以从用户身上得到确定与肯定的验证，如用户的人口属性、会员信息购买品类、浏览次数等。

（3）模型预测层：通过统计建模，使用数据挖掘、机器学习的思想，对事实层的数据进行分析利用，从而得到描述用户更为深刻的信息。例如，通过建模分析，可以对用户的性别偏好进行预测，从而对没有收集到性别数据的新用户进行预测，还可以通过建模与数据挖掘，使用聚类、关联模型，发现人群的聚集特征。

（4）营销模型预测层：利用模型预测层的结果对不同用户群体、相同需求的客户通过打标签，建立营销模型，从而分析用户价值及用户的活跃度、忠诚度、影响力等可以用来进行营销管理的数据。

（5）业务层：可以是展现层。它是业务逻辑的直接体现，如图 7-8 中所表示的有车一族、有房一族等。

7.3　用户画像的调研

7.3.1　背景描述

随着近几年互联网的快速发展，如何使用好自身数据和外部数据进行有效的营销活动对不同行业的公司都至关重要。在这个大环境下，一家国内龙头酒企希望通过他们企业自身积累的客户数据建设一个公司内部的 DMP 系统（Data Management Platform，数据管理平台）。简而言之，DMP 就是将分散的多方数据进行整合后纳入统一的技术平台，并对这些数据进行标准化和细分处理，让用户可以把这些细分结果推向现有的互动营销环境里的平台，并以此来支持营销活动的制定与投放。

7.3.2 需求调研

1. 业务调研

前期的需求调研以了解业务需求为主。企业希望能够将不同触点的用户信息拉通，形成一个 360°视角的用户画像，以支持官网、电商、微商城等各种线上触点的精准营销和各种线下营销活动的制定。该企业是酿酒行业中的一家龙头企业，因此有着包含电商、代理商、直营等多种线上和线下的销售渠道。随着销售而产生的数据也存在于多个不同的系统之中。正是由于这种现状，该公司对自己的用户了解不够全面，很难对不同的用户进行有针对性的营销活动，也很难根据用户的特征有针对性地对产品进行改进或对新产品的研发提供支持。

作为一家龙头酒企，该公司有着多种不同定位的商品酒，如果不能根据不同用户自身消费能力和偏好进行有针对性的营销活动，很容易造成部分酒的销量很高，部分酒却无人问津的情况。这些无人问津的酒的生产研发投入无法收回，对企业来讲是一种极大的资源浪费，同时难以达到利润的最大化。随着互联网越来越发达，人们每天接收到的各种信息也越来越多，在这种大环境下，如果不能了解用户，不能从用户的角度进行营销活动的制定和相关营销信息的推送，用户接收到的信息就会变成一种骚扰，会影响用户的体验、忠诚度和对品牌的认知。因此企业希望能将各个触点的用户数据进行整合，形成一个集团视角的全景用户画像，来支持集团各个部门的工作。

通过调研，我们发现用户画像将会在产品研发部门、用户运营部门广泛应用。由于酒企生产的产品为白酒，随着越来越多的"80后""90后"成为白酒的消费者，产品研发部门需要更深入地了解这些消费者，以便生产出更加受这些年轻消费者欢迎的白酒。白酒的生产涉及很多方面。从酒本身来说，生产的酒是什么样的类型，浓香型还是酱香型；生产的酒是什么度数，高度酒还是低度酒等。这些因素都决定了消费者是否喜欢喝这款酒。另外，酒瓶的容量、颜色、酒的外包装、酒的定价等也是决定白酒能否在市场上畅销的关键因素。当了解清楚产品研发部门的这些需求之后，可以发现，针对产品研发部门，用户画像需要包含用户对各种类型酒的偏好、对各种类型酒的消费能力及消费意愿等标签来支持产品研发部门在研发上做出决策。对于会员运营部门，由于部门常常要制定一些营销活动来促使会员更多地去购买和消费，希望了解不同会员对不同类型酒的偏好、是不是促销敏感类型、购买酒的目的等标签进行活动的制定。有了核心需求之后，就能够根据需求构建出描绘用户画像所需的标签维度了。

2. 数据盘点

根据需求构建出描绘用户画像的标签体系之后，下一步要做的就是数据盘点。所谓数据盘点，简单来说，就是对数据情况进行摸底，了解数据的整体质量。由于我们所构建的是一个集团视角的全景用户画像，这就意味着进行标签生产的数据是由集团各个部门、渠道整合而来的，只有对数据情况有了深刻的了解，才能知道什么样的标签有数据支撑生产，什么样的标签没有数据支持生产，什么样的标签生产方法是合理的。数据盘点一般包含如下几件事情。

（1）数据字段的统计。我们需要了解整个集团中所有的业务系统中的数据或是其他形式的数据都有什么样的字段可以供我们进行标签的生产使用。例如，我们想给每一个会员用户都打上一个性别标签，来标识每一个会员的性别是男还是女。但是，如果所有的数据都没有性别标识字段，就很难直接产出性别这个标签。这时，还有另外一种可能性，如果我们有一个在特定业务场景下足够能让人相信的算法，能够通过其他维度的字段计算出性别，我们就可以使用这种算法来生产性别标签。在进行数据盘点之后，我们就能知道有没有相应的字段来支撑我们计算出性别。如果这些字段也没有，就无法在现有的数据下生产出性别这个标签了。因此数据盘点中数据字段的统计是为了让我们心中有数，知道什么样的标签是我们能够产出的，什么样的标签是在当前数据情况下无法产出的。

（2）每一个字段的覆盖情况。一般我们会计算数据字段的空值率，空值率是系统中这个字段的所有空值数除以系统字段的所有值个数。一般来说，空值率越小越好，因为空值率小代表着这个字段所描绘的内容能够覆盖几乎每一个用户。在极端情况下，空值率是百分之百，那就和我们没有这个字段的情况相同了。

（3）每一个字段取值的分布情况。对于一些统计类的标签，我们需要将字段中的具体数值划分成标签，最终以标签的形式产出。例如，对于消费能力标签，我们一般会统计一定时间范围内的消费总金额，再划分成区间以产生标签。那么，我们要根据什么来划分这个区间呢？一方面是根据我们的业务经验，另一方面就是根据字段值的分布情况。

如果99.99%的用户的月消费能力都在10 000元以下，我们又用10 000元以下这个区间作为标签值的一个维度，那么这个标签就没有什么区分度了，在实际的业务场景中就会变得十分"鸡肋"。所以，充分了解每一个字段取值的区间，既能很好地刻画用户，又能帮助我们制定有一定区分度的标签。

（4）每一个字段的可信度。字段的可信度不是系统本身决定的，我们需要去调研字段所产生来源的业务，了解这些字段是怎样输入系统的。由于字段的产生场景不同，有的字段可信度较高或在输入过程中有过校验，如支付场景中的姓名、地址等；而有的字段可能就是在一些无关紧要的场景中产生的，如一些开放性的调查问卷，这时用户既不会认真填写，也没有经过任何校验，这种数据的可信度就比较低了。可信度决定了我们要不要使用这个字段来生产标签，要怎样使用这个字段来生产标签，这对应着两种不同的情况。第一种情况是这个字段本身的可信度就很低，一般就不取这样的字段生产标签数据。设想一下，使用不可信的数据字段加工生产的标签对业务能产生多大的意义呢？第二种情况十分常见，由于我们是在努力地刻画一个尽可能全面的全景用户画像，这就意味着我们需要使用尽可能全面的数据，一些数据字段就会不可避免地在一些不同业务系统中重复出现。当这些字段重复出现时，我们就需要根据字段的可信度来选择在不同的情况下使用哪一个字段。例如，A、B、C这3个业务系统都有用户的职业数据这个字段，A系统的可信度最高、B系统其次、C系统最次，那么当我们使用职业数据这个字段生产标签时，就应该优先使用A系统中的字段，当A系统中的字段缺失时再使用B系统中的字段，只有在A、B两个系统中的字段都缺失时才使用C系统中的字段。

7.3.3 业务理解

在构建用户画像和标签体系时，一定要牢记用户画像是为业务服务的，不是为了做用户画像而构建标签体系，而是为了支撑业务更好地运转而构建标签体系。在构建好用户画像之后，一定要和业务部门再进行一次沟通调研，让业务人员确认构建的标签体系是对业务有帮助的，设计的标签生产出来的方法是符合业务场景、业务规则和业务逻辑的。如果在论证的过程中出现了分歧，那么需要找出分歧的原因并进行调整，直到各方观念达成一致。

第8章 标签体系——用户画像的刻画

8.1 标签体系的构建

我们已经对标签体系进行了诸多描述,那么在真正开始建立标签体系时,应该具体注意哪些方面呢?标签体系要结合实际的业务场景和业务需求来建立,那么应该怎样梳理标签体系来尽量做到"准确"和"全面"呢?

用户的每一次行为都可以用一句主谓宾结构的语句来描述:"什么用户,在什么时间,在什么地点,对什么对象,做了什么事情。"可以将这句话描述的各个要素及要素间关联分析的结果分类到3个大的特征之中:用户特征、场景特征和产品特征。用户特征一般包含用户的自然属性、互联网属性、商业价值等,可以将"什么用户""什么地点""什么时间"产生的标签放在其中;场景特征一般包含业务场景、消费场景、行为习惯、兴趣偏好等,可以将"对什么对象""做了什么事情"分析建模之后生产出来的标签放在其中;产品特征一般包含产品定位、产品属性等,同样可以将"对什么对象""做了什么事情"分析之后,结合"什么用户",将产品与用户关联生成的标签放入其中。

8.1.1 ID 拉通

随着信息和互联网技术的飞快发展，能用于构建用户画像标签体系的数据越来越多。但是这些数据往往散落在不同的系统之中。为了构建出尽可能全面的用户画像，必须将散落的数据拉通。在拉通的基础上，才能构建一个 360°的全景用户画像。那么应该如何进行 ID 拉通呢？在此，介绍一种先进的 ID 拉通技术专利：《一种基于优先级的实时 ID 拉通引擎方法和装置》。

1. 背景

本专利主要解决的是如何在保证真实性的前提下，将多个 ID 拉通，构建一个更为真实的用户 ID 画像的问题。

目前，业内已经存在一种用户 ID 拉通的解决方案，但是该方案只是 ID 拉通的初级解决方案，它无法解决以下两个问题。

（1）业务层面。它将所有相关联的 ID 全部拉通，形成一个用户的 ID 画像。但是它并未考虑过用户的 ID 会随着时间的推移而变化这一客观事实。例如，某个手机号 ID 在 3 个月前属于用户 A，但是现在该手机号 ID 已经属于用户 B；而按照该 ID 拉通解决方案，则用户 A、用户 B 的其他 ID 将会因为手机号 ID 的关联关系而被拉通。最终，用户 A 及用户 B 将会被视为同一个用户。

（2）技术层面。已经存在的用户 ID 拉通解决方案是一个离线的解决方案。它只能 T+1 地展示用户的 ID 画像，无法满足一些实时的业务场景，如推荐系统。

2. 发明内容

本专利研发之初，就致力于解决业内已有的用户 ID 拉通解决方案中存在的问题。

（1）业务层面。本专利独创了 ID 优先级的概念，即基于不同类型的 ID 在客户业务系统中的可信程度和重要程度，将 ID 划分优先级。例如，身份证 ID 在大多数情况下的优先级会高于其他类型 ID；对于银行客户而言，资金账号 ID 的优先级为最高，超过身份证 ID。本专利基于低优先级 ID 所属 SuperID 关系的变更不会影响高优先级 ID 的归属这一基本原则。

（2）技术层面。本专利将原有离线的用户 ID 拉通方案进行改造，使用 Spark Streaming 框架对其重新实现，以满足实时性的需求。

使用本专利的用户 ID 拉通解决方案，可以解决用户 ID 随着时间推移而变化这一现实问题；同时，准实时的实现（5s 内）可以满足互联网中推荐等技术的实时需求。

3. 名词解释

- ID：一个人的某种标识、属性。例如，一个手机号、设备号、身份证号等都可以作为一个 ID，在业务系统中，它通常和一些行为联系到一起，如通过手机号进行订餐，通过身份证号购买高铁票等。

- ID 优先级：不同的 ID 类型之间是有优先级的。优先级的定义为：在业务系统中，哪类 ID 更能代表一个用户。例如，在银行系统中，资金账号比身份证号更能标识一个用户；在通信系统中，手机号比邮箱账号更能标识一个用户。那么可以得出结论：在银行系统中，资金账号比身份证号的优先级高；在通信系统中，手机号比邮箱账号的优先级高。

- ID 关系：如上文所述，在业务系统中，ID 常常和一些行为联系到一起。当一个行为中包含两个甚至更多个 ID 时，这些 ID 大概率上属于同一个人。如果某人通过自己的手机使用自己的身份证号购买了高铁票，那么这个手机和身份证号即构成了一个 ID 关系，表示这些 ID 曾经共同出现过。

- ID 关系的权重：指 ID 关系的牢固程度。如果当前存在一个 QQ，它与 idcard1 的 ID 关系的权重要高于它与其他 id 的 ID 关系的权重，那么该 QQ 与 idcard1 有较大可能为同一人所有。在 ID 拉通引擎中，通过使用 ID 关系出现的次数来标识 ID 关系的权重；同时，支持基于实际的业务场景定制化实现不同的权重算法。

- SuperID：表示的含义是同一人。例如，多个 ID 同属于一个 SuperID，代表这些 ID 为一个人所拥有，这个人使用该 SuperID 来标识。SuperID 标识由 ID 拉通程序生产出来，可以使用不同的算法，只需要保证不同人使用的 SuperID 标识唯一即可。目前使用的生成算法为 Java 标准库中的 java.util.UUID.randomUUID 方法，它可以保证生成的字符串全局唯一，满足 SuperID 标识的唯一性约束。

- MainID：在行为日志中，可能会出现多个不同类型的 ID。在这些 ID 中，ID 类型优先级最高的 ID 被称为该行为日志的 MainID。ID 关系数据的生成便是由该 MainID 来生成的。

- RootID：在一个业务系统内确认完不同 ID 之间的 ID 优先级之后，优先级最高的 ID 类型被称为 RootID。它包含以下特性：在业务系统中，它可以唯一标识一个用户；在 ID 拉通结果中，一个 SuperID 对应的 ID 列表中最多只会出现一个 RootID。

4. 数据格式

（1）ID 与 SuperID 的字符串标识。

```
// ID字符串标识的格式
"{id_type}:{id_str}"        // 如 qq:123321123

// SuperID字符串标识的格式
"super_id:{id_str}"         // 如 super_id:f6a97a53-88f5-43f3-9383-63fdf8b269d5
```

（2）ID 之间的关联关系。以 ID 作为 Redis 的 key，ID 所属的 SuperID 及 ID 之间的关联关系（权重）对应的 JSON 转换成的字符串作为值。注意，在下面的样例中，描述的值都是 JSONOBJ 的格式。但是，为了支持 ID 拉通代码的批量读写功能，实际在 Redis 中存储的值是 JSONOBJ 转换成的字符串。

```
// key
ID 字符串标识
// value
{
    "super_id": "",              // SuperID字符串标识
    "nodes":[{
        "id": "",                // ID字符串标识
        "weight": "",            // 关联关系的权重
        "insert_time": t1,       // 该关系第一次出现的时间
        "update_time": t2,       // 该关系最后一次出现的时间
    },...]
}

// 样例
"qq:123321123":{
    "super_id": "super_id:f6a97a53-88f5-43f3-9383-63fdf8b269d5",
    "nodes":[{
        "id": "phone:12345678910",
        "weight": "0.5",
        "insert_time": 1513903308000,
        "update_time": 1513913308000,
    },{
        "id": "gid:4de1a63d3f1e450aae945cc020c316ef",
```

```
        "weight": "0.5",
        "insert_time": 1513903308000,
        "update_time": 1513913308000,
    }]
}
```

（3）SuperID 到 ID 的关联关系。以 SuperID 作为 Redis 的 key，SuperID 所包含的 ID 列表对应的 JSON 转换成的字符串作为值。注意，在下面的样例中，描述的值都是 JSONOBJ 的格式。但是，为了支持 ID 拉通代码的批量读写功能，实际在 Redis 中存储的值是 JSONOBJ 转换成的字符串。

```
// key
SuperID 字符串标识
// value: id 数组
[
    id,                        // ID字符串标识
    ...
]
// 样例
"super_id:f6a97a53-88f5-43f3-9383-63fdf8b269d5":[
    "phone:12345678910",
    "gid:4de1a63d3f1e450aae945cc020c316ef",
]
```

（4）Kafka 数据读取的偏移量记录。

```
// key
special_key_kafka_offset
// value
{
    // key代表Kakfa中topic的分区序号
    // value代表Kakfa中topic的指定分区的消费偏移量
    //  如果Kakfa对应topic有多个分区，那么这里将会存储多个偏移量标识
    "0":0,
    ...
}
// 样例
"special_key_kafka_offset":{
    "0":111,
    "1":222
}
```

（5）数据快照。

```
// key
special_key_date_event_list_${date_str}_${block_index_str}
```

```
// value
[{
    "operate":"",        // 可能是JEDIS_KEY_SET、JEDIS_KEY_ADD、JEDIS_KEY_DEL
    "timestamp":,        // 时间戳
    "key":"",            // 发生变更的key
    "value":"",          // 变更后key的新值
},]
// 样例
"special_key_date_event_list_20180311_${block_index_str}":[

"{'operate':'JEDIS_KEY_SET','timestamp':1520850759966,'key':'uid:f2b962cf','value':'xxx
'}",
    ...
]
```

5. 具体实施方式

ID 拉通引擎的整体执行流程如图 8-1 所示。ID 拉通引擎从 Kafka 中消费实时的行为数据，并借此构造 ID 关系；再使用 ID 关系进行权重提升操作；权重提升操作完毕，针对 ID 关系中出现的 ID，进行 ID 到 SuperID 归属的重新计算；当计算完成后，将会产出 ID 快照数据，并最终将这些数据同步到 Redis 中。至此，一批行为数据处理完毕。

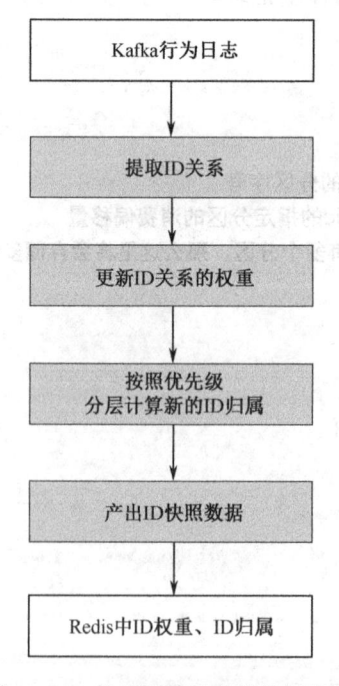

图 8-1 ID 拉通引擎的整体执行流程

（1）提取 ID 关系。ID 拉通引擎读入的数据为探头程序采集的行为日志，它会从行为日志数据中提取所有的 ID，然后找到 MainID，最终构建 ID 关系，如图 8-2 所示。在一条行为数据中，MainID 将会与除它自己之外的其他 ID 分别建立 ID 关系，即每条行为日志产出的 ID 关系的条数为 $n-1$（n 为该行为日志中 ID 的数量）。

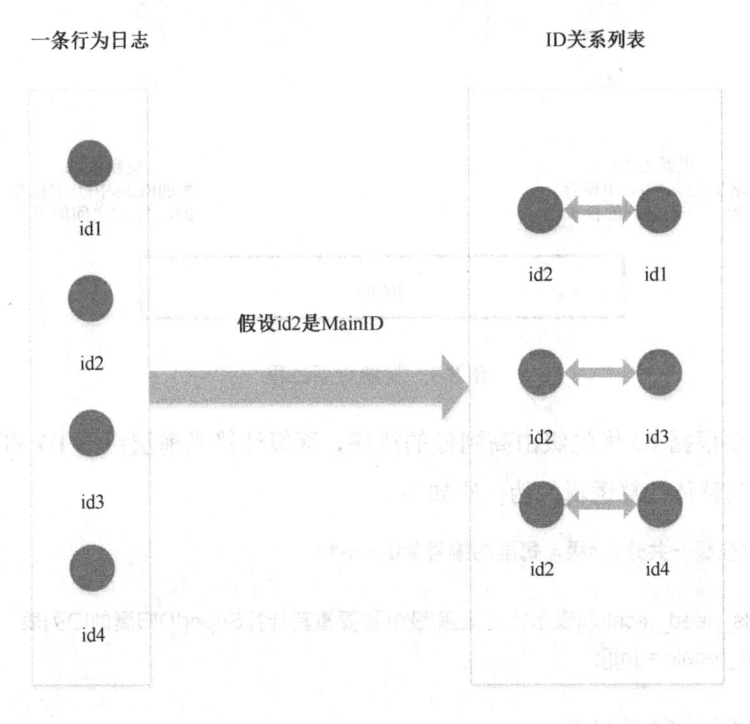

图 8-2 ID 拉通列表

（2）更新 ID 关系权重。根据上一步生成的 ID 关系，更新数据库中 ID 关系的权重，为后续 ID 到 SuperID 的归属的变更计算做准备。拉通更新过程如图 8-3 所示。通过以上的"拆分—更新"的方法，可以保证在更新数据库时并行执行，而不会出现缓存读写不一致的问题。

（3）按照优先级，分层计算新的 ID 归属。ID 拉通引擎的拉通逻辑中引入了优先级，目的是实现更切合实际业务场景的拉通逻辑：优先级较低的 ID 的 SuperID 归属的变更不会对优先级较高的 ID 造成任何影响；优先级较高的 ID 的 SuperID 归属的变更会对优先级较低的关联 ID 造成影响。

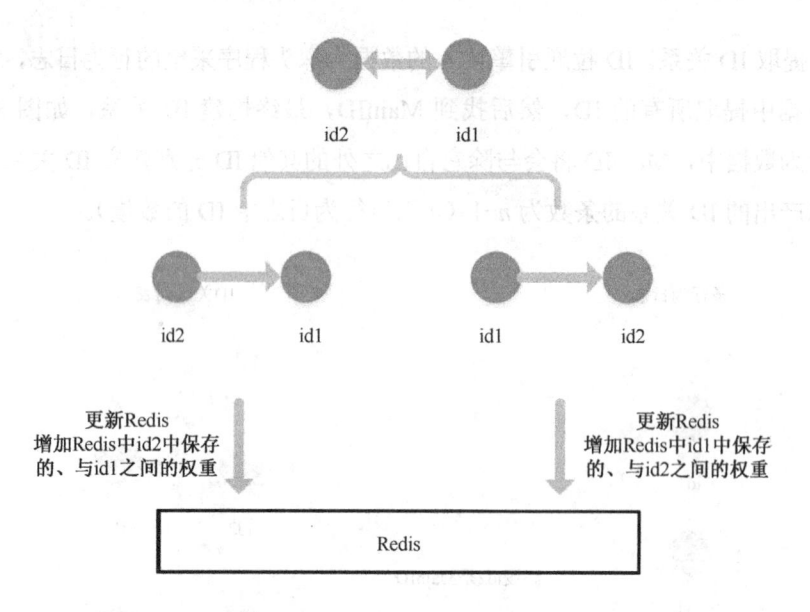

图 8-3 拉通更新过程

因此需要根据 ID 优先级由高到低的排序，逐级计算当前层级的 ID 的 SuperID 归属的变更。其整体计算逻辑的伪代码如下。

```
// 假设优先级一共分为n级，每层的编号为 0 ~ n-1

// 其中ids_need_recalc[i]表示优先级第i级中需要重新计算SuperID归属的ID列表
ids_need_recalc = [n][];

for ( int i = 0 ; i < n ; i ++ ){
    cur_level_ids = ids_need_recalc[i];

    // 注意受到当前优先级ID的SuperID归属变更影响的ID列表
    // 该ID列表的数据结构的含义与ids_need_recalc一致
    // 受ID拉通原则的影响，affected_ids_arr[0] ~ affected_ids_arr[i]必然是空数组
    affected_ids_arr[n][] = recalc( cur_level_ids );

    // 将affected_ids_arr中的相应数组加入ids_need_recalc，等待下轮迭代时进行重新计算
    for ( int j = i+1 ; j < n ; j ++ ){
        ids_need_recalc[j].addAll( affected_ids_arr[j] );
    }
}
```

其中，ids_need_recalc 的初始数据来源于上一步计算出的 ID 关系。将 ID 关系中所有出现过的 ID 进行汇总去重，然后按照不同的优先级进行划分，最终构建得到

ids_need_recalc 数组。

下面详细介绍指定优先级的 ID 的 SuperID 计算逻辑，ID 拉通优先级如图 8-4 所示。

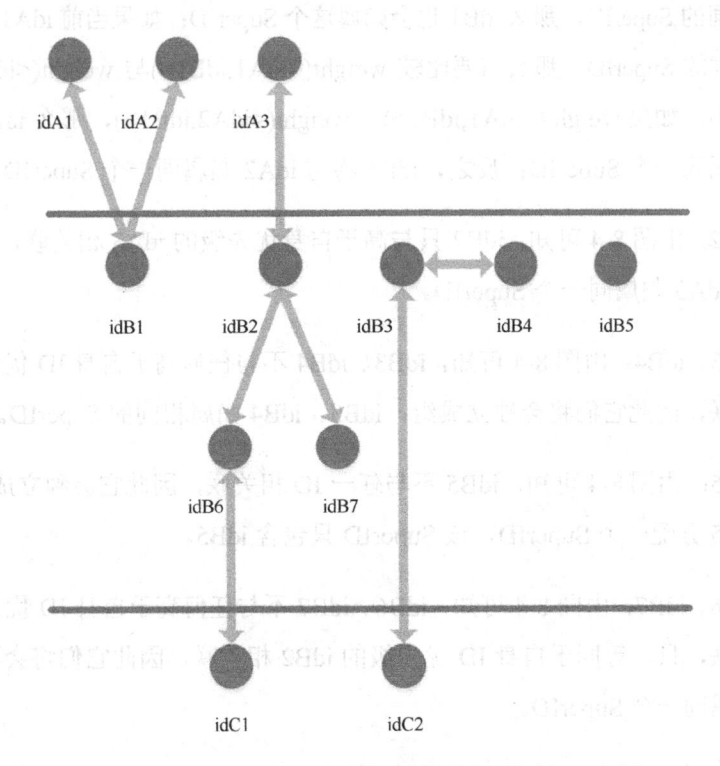

图 8-4 ID 拉通优先级

图 8-4 中的信息说明：图中涉及的 ID 包括 idA1、idA2、idA3、idB1、idB2、idB3、idB4、idB5、idB6、idB7、idC1、idC2；其中，idA1、idA2、idA3 具有相同的 ID 优先级，idB1、idB2、idB3、idB4、idB5、idB6、idB7 具有相同的 ID 优先级；idC1、idC2 具有相同的 ID 优先级，图中出现的 ID 关系包括<idA1,idB1>、<idA2,idB1>、<idA3,idB2>、<idB2,idB6>、<idB2,idB7>、<idB3,idB4>、<idB3,idC2>、<idB6,idC1>。

假设，下面要计算 idB*这一层级的 ID 的 SuperID 归属，包括 idB1、idB2、idB3、idB4、idB5、idB6、idB7。

按照拉通逻辑，当前时刻 idA*这一层级的 ID 的 SuperID 归属都已经计算完毕，即此时可以确保 idA1、idA2、idA3 都已经对应了各自的 SuperID。

以下分别对 idB*这一层级的所有 ID 的 SuperID 归属进行重新计算。

- idB1：由图 8-4 可知，idB1 同时与高于自身优先级的 idA1、idA2 相关联，因此 idB1 属于哪个 SuperID 取决于 idA1 和 idA2。如果当前 idA1 和 idA2 属于相同的 SuperID，那么 idB1 也会归属这个 SuperID；如果当前 idA1 和 idA2 属于不同的 SuperID，那么需要比较 weight(<idA1,idB1>)与 weight(<idA2,idB1>)的大小；如果 weight(<idA1,idB1>) > weight(<idA2,idB1>)，那么 idB1 将与 idA1 归属同一个 SuperID；反之，idB1 将与 idA2 归属同一个 SuperID。

- idB2：由图 8-4 可知，idB2 只与高于自身优先级的 idA3 相关联，因此 idB2 将与 idA3 归属同一个 SuperID。

- idB3、idB4：由图 8-4 可知，idB3、idB4 不与任何高于自身 ID 优先级的 ID 相关联，因此它们将会独立成组：idB3、idB4 归属相同的 SuperID。

- idB5：由图 8-4 可知，idB5 不与任一 ID 相关联，因此它会独立成组。单独为 idB5 分配一个 SuperID，该 SuperID 只包含 idB5。

- idB6、idB7：由图 8-4 可知，idB6、idB7 不与任何高于自身 ID 优先级的 ID 相关联，只与等同于自身 ID 优先级的 idB2 相关联，因此它们将会与 idB2 一起归属同一个 SuperID。

当计算完毕，即上文伪代码描述中的 recalc(cur_level_ids)计算完毕，将会返回 affected_ids_arr，按照图 8-4 的拉通结果，affected_ids_arr[idB*层级]的值为[idC1,idC2]，即为下轮迭代时需要重新计算 SuperID 归属的 ID 列表。

（4）产出快照数据。ID 快照数据是指在 ID 拉通引擎消费行为日志后，ID 关系的权重变更、ID 到 SuperID 的归属变更的记录。快照数据产出逻辑如图 8-5 所示。

如图 8-5 所示，假设当前时刻为 T1，处理完第一批 ID 关系之后时刻为 T2；处理完第二批 ID 关系之后时刻为 T3。T1 时刻 Redis 中数据的状态与 T2 时刻 Redis 中数据的状态的差异，即为<T1,T2>的快照数据；T2 时刻 Redis 中数据的状态与 T3 时刻 Redis 中数据的状态的差异，即为<T2,T3>的快照数据。

那么，当 Redis 中的数据与 T1 时刻保持一致时，如果有<T1,T2>的快照数据，就可得到 T2 时刻的 Redis 中数据的状态；如果有<T1,T2>、<T2,T3>的快照数据，就可得到 T3 时刻的 Redis 中数据的状态。

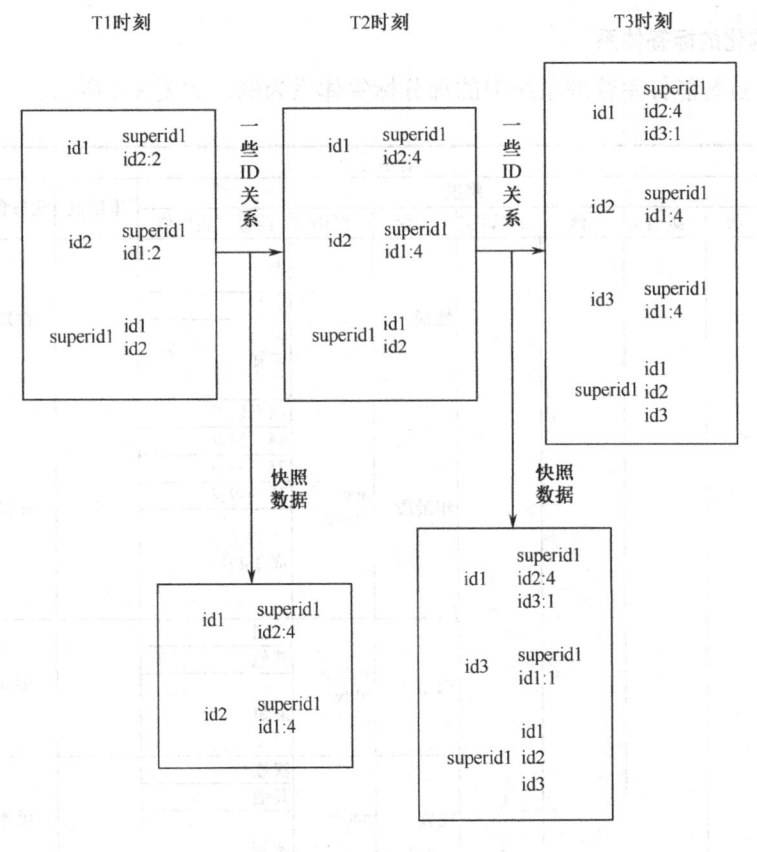

```
T1时刻              T2时刻                    T3时刻

┌──────────────┐        ┌──────────────┐              ┌──────────────┐
│ id1  superid1│        │ id1  superid1│              │      superid1│
│      id2:2   │ 一      │      id2:4   │ 一            │ id1  id2:4   │
│              │ 些      │              │ 些            │      id3:1   │
│              │ ID      │              │ ID            │              │
│ id2  superid1│ 关      │ id2  superid1│ 关            │      superid1│
│      id1:2   │ 系      │      id1:4   │ 系            │ id2  id1:4   │
│              │        │              │              │              │
│              │        │              │              │      superid1│
│      id1     │        │      id1     │              │ id3  id1:4   │
│ superid1     │        │ superid1     │              │              │
│      id2     │        │      id2     │              │      id1     │
└──────────────┘        └──────────────┘              │ superid1 id2 │
        │                       │                    │      id3     │
        │ 快照                   │ 快照                 └──────────────┘
        │ 数据                   │ 数据
        ▼                       ▼
┌──────────────┐        ┌──────────────┐
│      superid1│        │      superid1│
│ id1  id2:4   │        │ id1  id2:4   │
│              │        │      id3:1   │
│              │        │              │
│      superid1│        │      superid1│
│ id2  id1:4   │        │ id3  id1:1   │
└──────────────┘        │              │
                        │      id1     │
                        │ superid1 id2 │
                        │      id3     │
                        └──────────────┘
```

图 8-5　快照数据产出逻辑

推而广之，如果系统启动之前的时刻为 T0（Redis 中无任何数据），那么只需要确保有<T0,T1>、<T1,T2>……<T(n-1),Tn>的快照数据，即可恢复到 Tk（1≤k≤n）时刻的 Redis 中数据的状态。

该部分数据是为了方便与其他业务系统对接及数据灾备而考虑的。定期将 ID 快照数据导入磁盘存储系统中，除可以交给其他业务系统使用之外，还可以起到一个容灾的功能：在必要时刻进行数据恢复工作。

8.1.2　结构化标签体系和非结构化标签体系

标签体系分为两个大类，分别为结构化的标签体系和非结构化的标签体系。在日常的工作中，大多数情况下使用的是结构化的标签体系，前面的章节也是在使用结构化的标签体系进行说明。这里再用一些具体的实例对结构化和非结构化的标签体系进行说明。

1. 结构化的标签体系

以百分点智能标签管理系统中的部分标签体系为例，如图8-6所示。

标签定义							维度值	业务含义
维度								
一级	一级语文	二级	二级语文	三级	三级语文	四级（属性值）		
人口统计学	demographic	基本信息	bas_imfor	性别	sex	男	1	性别
						女		
						未知		
					年龄段	age_group	18岁以下	1	年龄
						18～24岁		
						25～34岁		
						35～49岁		
						高于49岁		
					国籍	nationality	中国	1	国籍
						其他		
						未知		
					民族	nation	汉族	1	民族
						其他		
						未知		
					出生地	place_origin	山东	0	籍贯
						河北		
						…		
					婚姻状况	marriage	未婚	1	
						丧偶		
						离异		
						其他		
						已婚		
						未知		
					学历	edu	高中及以下		
						大专		
						本科		
						硕士		
						博士及以上		

图8-6 百分点智能标签管理系统中的部分标签体系

从图 8-6 可以看出，结构化的标签体系比较规整，整体上呈现树状结构或由多棵树组成的森林结构，标签体系的每一个节点的上下级有明显的父子关系。这类标签体系中的标签相对来说比较简单直接，大部分可以通过用户的属性直接映射或统计得出，如性别、年龄段、国籍、婚姻状况、学历等标签。

2. 非结构化的标签体系

相对于结构化的标签体系，非结构化的标签体系往往用于描述用户兴趣或偏好，这类标签目前大量应用在搜索引擎的广告业务或各类新闻、资讯、视频应用之中。与人的属性不同，兴趣或偏好往往彼此之间没有强关联的层级关系，也不能因为一个用户拥有子节点的标签就推断他拥有父节点的标签，或是因为一个用户拥有父节点的标签就推断他拥有子节点的标签。以新浪门户网站为例，如图 8-7 所示。

图 8-7 新浪门户网站

在新浪门户网站首页的文章分类中，可以看到在父分类"娱乐"下面包含 3 个子分类：明星、电影、星座。首先，这种层级划分的方式并不是强关联的，更多的是根据语意或自身的业务需求进行的划分方式，有些人可能更愿意把星座归为情感类或占卜类。其次，当用这些标签去描述一个人的兴趣或偏好时，父子节点并不一定具有继承关系。如果一个人大量地阅读了娱乐新闻，可以说他身上具有"娱乐"这个标签，但是不能说这个人会喜欢"娱乐"分类下的所有子类目，即把"明星""电影""星座"这 3 个标签打在这个人身上。同样，如果这个人阅读了大量的明星新闻，也不能将"娱乐"这个标签打在这个人身上，因为有可能这个人只是关心明星"八卦"而不是关心包含明星参演电影在内的所有娱乐新闻。

8.1.3 标签体系的构建

构建标签体系是为了更好地支持业务。无论是使用标签体系支持产品设计和改进的决策，或者是支持精准营销、个性化推荐等应用，都需要有针对性地设计标签体系。在做精细化的营销活动时，一家基金公司除关注用户的性别、年龄段、国籍、婚姻状况、学历、职业等相对基础通用的标签之外（大多数为结构性标签体系的内容），还会关心每个用户的投资偏好（股票基金、债券基金、货币市场基金、期货基金等）、风险与收益偏好（成长型、收入型、稳定型等）等和业务紧密相关的标签；如果是一家服装公司，那么该公司关注的标签除基础的通用标签之外，还会关注服装的品牌偏好、服装尺码、服装风格等与其业务紧密关联的标签。由此可见，每个企业在构建其所需要的标签体系时，都需要根据业务需求和使用场景有针对性地构建。

在实际的用户画像应用中，希望利用标签体系描绘出尽量多维度的信息，即希望构建出的是一个360°的全景用户画像，描绘这个画像的标签体系所用到的数据不仅是一些简单的属性数据或事实数据，还会用到大量的行为数据。构建的标签体系既有结构化的标签体系，又有非结构化的标签体系。以金融行业的部分标签体系为例，如图8-8所示。

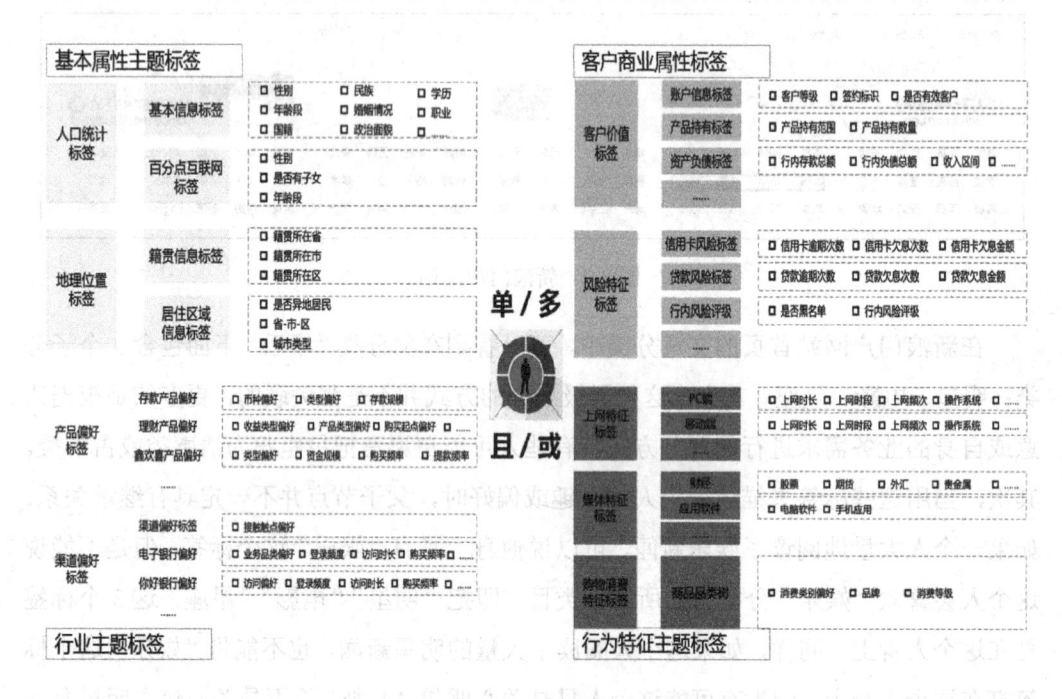

图8-8 金融行业的部分标签体系

在构建标签体系时，往往是以模块化的方式构建。构建的思路是尽量"穷举""互斥"。"穷举"是指在设计标签体系时，尽量先列举所有与业务相关的标签应用场景，再在场景之上去构建标签。"互斥"是指每一个标签模块和标签都尽量地描述一个人的不同维度。这种"穷举""互斥"的模块化构建标签体系的方式有两个好处。

首先，能尽可能地从不同的角度来描绘一个人的某一个维度的特征。第7章对用户画像标签体系了描述：标签体系是对现实世界中一类实体的一个描述方式，从标签体系的顶级分类到最末级标签的路径是站在一个视角的一个描述，这个完整的路径才是使用标签体系对现实世界的实体进行一次的无歧义描述。从这里可以发现，只有"穷举""互斥"的标签体系才能在业务上进行一次无歧义描述。

其次，标签具有组合性。虽然在构建标签体系时是站在业务场景上去思考的，但是在真正使用中，很难通过单个的标签来描述一个业务场景，这时就需要将不同的标签加上逻辑关系组合起来。例如，可以组合标签"债券基金"与"稳定型"找到对保本类型的债券基金偏好度大的客户进行定向营销。

每一个企业在构建自己的标签体系的时候都会有一套自己的规范，但是核心的理念都是相同的。下面以百分点的标签体系为例，来说明构建标签体系的注意事项。

1. 标签体系的构成

完整的标签体系由3个部分组成：标签分类体系、标签名称和标签值。其中，标签分类体系是指按照一定的方法论，将一些不同的标签归纳到不同的分类中，并将这些分类按照某种规范形成结构和层级。在构建这个分类时应当尽量地遵从"穷举""互斥"的模块化思路，如图8-9所示。

标签定义									
维度						值	区间下限	区间上限	维度值
一级	一级英文	二级	二级英文	三级	三级英文	四级			
人口统计学		互联网信息	inter_infor			残疾	残疾			0/1
				性别	sex_hle	男	男			0/1
						女	女			0/1
				年龄段	age_group_hlw	18岁以下	18岁以下		17岁	0/1
						18~24岁	18~24岁	18岁	24岁	0/1
						25~34岁	25~34岁	25岁	34岁	0/1
						35~49岁	35~49岁	35岁	49岁	0/1
						50岁以上	50岁	50岁		0/1
				所属年代	years_hlw	90岁及以后	90岁及以后		1990年	0/1
						80后	80后	1989年	1980年	0/1
						70后	70后	1979年	1970年	0/1
						60后及以前	60后及以前	1969年		0/1

图8-9 "穷举""互斥"模块化思路

图8-9中是四级标签体系中的一部分，包含一级标签分类、二级标签分类、三级标签名称和四级标签值。下面以"人口统计学（一级标签分类）>>互联网信息（二级标签分类）>>性别（三级标签名称）>>男/女（四级标签值）"为例来详细说明标签体系和标签体系中应该注意的事项。

（1）一级分类和二级分类是客户根据自身业务选择的标签分类体系。用户下面有多个一级分类，人口统计学是其中一个以人口属性为描述维度的标签分类；互联网信息是人口统计学下多个二级分类中的一个，是描述用户互联网人口属性的二级分类。标签分类自身是不限制层级的，要根据业务需要选择分类的层级数。

（2）四级标签是三级标签的标签值。男/女是三级标签名称（性别）的标签值，所有的四级标签都是值，用来表示所对应的三级标签的状态。

（3）三级标签名称+四级标签值构成对用户的一个完备的属性描述。性别+男/女是完整的对用户人口统计学（一级分类）中互联网信息（二级分类）的一个描述，说明了用户互联网性别这一属性。从这里也可以看出，从一级标签分类到标签值就是使用标签体系从一个角度对现实世界中的人进行了一次完备的描述。

2. 标签名称及标签值的说明

（1）更新周期：在现实世界中的人不是一成不变的，同样，收集到的用户的行为数据及其他数据会发生变化，因此标签会有更新的周期。标签数据的更新周期，一般分为天、周、月3个类型，根据业务场景填写对应的类型。

（2）同级纬度互斥：表示两个或两个以上的标签能否打在同一个用户身上。如性别男或女只能给用户打一个，性别标签就是互斥的；而手机品牌可以给用户打上多个品牌的标签，那么手机品牌就不是互斥的。

（3）维度和为1：表示标签是否能够穷举，如省份能够穷举，服装品牌不能穷举。可穷举的和为1，不可穷举的则和不为1。

3. 标签的产出方法

在百分点的标签方法论中，标签的产出方法可分为3种，分别为填充、统计、算法/模型。

（1）填充：如性别、职业等这种不需要任何计算就能打上的标签。这种标签多是事实类标签，标签的生产没有复杂的计算逻辑，只需要将事实数据抽取生产成标签即可。在部分情况下，可能会多做一次"转码"的工作。例如，在一些系统中，数据库中存储的性别并非"男"或"女"，而是"male""female"或者其他字段，在进行数据抽取时就需要将"male"转换为标签值"男"，"female"转化为标签值"女"。

（2）统计：如总消费金额，需要计算每次消费的金额，则为统计。业务系统中记录的往往是详细数值或总数值,如交易系统中会记录客户的每笔消费金额,会员管理系统中会记录每个会员每年的总消费金额。在实际的应用场景中往往会将这些数值进行区间段划分,以便描绘出更加具有业务含义的用户画像。例如,将年消费金额 10 万元以上的客户打上钻石会员的标签,将单笔交易金额大于 500 元的客户打上高价值客户的标签。这种把具体数值统计之后再划分区间来产生不同标签值的标签生产方法称为统计。

(3)算法/模型:一般应用于需求预测、偏好分析类的标签,是由多个行为因子组成的复杂计算。这种标签往往没有固定的生产方法,需要结合实际的业务情况及数据情况进行算法或模型的建立,即使是用同一个算法或模型来生产一个名称相同的标签值,在不同的业务场景下,算法或模型的参数也会不尽相同。

4. 更新周期

更新周期是指标签数据的更新周期,一般可以划分为按天更新、按周更新、按月更新、按年更新等,具体的标签更新周期同样要取决于业务场景和业务诉求。值得一提的是,标签是对用户特征的一种属性描述,这意味着标签和原始数据有着差别,是在原始数据的基础上结合业务场景生产加工而得来的,因此大多数情况下标签不会实时更新。

8.2 标签体系的分析方法及应用

用户画像在业务上的应用很多,如个性化推荐、风控、精准营销等。本节主要说明用户画像标签体系的自身分析应用。除去用户画像在业务中的应用,自身的应用主要在统计分析维度,可以使用标签体系进行宏观和微观的分析。例如,可以通过一个群体的标签覆盖比例来判断出一个群体的大致情况,对群体做出一个宏观的描述和判断;也可以通过分析一个用户个体的标签演变路径来对这个个体用户的未来画像做出一个预测。下面从群组构建、用户群组分析、微观画像这 3 个典型的标签应用场景来对用户画像标签体系的应用进行说明。

8.2.1 群组构建

标签是从不同维度对人进行了描述刻画。在构建出符合自身需求的标签体系之后,可以使用标签筛选出符合要求的目标群组。由于标签是对现实世界进行数学建模之后的描述，因此用标签创建群组的过程和技术人员利用 SQL 对数据库进行查询的过程是十分相似的。当用户画像和标签体系还没有像今天一样深入到企业的工作之中的时候，进行分析的方法大部分是利用 SQL 语句对数据库进行查询，从而得出一些信息。利用标签进行人群筛选，则是通过更加偏向业务化语言的标签加上"与""或""非"这 3 种逻辑判断进行计算的。

假设现在正在运营一家服装类的电商网站，网站刚刚上线了一款价格为 3000 元的潮牌女装，需要找到这款潮牌女装的潜在购买者，以便后续针对这个特定人群进行精准营销。通过这款女装的定位和商品描述，不难想象潜在购买者应该具备如下特征：①性别为女性，因为这次营销活动卖的是女装（当然也有少量男生购买送给女朋友的情况，或者其他情况，这里不作为主要潜在购买人群，不做考虑）；②消费能力较高，因为 3000 元一件的女装相对比较昂贵；③这些人应该很"潮"很"时尚"，还可以根据用户之前在网站上的浏览行为或购物行为来给一些用户打上"潮人"这个标签，或者设想喜欢听嘻哈音乐的人会对潮牌比较偏爱。这样就可以用标签书写一个逻辑表达式来找到本次活动的目标客户了，表达式可以写为："女"AND"高消费能力"AND"喜欢嘻哈音乐"（OR"潮人"）。

从这个例子中可以看出，使用标签可以快速、灵活地筛选出各种目标用户群，有了这些用户群之后，就可以对不同的用户群进行针对性营销或分析了。如图 8-10 所示，先填写好群组的基本定义。

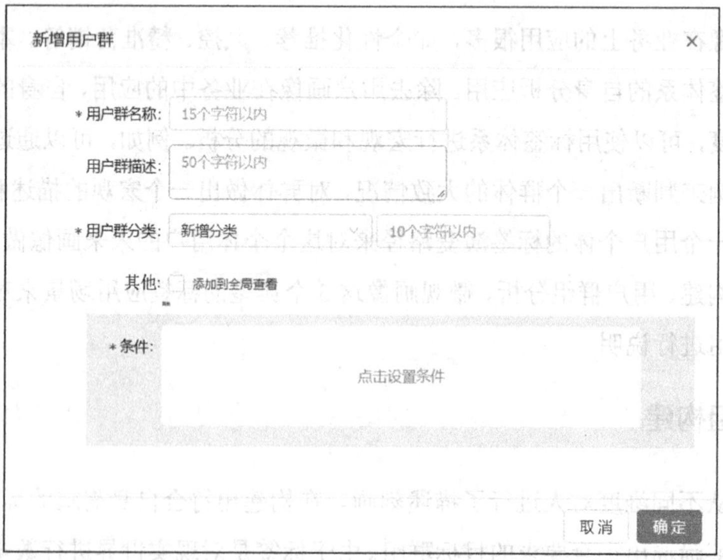

图 8-10　群组定义

然后，使用标签加上逻辑运算来定义一个群组的规则，以定义出一个用户群，如图8-11所示。

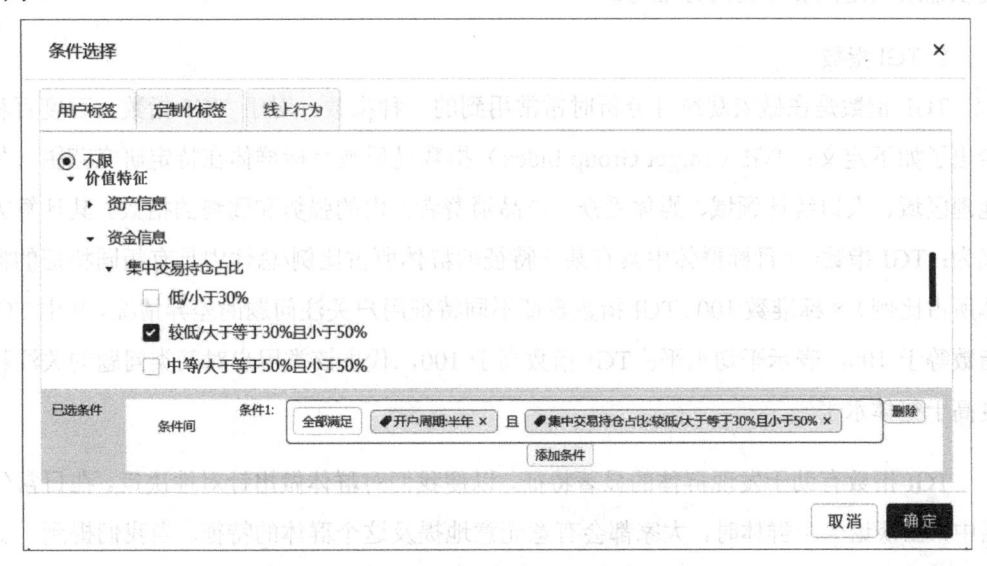

图 8-11　一个群组的规则

8.2.2　用户群组分析

在使用标签构建用户群组之后，还可以对每个群组进行一次宏观分析，以此来对群组有更深入的了解，以便做各种业务决策。对一个宏观群组的分析有很多种方法，下面介绍"标签分布"和"显著特征"这两种方法。

1. 标签分布

企业在做产品的生产、改进、营销等决策时，往往需要使用用户画像对一些宏观指标进行分析，为决策提供支持。例如，一家百货商场在进行选址时，希望了解商圈覆盖范围内人数、用户的属性等宏观情况，以便选择合适的地址建造百货商场；在百货商场建成之后，又希望能够了解到覆盖人群的消费能力、消费偏好，以此来制定招商策略及租金，同时也希望了解覆盖人群的车辆拥有情况及使用情况，以此来决定停车场的面积、车位数、收费规则等。在构建了标签体系，并且使用标签筛选出用户群之后，就可以使用标签分布对用户群做一个宏观的分析。

标签分布是一个宏观的分析指标，它帮助我们从宏观上了解用户群，辅助我们做出一定的判断。标签分布具体是指在一个用户群内，一个标签名称下不同标签值覆盖人数的分布情况，是在日常生活中经常用到的宏观分布的分析方法。例如，老师会统计自己所管理班级的学生的成绩分布比例以分析整个班级的学习情况；国家会统计人均收入情况以辅助制定扶贫家庭的标准等。

2. TGI 指数

TGI 指数是在做宏观统计分析时常常用到的一种指数。对于 TGI 指数，百度百科给出了如下定义：TGI（Target Group Index）指数是反映目标群体在特定研究范围（如地理区域、人口统计领域、媒体受众、产品消费者）内的强势和弱势的指数。其计算方式为：TGI 指数=（目标群体中具有某一特征的群体所占比例/总体中具有相同特征的群体所占比例）×标准数 100。TGI 指数表征不同特征用户关注问题的差异情况，其中 TGI 指数等于 100，表示平均水平；TGI 指数高于 100，代表该类用户对某类问题的关注程度高于整体水平。

TGI 指数有助于发现群体的显著特征，以便我们对群体做出针对性决策。在日常生活中，在谈论一个群体时，大家都会有意无意地提及这个群体的特征。当我们提到一支职业篮球队时，大家会想到什么？队伍里的队员都很高？队伍里的队员都很有钱？还是其他呢？事实上，这些队员的个子都很高、都很有钱就是在形容篮球队这个群体的特征。在这个例子中，特征是比较明显的。但是，在真实的业务场景中，有时候人群的特征难以直接发现，这时就需要将每一个标签值都当作一个特征，然后计算所有标签值的 TGI 指数，以发现人群的特征。假设研究某部电影的电影票房，并试图找出这部电影在哪一个年龄段内最受欢迎。

经过统计得出，这部电影在某个地区有 10 000 名 15~24 岁的用户观看过，有 12 000 名 25~34 岁的用户观看过，那能说这部电影更加受 25~34 岁这个年龄段用户的欢迎吗？答案是不能。如果该地区一共有 7% 的人去看过这一部电影，在 15~24 岁的年龄区间，该地区一共有 100 000 人，在 25~34 岁这个年龄区间，该地区一共有 240 000 人，那么我们可以计算出在 15~24 岁这个年龄区间，观看过这部电影的 TGI 指数为：（10 000/100 000）/7%×100=142.9；而在 25~34 岁这个年龄区间，观看过这部电影的 TGI 指数为：（12000/240000）/7%×100=71.4。通过 TGI 指数的计算可知，这部电影在这个地区的表现为 15~24 岁这个年龄区间的用户观看的特征值更为突出。

8.2.3 微观画像

微观画像是分析个体的重要依据。当构建了标签体系之后，在进行标签生产时，会将每一个用户的数据整合后打在每一个用户身上,也就是使用标签对每一个人进行描述,如图 8-12 所示。

图 8-12 使用标签对一个用户的描述

通过微观画像可以迅速地了解个体用户,以便针对不同的用户做出不同的决策。例如,当售后服务部门或客服部门和用户进行线上沟通时,如果工作人员能够获取自己正在沟通的用户的用户画像,就能够根据不同用户设定不同的沟通话术,进行有效沟通。同时,还可以根据不同用户的关注点设定不同的售后解决方案或营销方案,大大提升售后服务的客户满意度及线上营销或电话营销的成功率。

8.2.4 用户相似度

在构建用户画像之后,还可以进一步对用户画像的相似度进行分析计算。群体用户画像分析是指用户间的关联分析。通过计算用户画像之间的相似度,可以将高相似度的用户画像划分为一类,可以获得需求相近的用户群。用户画像是目标用户的标签化表示,而这些标签中有些是定量的,有些则是定性的。因此,用户画像之间的相似度计算需要结合定量相似度与定性相似度来进行计算。

群体用户画像分析的流程如下。

(1)用户画像的获取。

(2)用户画像相似度计算。根据不同的用户画像计算相互间的相似度,是区分用户群体的重要指标,也是展开用户画像聚类的前提条件。

（3）用户画像聚类。根据用户画像间的相似度，将相似的用户画像聚为一类。

（4）群体用户画像生成。针对不同类别的用户分别建立有代表性的典型用户画像。

通过群体用户画像分析可以获取需求相近的用户群。

1. 定量相似度计算

定量标签有确定的数值，如用户 Profile 中的年龄等数据，其相似度计算相对简单。对于群体用户画像聚类分析中一组定量标签来说，相似度计算为

$$\text{sim}(u_i, u_j) = \sum_k w_k \text{sim}(\text{profile}_k(u_i), \text{profile}_k(u_j))$$

其中，$\text{sim}(\text{profile}_k(u_i), \text{profile}_k(u_j))$ 表示第 k 个定量标签的权重；$\text{profile}_k(u_i)$、$\text{profile}_k(u_j)$ 表示用户画像 u_i 和用户画像 u_j 在第 k 个定量标签的相似度。

在用户画像相似度的计算过程中，往往会基于多个定量标签的数据来计算相似度。值得注意的是，不同定量标签数值的取值范围可能存在数量级别的差异，从而使得相似度计算过程中，某些定量标签对综合相似度贡献微乎其微。因此，在计算之前，对不同定量标签的数据进行归一化处理就显得尤为重要了。归一化是物理系统中一种无量纲处理手段。在这里，归一化是将不同取值范围的定量标签数据统一映射到 [0,1] 区间。常用的归一化方法有线性函数转换、数函数转换、反正切函数转换等。

线性函数转换为

$$Y = \left| \frac{X - X_{\min}}{X_{\max} - X_{\min}} \right|$$

其中，X、Y 分别标识转换前、转化后的值，$X_{\max}$、$X_{\min}$ 分别标识待转换值的最大值和最小值。

数函数转换为 $Y = \lg X$

反正切函数转换为

$$Y = \frac{a \tan(X)^2}{\pi}$$

欧氏距离（Euclidean Distance）也称为欧几里得距离，是一个通常采用的距离定义，

是多维空间中两点的真实距离，其计算公式为

$$\text{sim}(U_i, U_j) = \sqrt{\sum_k \left(\text{profile}_k(U_i) - \text{profile}_k(U_j)\right)}$$

曼哈顿距离（Manhattan Distance）也称为城市街区距离（City Block Distance），是两个点在标准坐标系上的绝对轴距的总和，其计算公式为

$$\text{sim}(U_i, U_j) = \lfloor \text{profile}_k(U_i) - \text{profile}_k(U_j) \rfloor$$

余弦相似度将用户评分看作一个向量，用向量的余弦夹角度量用户间的相似性，其计算公式为

$$\text{sim}(U_i, U_j) = \sum_k \left(\frac{\text{profile}_k(U_i)}{\sqrt{\sum_k \text{profile}_k^2(U_i)}} \cdot \frac{\text{profile}_k(U_j)}{\sqrt{\sum_k \text{profile}_k^2(U_j)}} \right)$$

然而，上述余弦相似度方法没有包含用户画像各标签数值的统计特征。修正的余弦相似度通过减去群体用户画像各标签数值的平均值来改善上述缺陷。

$$\text{sim}(U_i, U_j) = \sum_k \left(\frac{\text{profile}_k(U_i) - \overline{\text{profile}_k(U_i)}}{\sum_k \text{profile}_k^2(U_i) - \overline{\text{profile}_k(U_i)}} \cdot \frac{\text{profile}_k(U_j) - \overline{\text{profile}_k(U_j)}}{\sum_k \text{profile}_k^2(U_j) - \overline{\text{profile}_k(U_j)}} \right)$$

对于二元变量，即取值只为0和1两种，如果采用以上方法就不能很好地标识其相似度，因此一种常用的方法是计算Jaccard系数，Jaccard系数计算公式为

$$\text{sim}(U_i, U_j) = \left[\frac{\text{profile}(U_i) \cap \text{profile}(U_j)}{\text{profile}(U_i) \cup \text{profile}(U_j)} \right]$$

2. 定性相似度计算

定性标签通过概念来表示。由于定性标签没有确定的数值，其相似度计算不能采取像定量标签那样直接的计算方法。定性相似度的计算可以从两个方向展开：一个是将定性标签映射为定量标签，进而采用定量标签的相似度计算方法；另一个是直接采用概念的相似度计算方法。

定性标签映射为定量标签时需要首先构建映射规则。云模型（Cloud Model）是李德毅院士提出的定性和定量转换模型，能够实现定性概念与其数值之间的不确定性转换，已经在智能控制、模糊评测等多个分类得到应用。

定义 云和云滴：设 U 是一个用数值表示的定量论域，C 是 U 上的定性概念，若定量值 x 为 U 是定性概念 C 的一次随机实现，x 对 C 的确定度 $u(x) \in [0,1]$ 是有稳定倾向的随机数，$\mu: U \to [0,1]$，$\forall x \in U$，$x \to \mu(x)$，则 x 在论域 U 上的分布称为云，记为云 $C(X)$。每个 x 称为一个云滴。如果概念对应的论域是 n 维空间，那么可以拓广至 n 维云。

通过正向云算法，可以把定性概念的整体特征变换为定量数值表示，实现概念空间到数值空间的转换。

算法：正向云算法。

输入：表示定性概念 C 的 3 个数字特征值 E_x、E_n、H_e（$E_x \geq E_n \geq H_e$）；云滴数 N。

输出：N 个云滴的定量值，以及每个云滴属于概念 C 的确定度。

算法步骤如下。

（1）生成区间 $[E_n-H_e, E_n+H_e]$ 上的一个均匀随机数 E_n'。

（2）生成以 E_x 为期望值、$(E_n')^2$ 为方差的一个正态随机数 x。

（3）令 x 为定性概念 C 的一次具体量化值，称为云滴。

（4）计算令 y 为 x 属于定性概念 C 的确定度，$\{x, y\}$ 完整地反映了这一次定性定量转换的全部内容。

（5）重复步骤（1）～（4），直到产生 N 个云滴。

第9章 用户画像的大数据应用

9.1 用户画像与推荐系统

9.1.1 推荐系统简介

随着互联网的快速发展，社会早已进入了一个信息爆炸的时代。那么，如何在这个时代找到自己所需要的信息就成为在互联网上进行信息获取时的一个新问题。人们在互联网上获取信息的途径大致可以分为主动搜索和被动推荐两种。主动搜索是指人们在获取信息时目标明确，通过各种搜索引擎或搜索栏来主动寻找自己所需要的信息；而被动推荐则是指用户在对自己所需信息不明确的情况下，由个性化推荐系统将用户可能感兴趣或需要的信息推送给用户，再由用户被动地选择接收或不接收个性化推荐系统所推送的信息。

对于个性化推荐系统，百度百科给出了如下定义：个性化推荐系统是互联网和电子商务发展的产物，它是建立在海量数据挖掘基础上的一种高级商务智能平台，向顾客提供个性化的信息服务和决策支持。在这里给出个性化推荐系统更加贴合业务场景的一句描述：个性化推荐系统是将合适的内容，以合适的方式，在合适的时间、合适的地点推荐给合适的人。目前，个性化推荐系统已经被广泛地应用在人们的生活之中。如电商平台给大家推荐的"猜你喜欢"的商品。再比如，大家在利用各种 App 或网站观看资讯、文章、视频、短视频时，或者使用软件听音乐时，这些 App 或网站大多都会推荐给不同的用户一些不同的内容，而这些内容就是个性化推荐系统在对每一个人进行计算之后所推荐的。在越来越多的场景下，没有个性化推荐系统，大家会不知所措。想象一下，在一天的忙碌工作之后，想要打开一款短视频 App 来看一些有意思的短视频来放松一下，这时如果没有个性化推荐系统给我们的推荐内容，面对应用中可能需要对以亿为单位的内容做出选择真的是无从下手，很难找到我们感兴趣并且感到轻松愉快的内容。

9.1.2　矩阵计算

在用户画像的应用中，个性化推荐是与之结合最紧密的。下面以个性化推荐系统所使用的一个经典算法"基于用户的协同过滤"推荐算法为例，让大家对个性化推荐有一个初步的了解。

1. 算法基本思想

有一句话说"物以类聚，人以群分"，基于用户的协同过滤算法就是基于这个思想的，认为相似的人可能会有着相似的喜好。以看电影为例进行说明。如果用户 A 喜欢《蝙蝠侠》《碟中谍》《星际穿越》《源代码》等电影，用户 B 也喜欢这些电影，而且他还喜欢《钢铁侠》，那么很有可能用户 A 也会喜欢《钢铁侠》这部电影。

因此，在某些场景下，当用户 A 需要个性化推荐时，可以先找到和他兴趣相似的用户群体 G，然后把 G 喜欢的并且 A 没有听说过的物品推荐给 A，这就是基于用户的系统过滤算法。

2. 原理

根据上述基本原理，可以将基于用户的协同过滤推荐算法拆分为两个步骤。

（1）找到与目标用户兴趣相似的用户集合。

（2）找到这个集合中用户喜欢的，并且目标用户没有听说过的物品推荐给目标用户。

发现兴趣相似的用户：通常用 Jaccard 公式或余弦相似度计算两个用户之间的相似度。设 $N(u)$ 为用户 u 喜欢的物品集合，$N(v)$ 为用户 v 喜欢的物品集合，那么 u 和 v 的相似度是多少呢？

Jaccard 公式：

$$W_{uv} = \frac{|N(u) \cap N(v)|}{|N(u) \cap N(v)|}$$

余弦相似度：

$$W_{uv} = \frac{|N(u) \cap N(v)|}{\sqrt{|N(u)| \times |N(v)|}}$$

9.1.3 基于用户的协同过滤示例

1. 物品推荐

假设目前有 4 个用户：A、B、C、D；有 5 个物品：a、b、c、d、e。用户与物品的关系（用户喜欢物品）如图 9-1 所示。

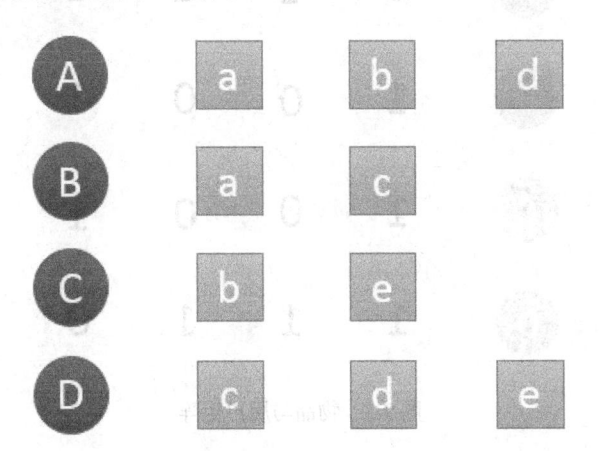

图 9-1 用户与喜欢的物品之间的关系

如何计算所有用户之间的相似度呢？为计算方便，通常首先需要建立物品用户的倒排表，如图 9-2 所示。

然后，对于每个物品和喜欢它的用户，两两之间相同物品加 1。例如，喜欢物品 a 的用户有 A 和用户 B，那么在矩阵中他们两两加 1，如图 9-3 所示。

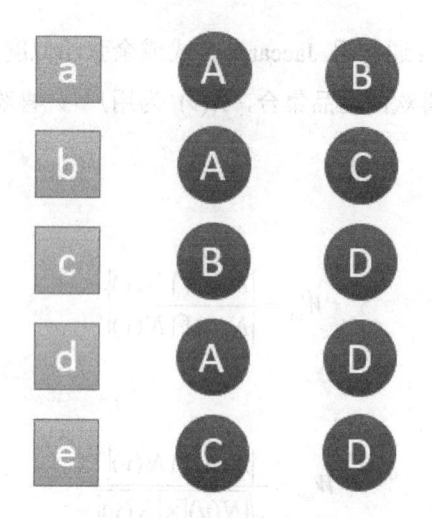

图 9-2　物品与用户的倒排表

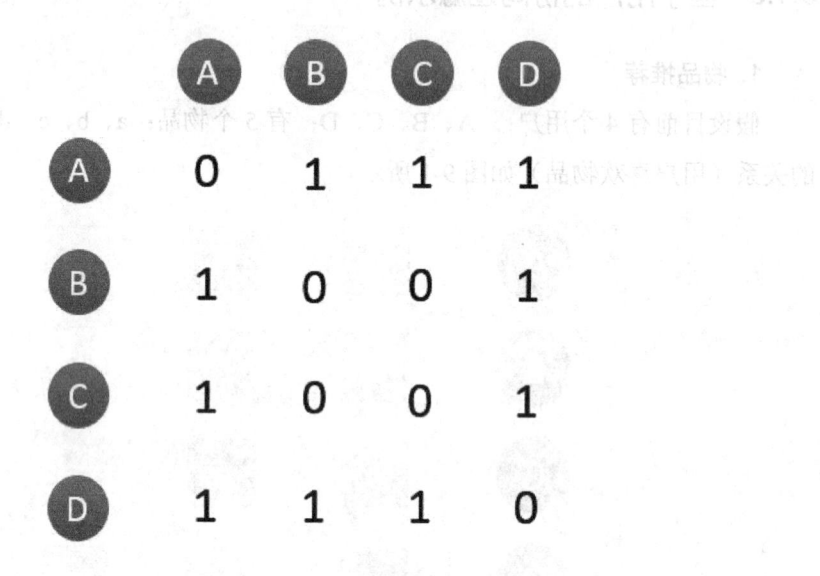

图 9-3　物品与用户矩阵

计算用户两两之间的相似度，上面的矩阵代表的是公式的分子部分。以余弦相似度为例，对图 9-3 所示进行进一步的计算，得出的用户与用户公司相似度如图 9-4 所示。

至此，计算用户相似度的工作就结束了，可以很直观地找到与目标用户兴趣相似的用户。

	A	B	C	D
A	0	$\frac{1}{\sqrt{3\times2}}$	$\frac{1}{\sqrt{3\times2}}$	$\frac{1}{\sqrt{3\times3}}$
B	$\frac{1}{\sqrt{3\times2}}$	0	0	$\frac{1}{\sqrt{3\times2}}$
C	$\frac{1}{\sqrt{3\times2}}$	0	0	$\frac{1}{\sqrt{3\times2}}$
D	$\frac{1}{\sqrt{3\times3}}$	$\frac{1}{\sqrt{3\times2}}$	$\frac{1}{\sqrt{3\times2}}$	0

图 9-4 用户与用户之间相似度

下面介绍推荐物品的算法步骤。

首先需要从矩阵中找出与目标用户 u 最相似的 k 个用户，用集合 $S(u,k)$ 表示，将 S 中用户喜欢的物品全部提取出来，并去除 u 已经喜欢的物品。对于每个候选物品 i，用户 u 对它感兴趣的程度用如下公式计算。

$$P(u,i) = \sum_{v=S(u,k)\cap N(i)} w_{uv} \times r_{vi}$$

式中，r_{vi} 表示用户 v 对 i 的喜欢程度，在本例中都为 1，在一些需要用户给予评分的推荐系统中，则要代入用户评分。

举例说明，假设我们要给用户 A 推荐物品，选取 k=3 个相似用户，相似用户为 B、C、D，那么他们喜欢过并且 A 没有喜欢过的物品有 c、e，分别计算 $P(A,c)$ 和 $P(A,e)$：

$$P(A,c) = w_{AB} + w_{AD} = 1/\sqrt{6} + 1/\sqrt{9} = 0.7416$$
$$P(A,e) = w_{AC} + w_{AD} = 1/\sqrt{6} + 1/\sqrt{9} = 0.7416$$

用户 A 对 c 和 e 的喜欢程度可能是一样的，在真实的推荐系统中，按得分排序，取前几个物品就可以了。

2. 园友推荐

在社交网络的推荐中,"物品"其实就是"人","喜欢一件物品"变为"关注的人",这里用上面的算法实现为本人推荐 10 个园友。

推荐 10 名与本人的兴趣最相似的园友,如表 9-5 所示。

表 9-1 推荐 10 名与本人兴趣最相似的园友

昵称	关注数量	共同数量	相似度
蓝枫叶 1938	5	4	0.373001923296126
FBI080703	3	3	0.361157559257308
鱼非鱼	3	3	0.361157559257308
Lauce	3	3	0.361157559257308
蓝色蜗牛	3	3	0.361157559257308
shanyujin	3	3	0.361157559257308
Mr.Huang	6	4	0.340502612303499
对世界说你好	6	4	0.340502612303499
strucoder	28	8	0.31524416249564
Mr.Vangogh	4	3	0.312771621085612

由于只为我一个人做用户推荐,因此没有必要建立一个庞大的用户两两之间相似度的矩阵。与我兴趣相似的园友只会在这个群体产生:我关注的人的"粉丝"。除我自己之外,目前我一共关注了 23 名园友,这 23 名园友一共有 22 936 个唯一"粉丝",我对这 22 936 个用户逐一计算了相似度,相似度排名前 10 的用户一共推荐了 25 名园友,计算得到兴趣度并排序,如表 9-6 所示。

表 9-2 推荐的 25 名与用户相似园友

排序	昵称	兴趣度
1	Wolfy	0.373001923296126
2	Artech	0.340502612303499
3	Cat Chen	0.340502612303499
4	WXWinter(冬)	0.340502612303499
5	DanielWise	0.340502612303499

续表

排序	昵称	兴趣度
6	一路前行	0.31524416249564
7	Liam Wang	0.31524416249564
8	usharei	0.31524416249564
9	CoderZh	0.31524416249564
10	博客园团队	0.31524416249564
11	深蓝色右手	0.31524416249564
12	Kinglee	0.31524416249564
13	Gnie	0.31524416249564
14	riccc	0.31524416249564
15	Braincol	0.31524416249564
16	滴答的雨	0.31524416249564
17	Dennis Gao	0.31524416249564
18	刘冬.NET	0.31524416249564
19	李永京	0.31524416249564
20	浪端之渡鸟	0.31524416249564
21	李涛	0.31524416249564
22	阿不	0.31524416249564
23	JK_Rush	0.31524416249564
24	xiaotie	0.31524416249564
25	Leepy	0.312771621085612

只需按需要取相似度排名前 10 名即可。

通过该例，对个性化推荐有了简单的了解，结合例子中所使用的算法"基于用户的协同过滤"来看用户画像是怎样和个性化推荐相结合的。在例子中，计算用户相似度所使用的数据是"看过电影""喜欢"这种行为。在实际的推荐场景中，经常使用用户画像的标签来对不同用户进行相似度的计算。由于在真实的业务中，在数据层面经常会遇到各种各样的数据问题，如数据过多或过少、数据比较分散等，在这种情况下不方便使用行为数据直接计算用户之间的相似度。这时，需要用到标签来计算相似度。

首先将分散的行为数据做拉通处理，产出各种标签（用于个性化推荐相关算法计算的往往是一些兴趣类或偏好标签），然后将这些标签代入算法的公式中进行计算，从而得出结果。在使用协同过滤进行用户相似度计算时，由于行为数据的维度有时会非常多，在这种情况下进行相似度的计算就会遇到问题。因为不在一个维度上的数据不能直接进行计算，这时可以将行为数据先通过一定的方法和规则加工成标签，再使用标签进行相似度的计算。

另外，所有的个性化推荐系统都会遇到一个共性问题，那就是"冷启动"问题，即系统在刚刚上线投入使用之时，是没有或只有很少的行为数据可供系统进行计算的。这时，使用标签进行计算也是一种比较好的方案。系统可以通过计算用户自行选择的偏好标签进行前期的个性化推荐。时至今日，在个性化推荐领域中已经有诸多算法投入使用，如协同过滤的推荐方法、基于内容的推荐方法、基于知识的推荐方法等。不同的算法在不同的应用领域中也取得了不错的效果。

但是，在很多情况下，还是需要将个性化推荐系统所计算出的结果再进行一次业务规则的处理。这种业务规则的定义，很多时候会基于用户画像。例如，在一个电商平台上，个性化推荐系统已经计算出一个用户喜欢哪一种钢笔，在把这只钢笔推送给用户时，如果通过用户画像得知这个用户是男性，那么在此基础上推荐出的钢笔的配色就是黑色而不是红色。因为男性喜欢黑色占比很大。以这种方式捕捉用户的喜好，主动挖掘用户的购买欲，促成消费，提高购买率；还可以通过用户画像得知该用户是有孩子家庭，孩子是男性，孩子年龄在3~6岁之间。根据这样的信息，推荐系统可以推荐一些孩子常用的物品，如智能小汽车、变形金刚等智能遥控玩具；也可以从孩子学习用品进行推荐，如看画识字、简单英语等学习用品，抓住用户的消费心理，也是促成消费的有效方式。类似这样的业务规则，在很多时候都会和用户画像一同发挥作用，最终影响推荐的效果。

9.2 用户画像与智能营销（一）

本节介绍用户画像如何和智能营销相结合。随着越来越多的企业完成了信息化建设和大数据相关建设，企业可以使用"用户画像标签体系+营销场景构建+业务规则+自动触发"的方式实现自动化、智能化的营销手段和方式。

9.2.1 营销场景构建

平时所说的场景一般是指在日常生活或影视作品中，在特定的时间、空间下，人物行为所组成的画面。有经验的运营人员在设计营销活动时，会设计一些特定的营销场景，使消费者在特定的时间和空间中与运营人员设计的活动规则产生互动，最终完成消费行为，以达成一个好的营销效果。用户的痛点大部分情况下都发生在特定的场景中，因此构建一个好的营销场景，是触碰用户痛点的一个最好的方式，只有触碰了用户的痛点，才能结合用户画像及业务规则和自动触发去实现智能营销。

9.2.2 业务规则

在构建标签体系时，必须保证标签是面向业务的。所有的标签和用户画像的构建都要遵循和符合业务的需求。标签需求来源于业务部门，服务于业务部门的调用。例如，营销人员需要查看 VIP 客户的理财偏好度标签。金融机构经常会出现的一个情况是技术部门在构建用户标签体系的时候忽略了和业务部门的调研和沟通，凭自己的想象和认知构建用户标签体系，这样会导致构建的用户标签体系应用难以落地。因此设计营销场景中的业务规则时，应尽量地使用标签或用于生产标签的线上、线下数据来描述规则。如果所设计的规则都能这样描述，那么在进行智能营销时就能将用户画像的作用发挥到最大。

9.2.3 实时化的自动营销

在事件化营销的工作模式中，业务人员首先会完成活动策略的细则规划，然后去思考该活动可能受用的目标人群特征，最后通过画像匹配或外围数据补充，寻找到已经物色好的客群并完成推广，以此达到精准营销的目的。但是，在这个过程中，目标人群与营销活动的匹配程度实际上是依赖于业务人员已有的业务知识或营销经验去推测的，而这种"依赖历史知识推测未来营销机会"的模式，对于瞬息万变的市场与众口难调的客户来说，显然不足以持久支撑。只有引入更多人工智能的大数据技术或预测类算法建模手段，开启更加全方位的"场景化营销"，勇于探索更加智能的"自动化营销"，才有可能在持久化的经营中赢得客户的青睐与尊重。

引入实时的场景化营销模式，并不会与传统事件型营销相冲突，它只是另辟蹊径，从一个更新的视角来设计营销计划、预制触达动作。它需要实时性能较高的应用系统来支撑，它基于用户画像但又高于用户画像。它以"命中场景围栏"作为触发机关，由系统负责监听，在机关触发的第一时间自动化完成短信推送、权益发放、内容推荐等营销动作。那么，什么是构成场景围栏的条件呢？可以简单理解为"实时的动作"或"重要的变化"。举例来说，"当客户注入一笔超过100万元的资金到理财账户时""当客户的等级从普通客户升级为VIP客户时"都属于创建场景围栏的典型条件。当然，这些条件的设定，需要基于前文中反复提到的"触点数据接入与拉通"和"客户标签画像"等智能应用系统的支持。

实时的场景化营销，需要用户画像的支持，但更强调场景的命中。无论拥有何种画像特征的客户，甚至是没有画像的陌生客户，只要命中围栏，系统就会在第一时间启动营销机关。当然，在执行营销动作的过程中，仍然有必要根据用户画像的特征属性，来差异化选择营销渠道或制定个性化的营销内容。

用户挽回也是自动化营销中非常重要的内容，对用户挽回起到最大作用的两个要素为"实效性"和"自动化"，这两个要素相辅相成、缺一不可。错过了执行关键挽回动作的时机，无论之后怎样努力地挽回，恐怕都显得苍白无力。但是要做到实时捕获，又必须依托于强大的智能系统的技术支持。面对如此复杂庞大的数据阵营，任何传统的人工监控都无法支撑，这也是"系统自动化营销"应运而生的必然趋势。

9.3 用户画像与智能营销（二）

随着大数据和人工智能越来越多地落地，越来越多地服务于个人生活和企业经营的方方面面，人们所接受到的客服服务也会变得和之前越来越不同。现在所进行的线上客服对话及电话客服对话已经越来越多地使用对话机器人。虽然在很多场景下，对话机器人并不能达到和人工相同的效果，但是这个现象反映出大数据及人工智能的相关技术在客服领域的应用。下面讲解用户画像在客服中的应用。

9.3.1 用户画像与电话营销

相信每个人都有过这样的经历。在某个不合适的时间或环境中，手机响起看到陌生电话号码的来电。在接起电话之后，是一位客服人员向我们推荐商品或金融服务，而大家都会无奈地很快结束通话。为什么在这种情况下客服人员的营销电话对人们来说变成了骚扰呢？这是因为客服人员不够了解自己将要进行电话沟通的客户，一般分两种情况：第一种情况，客服人员推荐给客户的产品或服务是客户根本不需要的，这时客户不但不会耐心地听完介绍，还会非常反感；第二种情况，客服人员给客户介绍的是客户所需要的产品或服务，但是因为客户当时所处的时间和环境并不适合接听电话（如在开会或开车时），客户会匆匆挂断电话或干脆不接，这也导致了营销电话的失败。那么如何解决这个问题呢？客服人员可在拨打电话前，先通过用户画像系统查看客户的微观画像，如通过打在客户身上的标签得知客户是一位有孩子的女性公务员，基本上可以知道客户的生活作息会比较规律且不会加班，作为一个理财客服，可以在周末或正常下班时间进行电话沟通，推荐一些风险较小的产品给客户。

9.3.2 用户画像与电话回访

用户画像也适合于客服部门做电话回访。在电话回访前，先通过微观画像了解即将回访的人，然后再选择一个合适的时间进行电话回访。在回访时，由于已经对客户有了一定的了解，可以在话术上进行一些预设值，以便和客户更好地沟通以获得真实而不敷衍的反馈结果。同时，回访的工作一般还会赠送一些小礼品或权益给客户，通过微观画像所描绘出的兴趣爱好类的偏好标签来选取一些客户喜爱的礼品和权益，给客户留下一个更好的印象，以便下一次回访工作能够顺利展开。

9.3.3 用户画像与二次销售

在电话回访工作中，有时除需要得到客户的反馈信息之外，还希望进行有针对性的二次销售。在这种情况下，通过用户画像了解客户的消费习惯及消费偏好，在回访结束之后可以向客户推荐相关的商品，会大大增加二次销售的成功率。

9.3.4 用户画像与投诉

企业的客服部门除了需要承担一部分销售工作，还需要承担客户投诉的沟通工作。以房地产行业为例，介绍用户画像与客服处理投诉之间的关系。在房地产行业，交房后，对业主的服务和工作会交接至物业部门手中。在房屋的使用过程中，业主难免会因为房屋的使用或小区公共设施的一些问题而向物业部门进行投诉。在房地产行业中，物业部门的 KPI 就是客户满意度，因此能否有效地提升物业部门的服务能力，得到更高的客户满意度至关重要。把用户画像接入物业管理系统，当物业人员接到业主的投诉后，可以同时调用业主的微观画像，了解业主的各种习惯、家庭结构及以往的报事报修记录。这样就可以给出更合理的解决方案来解决业主的问题，在解决业主问题的同时提升业主的满意度。

第10章 案例与详解

10.1 金融行业用户全渠道行为分析

10.1.1 分析背景

随着金融科技和互联网金融的异军突起,传统的金融市场环境今非昔比。同时,客户的特征偏好、消费行为和习惯也随着科技和服务的发展而发生改变。传统金融机构在各种第三方理财机构、P2P 网贷等的冲击下,产生了强烈的紧迫感。他们开始强化以客户为中心的经营理念,改善客户服务的渠道,不断寻求拉近与客户的距离,提升客户体验。不断尝试从各种维度去了解客户,理解客户的真实诉求,从而进行精准的自动化营销。这种转变是大势所趋,迫在眉睫。

由于互联网和移动互联网技术的推动,银行用户与银行发生互动的场景,逐渐由线下网点(支行、分行)转移到线上电子银行和手机银行上,这使得用户的行为变得更加碎片化，从而使用户画像的构建和用户行为的分析更加困难。无法全面认识用户行为，就不能很好地做到精细化运营和个性化营销。目前大部分银行开始思考如何利用线上线下数据，整合银行用户的行为，通过建立用户画像和行为分析，推动银行的营销更加精细化。

以某国内大型连锁商业银行为例，介绍其如何利用线上线下数据，进行用户行为分析和分群分析，以及用户画像在银行领域，特别是零售银行领域中的应用。本案例的背景和需求起源于此银行为了强化客户经营体系建设，加强精细化管理和营销，深化客户分层经营等方面的实践。用户行为分析的目标在于识别和挖掘电子银行业务的核心经营客户群；为精准营销、部门决策提供更清晰的用户视图；为一体化运营打造基于数据驱动的客户运营模式。

此银行在用户数据精准分析方面存在的痛点包括：①线上用户信息依然碎片化，难以形成完整的用户视图；②精准营销还是粗粒度，营销名单筛选大多依靠条件规则进行切分；③用户金融产品偏好和推荐策略缺少科学方法支持。针对以上几个方面的痛点，用户分析人员梳理了一系列分析思路，从而建立起用户、产品、渠道三位一体的多维度交叉分析，如图10-1所示。

图10-1　用户、产品、渠道三位一体的多维度交叉分析

（1）打造线上客群经营体系，描述宏观变化趋势，分析线上目标客群。

（2）基于科学方法切分客群，围绕核心指标，锁定客群显著差异特征。

（3）建立产品推荐关联体系，强化产品相关性分析和客户交叉持有产品的分析。

（4）构建精准营销策略体系，打造具有电子银行渠道运营特点的新营销模式。

10.1.2 用户行为分析过程

1. 用户选定和数据筛选

在进行银行用户分析之前，首先要确定的是需要分析的用户主体，也就是确定分析对象。任何一次用户行为分析都要有侧重和针对性。本案例首先筛选了此银行1800万线上渠道业务经营的核心群体，然后根据资产类条件筛选出年日均管理资产余额大于100元或近半年有核心动账，且年龄在18岁以上的人群。从筛选条件可以看出，本次用户分析关注的是在银行有一定存款金额或有一定活跃度的成年用户群体。

在选定要分析的用户主体后，就要进一步选定需要提取的数据。由于银行数据纷繁复杂，数据分析人员需要根据分析的目标提取相关的、对结果有意义的数据。在这个案例中，提取了两年内目标群体的人口属性变量（如年龄、性别、学历、婚姻状况等）、资产维度数据变量（如年日均管理资产余额、人民币储蓄余额、理财产品持有数量等）、线上行为数据变量（如手机银行登录频次、个人网银登录频次等）三大类型的数据。

2. 用户总体描述分析

本案例的目标在于对此银行的核心零售用户群体进行行为分析和群体分析，从而指导其后续的精细化营销运营工作。在进行用户分群前，有必要先从整体角度了解选定的用户群体具有哪些总体的特征。对于总体用户进行描述性统计分析有助于数据分析人员建立一个比较完整的整体印象，对于要展开分析的用户群体有大概的了解。同时，这也是感受和检查提取数据的一个方式。如果发现数据存在异常，就要在进一步分析前重新提取用户数据，以免影响下一步用户细分分析的准确性。再者，通过对目标客户群整体概况的了解，结合细分群体分析，可以对比每一个用户群体和整体的差异，从而更加了解用户群体的特征和偏好。

本案例的目标用户整体概况分析如图10-2所示。其分析了整体用户的人口属性变量（如性别、年龄等）分布、用户增长趋势、用户资产和产品持有情况、用户对于不同渠道的使用分析等不同方面，得出了如下结论。

（1）此银行男性客户偏多。两性产品持有差异较大。女性多持有基金、理财、保险等产品，而男性在"负债"类消费（如信用卡借贷）方面表现突出。

（2）近两年此银行线上渠道（包括手机银行、个人网银、微信银行）客户增速迅猛，电子银行渠道的客户增速超越零售客群，线上零售业务正加速释放经营潜能。

（3）个人网银和手机银行的目标用户占比相差不大；手机银行是线上最活跃的渠道，但交易活跃占比不高。

（4）个人资产余额高的群体主要分布在传统银行业务和中高年龄客户群，客户持有占比较高的产品是基金、定期存款等理财产品。

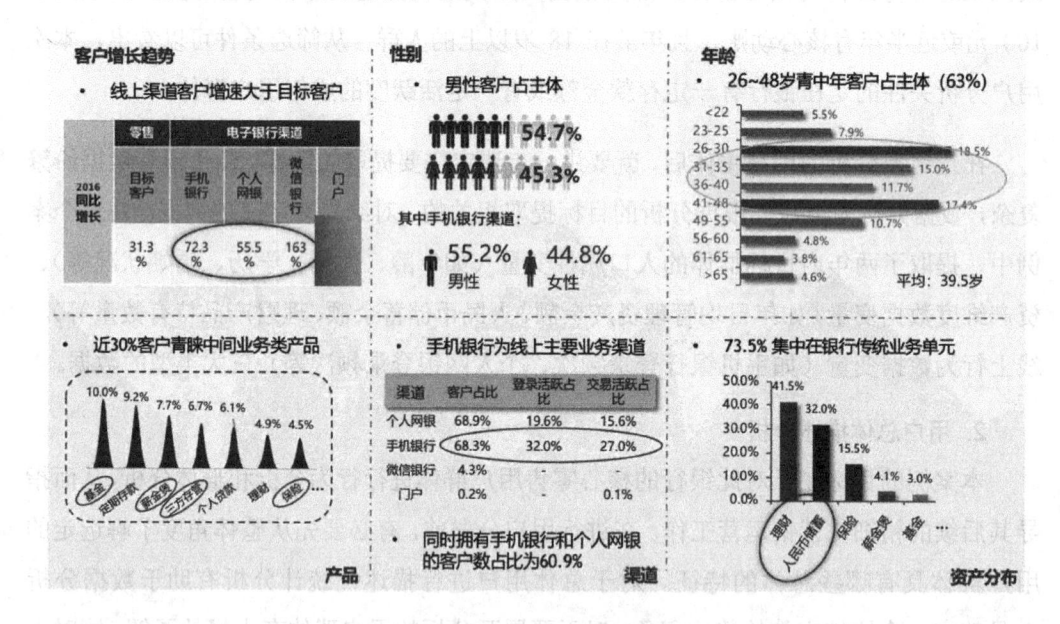

图10-2　目标用户群整体概况分析

了解这些用户的基本特征，有助于数据分析人员建立对目标分析群体的整体认识，从而指导用户群体细分和特征分析。

3. 用户聚类分群分析

在用户聚类分群分析的步骤中，数据分析人员首先要对提取的数据变量进行因子分析，从而将包括产品持有数量、管理资产余额等几十个数据变量进行降维处理。此外，不深入讨论因子分析的具体原理和方法，只将结果呈现出来。经过因子分析后，将几十个数据变量形成了六大维度的因子，分别是资产类、产品类、代发工资、贷款、理财和交易行为。这六大维度因子涵盖了银行关心的用户三大指标，即价值指标、活跃指标和用户黏性指标。

下面通过 K-means 聚类模型，数据分析人员根据目标用户群体在这六大维度因子上的表现进行聚类。同样地，这里不深入探讨聚类模型的具体方法，只要知道聚类的基本原则是使得聚类产生的细分用户群体达到群组内差异最小、群组间差异最大即可。聚类分析的结果显示，目标用户群体被分成了 4 个细分客群。通过每个群体在因子表现上的差异，我们对其进行业务上的解释并命名。

（1）综合价值客群：具有高活跃度、高价值度和高黏性，占总体的比例约 54%。多持有理财、保险和出国金融产品。个人网银渠道交易活跃人数占比高，可以培养其高价值客群手机银行渠道黏性。

（2）交易活跃客群：具有高活跃度，占总体人数比例约 15%。多持有基金、三方存管类产品，偏爱中间业务产品。对于基金产品，手机银行次均交易额大于个人网银渠道，手机银行渠道可有效提升该客群理财产品持有人数。

（3）高黏性贷款客群：具有高黏性，占总体人数比例约 5%。持有定期存款人数相对较多。手机银行渠道最能提升该客群持有货币基金产品的人数。

（4）低资产代发客群：资产持有率低，占总体人数比例约 25%。微信银行接受程度最高，手机银行可有效提高客群交叉产品持有个数。

从图 10-3 中可以看到，4 个客群在六大维度因子上的表现各不相同，这恰恰证明了用户行为分析和客群细分的必要性。假设不进行群体细分，对所有人一视同仁，推荐同样的理财产品或给予类似的营销刺激，结果一定不会很好。因为每个客群的行为、偏好、表现都各不相同，只有在进行了充分的行为分析后，营销人员才能有的放矢地进行后续的营销策略设计和执行，以取得更好的结果，这也正是用户行为分析的必要之处。

4. 细分用户群特征分析

在进行了用户群细分后，数据分析人员需要具体研究每一个细分群体的特征。分析的角度包括其人口统计变量的表现、地理位置的特征、理财产品的持有偏好、渠道偏好特征等。例如，分析显示，综合价值客群中女性占比在 4 个客群中最高，她们多分布在福建和环渤海地区的分行，保险和出国金融持有人数相对各群最高等。这样的具体分析有助于后续营销人员有针对性地为每一个群体设计营销策略。

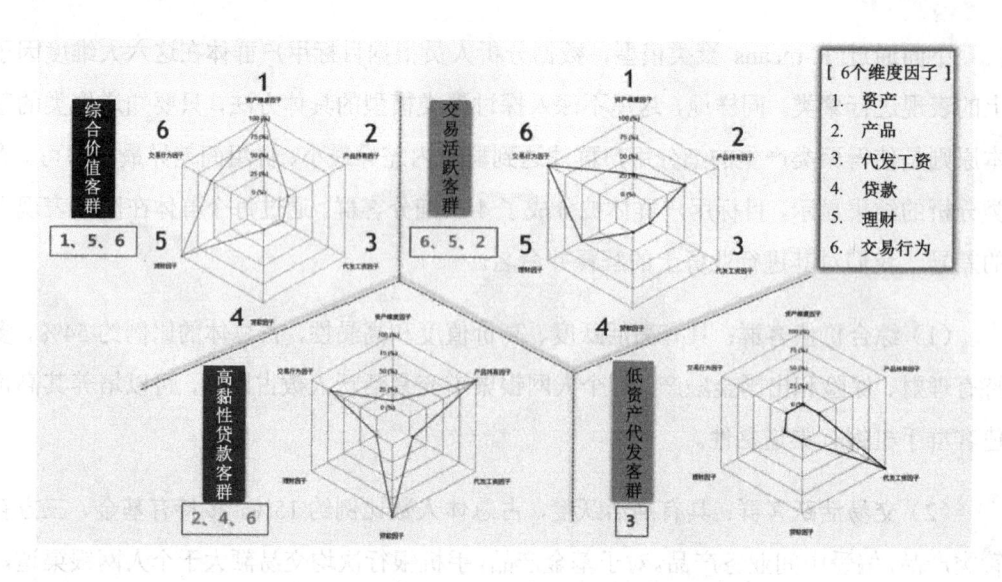

图 10-3 4 个客群在 6 个维度因子上的表现

值得注意的是，如果某一个细分用户群体非常重要，数据分析人员可以进一步对其进行细分。例如，在本案例中，综合价值客群无论从价值度还是人数上对于此银行都具有重要意义，因此数据分析人员进一步从开户时长、产品持有及资产余额 3 个角度对其进行了二次细分，将其分成了 8 个子客群，以便后续对不同子客群进行不同的营销触达。

经过以上几个步骤的详细分析，数据分析团队得出了一系列有助于银行进行具体营销应用的结论。目标用户群体分析为银行提供了基于全渠道用户行为数据分析的运营目标客群，将整体 1800 万零售用户群体分为综合价值客群、交易活跃客群、高黏性贷款客群、低资产代发客群，这成为后续营销人员进行精细化运营和个性化营销策略设计的重要基础。

基于细致的用户行为分析和用户群体细分，营销人员可以将其结论用于后续的营销策略设计的应用上。在这里，我们以如何提升低资产代发客群的转化策略为例进行讨论。在上述的用户行为分析中，对于低资产代发客群，营销人员发现其占比为整体客群的 25%，但其对于银行的价值度却比较低，表现在其资产余额常年偏低，且每月有固定的代发工资入账，但入账后大部分客户选择将其转走而不是在银行进行消费和存储。同时，通过用户行为分析还发现，手机银行可有效提高客群交叉产品持有个数，也就是说，一旦开通手机银行渠道，低资产代发客群的黏性就会提升，同时其转化率和价值贡献都有显著提升。开通了手机银行渠道的低资产代发客群在一定时间后转化成交易活跃客群甚至综合价值群体的可能性大大提升。

基于此逻辑，营销人员开始思考和设计如何提升低资产代发客群的手机银行渠道开通率，也就是说，在没有开通手机银行渠道的用户群中找到有可能会开通此渠道的人群，并进一步激励他们开通手机银行渠道。这时，用户行为分析又起到了关键的作用。首先，数据分析人员进行数据筛选和建模，找到低资产代发客群中影响用户开通手机银行渠道的因素。然后，通过建立一个决策树模型，对客群中每个人开通手机银行的概率进行预测，并生成有可能开通手机银行渠道的拉新营销名单。最后，数据分析人员结合用户在网银、门户、线下等其他渠道的频繁交易和访问行为，确定其营销方向，为不同的人推荐不同的产品，并设计不同的营销话术，如"手机银行转账免费""基金理财手机银行促销"等，以此形成对不同用户的精准营销名单，提供给营销部门进行后续的营销触达。具体流程如图 10-4 所示。

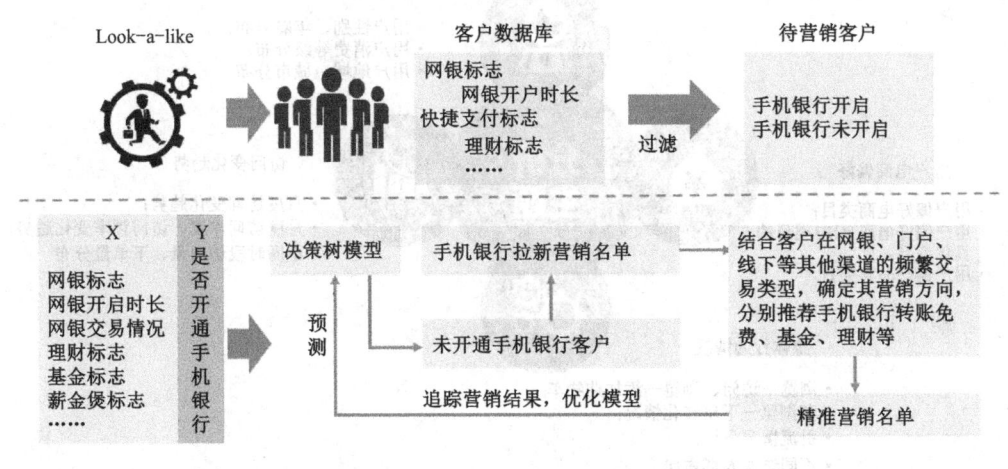

图 10-4 低资产代发客群营销策略设计

10.2 电商行业用户行为分析

10.2.1 分析背景

随着近些年互联网的迅猛发展，电商平台已成为人们日常生活中不可或缺的一部分。一年一度的"双十一"成交量逐年递增，引得各大电商平台纷纷推出"1018""520"等不同力度的优惠活动。电商平台的迅速崛起，与其价格低、配送快等特点密不可分。数据显示，至 2017 年 12 月，我国的网购用户已经超过 5.33 亿人，全年交易额达到 71751 亿元，同比增长 32.2%。艾热咨询认为，我国电商行业已进入稳定增长期，电商服务趋向个性化。与传统购物平台相比，电商用户普遍具有年轻化、购买力稳定等明显特征。

在"消费为王"的时代里，唯有抓住消费者才能在市场竞争中赢得先机，在电子商务平台的竞争红海中更是如此。为了深入了解电商平台用户的基本特征，本案例以某电商平台的用户数据为代表，从用户性别、年龄、访问趋势、电商偏好及浏览购买行为等角度，运用用户行为的访问类、转化类等各类分析指标，全面深度刻画电商平台的用户特征，阐明用户行为分析在电商行业的应用。为便于理解，本案例把所有用到的用户行为指标重新规划，将数据分析结果按照整体用户特征和用户行为两部分进行展示。本案例的研究思路具体遵循如下步骤，如图 10-5 所示。

图 10-5　整体分析框架

（1）整体用户特征：用户性别、年龄、用户消费等级、用户地域、城市分布。

（2）用户行为特征：①整体行为情况：浏览—访问、浏览—添加购物车、浏览—下单转化情况、引流情况分析、不同访次人群占比；②访问变化趋势：月度访问变化趋势、月度访问深度、访问频率变化趋势、不同时段访问量、下单量分布；③用户电商偏好：用户偏好电商类目、用户偏好电商 TOP3 类目的具体商品、用户偏好品牌类目等。

10.2.2 用户行为分析过程

1. 用户数据说明

为了对电商平台用户进行深入细致的分析，本案例选用具有代表性的某电商平台自 2010 年 1 月 1 日至 2010 年 12 月 31 日的全年用户数据作为样本。在用户行为数据方面，本案例选取了该电商平台包含百分点唯一用户标识、访问时间、前链、搜索关键字、商品 ID 等数据字段，用户访问数为 170 亿条数据；在用户画像数据方面，本案例同样截取了该商城 2010 年全年商城用户在百分点近 3 个月全网累计行为表对应字段，涵盖了性别、年龄等用户特征字段。

2. 整体用户特征

在研究电商行业用户的行为特征前，初步刻画用户的基本特征是十分必要的。因为用户的整体特征不仅有利于研究者大致了解将要深入分析的用户群体，对于检查数据的代表性和正确性也是十分必要的。如果发现数据中出现了异常值或反常数据，可以在检查数据后及早采取删除异常样本或进一步探究数据异常原因等措施。本案例为了对电商行业的用户群体进行细致的行为分析，首先从用户性别比例、年龄分布、地域分布、消费等级等方面对电商平台的用户总体特征进行描述性分析，分析结果如图 10-6 所示。

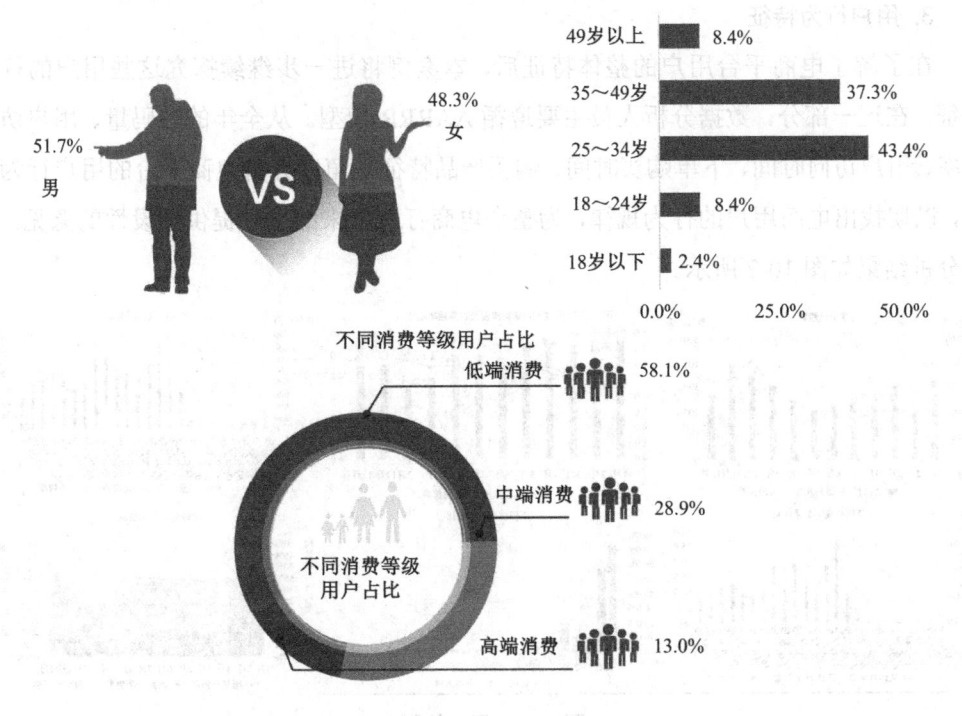

男 51.7% VS 女 48.3%

49岁以上	8.4%
35～49岁	37.3%
25～34岁	43.4%
18～24岁	8.4%
18岁以下	2.4%

不同消费等级用户占比：
- 低端消费 58.1%
- 中端消费 28.9%
- 高端消费 13.0%

图 10-6　用户总体特征

整体的用户特征及相关结论整理如下。

（1）年龄性别方面：电商平台的用户性别差异不大，男女比例基本维持在一比一；但是电商平台用户的年龄分布是相对比较集中的，主要分布在 25～49 岁之间，这部分人群都是具有一定的消费能力和消费需求的。

（2）消费能力方面：从电商平台用户数据分析结果可以看出，这些用户多数为中低端消费等级的"理性消费族"，占比为 87.0%；高端消费等级的用户仅占到 13.0%。由此可以看到，电商平台客户的消费能力是有一定限度的，他们中的大多数人对于高端消费品并没有很大的需求；但是根据长尾理论，抓住众多的中低端消费者也可以为电商企业带来很多的利润，所以电商平台应根据中低端消费者的需求合理规划产品品类及价格设置等。

（3）地域分布方面：在省份分布方面，电商平台的用户主要集中在中东部地区，如山东、广东、福建等，西部地区中的四川省人数占比较多，达到 4.0%；在城市分布方面，电商用户在沿海城市分布较广，以上海等一线城市为主，其次为北京和重庆等内陆的一线城市。由此可以看出，发达地区的电商用户较多，这与当地的物流业务、交通运输等基础设施是分不开的。

3. 用户行为特征

在了解了电商平台用户的整体特征后，本案例将进一步继续探究这些用户的行为特征。在这一部分，数据分析人员主要遵循 AARRR 模型。从全年的扫码量、用户访问频率、用户访问时间、下单购买时间、购买产品特征等角度分析电商平台的用户行为数据，以期找出电商用户的行为规律，为整个电商行业未来的发展提供建设性的意见。数据分析结果如图 10-7 所示。

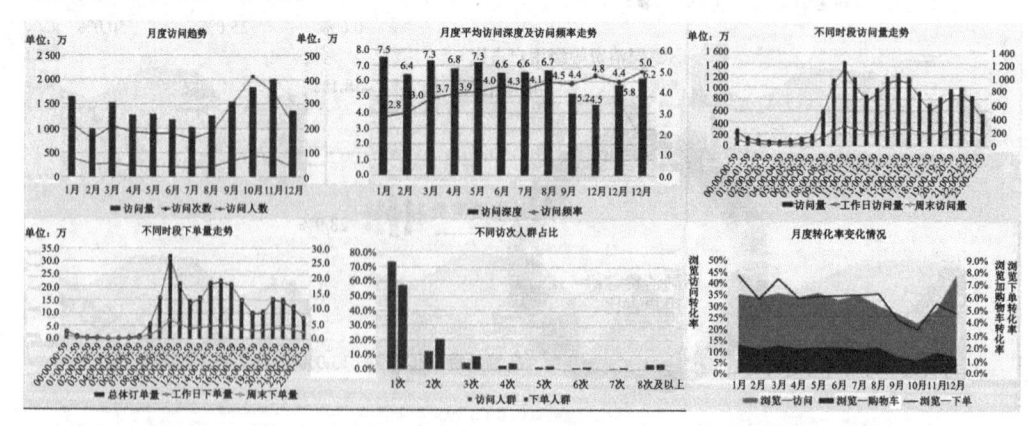

图 10-7　用户特征 1

AARRR 模型将用户行为过程划分为用户获取、用户转化、用户留存、用户产生收入及用户传播 5 个步骤。这 5 个步骤对应的关键指标分别为获客成本、激活转化率、用户留存率、用户活跃度及用户分享率等。本案例具体分析结果如图 10-8 所示，运用 AARRR 模型可以挖掘出如下结论。

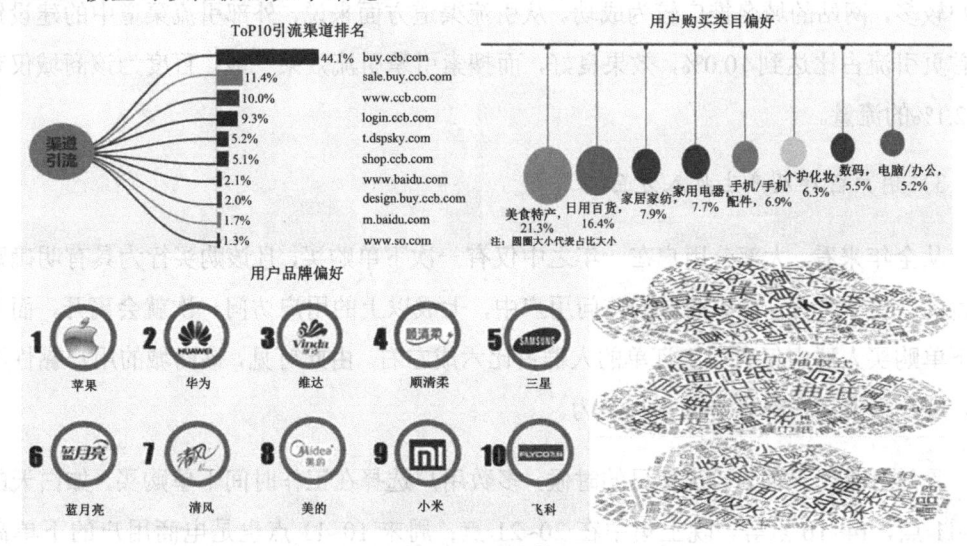

图 10-8 用户特征 2

1）用户获取方面

从全年来看，电商用户在"双十一"活动当月的扫码量最高，达 2004.3 万次；在"双十一"活动前期，商城访问次数和访问人数均在攀升，10 月的访问量达到高峰；"双十一"之后，用户访问频率整体依然呈现上升趋势，在 12 月达到高峰。由此可见，"双十一"等节日及年末春节等传统节日的促销活动可以有效提升线上店铺的访问深度[①]和访问频率[②]。

具体到某一天而言，多数用户喜欢在工作时段访问商城。电商平台用户行为数据分析结果显示，商城每天的访问高峰时段主要集中在 9:00～11:59 和 14:00～16:59；而周末白天各时段的访问量变化不大。

2）用户转化方面

整体而言，上半年受到春节和店庆活动的影响，该商城的浏览下单转化率较高，为

---

① 访问深度：在当前计算周期内，每个访问次数给统计对象所带来的页面浏览量的均值。
② 访问频率：在当前计算周期内，每个独立用户访问统计对象的访问次数的均值。

5.10%。

"双十一"活动前夕,商城访问次数逐渐上涨,浏览下单转化率在 11 月上涨明显,较 10 月环比上涨 100.0%。从用户忠诚度方面来说,该商城直接访问量占比近半,忠诚客户较多,网站的域名推广较为成功。从引流渠道方面来说,外部引流渠道中的建设银行首页引流占比达到 10.0%,效果良好,而搜索引擎引流效果一般,百度为该商城仅带来 2.1%的流量。

3) 用户留存及产生收入方面

从全年来看,大部分用户在一年之中仅有一次下单购买,且该购买行为具有明确购买目的;具体而言,在该商城的访问用户中,七成以上的用户访问一次就会离开,而全年下单购买人群中仅有一次订单的人群占比六成左右。由此可见,该商城的用户黏性不大,应在提升用户黏性方面多加努力。

具体到某一天而言,工作日的时候,多数用户选择在工作时间下单购买,如白天的 10~11 点、14~16 点等,晚上集中在 20~21 点;周末 10~11 点也是电商用户的下单高峰期。

4) 用户传播方面

从商城全年的用户行为数据分析结果中可以看出,用户主要偏好美食特产、日用百货和家居家纺 3 类产品;用户偏好的品牌主要是苹果、华为和维达等电子产品和生活用品方面的产品;另外,是否包邮也是用户在网购过程中普遍关注的问题,本案例将以最受欢迎的 3 类产品为例,运用词云的数据处理手段详细介绍电商平台用户在产品偏好方面的特点。

- 美食特产:偏爱美食特产的用户喜欢各种零食特产、坚果、核桃和炒货等休闲零食;商品是否包邮、是否有促销活动是用户比较关注的问题;偏爱美食的用户对品牌和产地有一定的要求,正泓食品、新疆产地的食品较受欢迎。
- 日用百货:用户经常购买的日用百货类商品有卫生纸、面巾纸和卷纸等;用户在购买时也会关注是否包邮、发货时间等问题;对于日用品,用户对相关品牌的忠诚度较高,如维达、顺清柔和蓝月亮等品牌。
- 家居家纺:用户经常购买的商品有毛巾、面巾、浴巾、晴雨伞和天堂伞等;用户比较关注商品规格,如是否条装、是否加厚等;购买家居家纺的用户比较关心商品的品质,如是否全棉、柔软性和吸水性如何等。

综上所述,该商城的用户留存率较低。为提升商城用户黏性,可以运用科学的手段建立用户漏斗模型,挖掘用户行为深层动机,进而为用户设计个性化路径,提升企业的个性化服务效果;也可以在此基础上运用漏斗与用户流向结合分析法,详细记录在流程的每一个步骤中用户流失的信息,并计算用户流失率,从而在用户流失的关键步骤采取有针对性的措施提升用户留存率。

本案例从访问维度、下单维度、转化维度及产品偏好维度等 4 个方面对电商平台用户行为进行了深入剖析,可以为其他电商平台进行用户行为分析提供一些思路。首先刻画电商平台用户的整体特征(性别、年龄、地域分布、消费能力等),以大致了解用户数据的基本构造;然后运用 AARRR 模型及漏斗模型等深入分析用户的行为数据,找出用户流失的关键点;最后在用户流失的关键步骤采取有针对性的措施提升用户留存率,并深入分析某些关键用户群体(如学生群体等)的基本特征或某些销售额高的品牌的销售策略等,从而为用户个性化服务定制、提升电商平台总销售额等提供数据方面的有力支撑。

10.3 房地产行业用户行为分析

10.3.1 分析背景

2018 年 11 月的川财数据显示,2018 年从 1 月到 10 月,TOP100 房企整体销售规模为 7.8 万亿元,同比增长 38.5%。10 月单月 TOP100 房企销售规模为 78 410 亿元,较 9 月下降了 921 亿元,降幅为 10.5%。10 月的房地产市场延续了 9 月不温不火的走势,市场降温明显。而近期土地流拍现象增多,导致对房地产市场更加悲观的舆论蜂拥而来。事实上,个别城市的住房销售额下降只是由于房地产市场销售面积下降,而整体房价依然呈现缓慢上升趋势。另外,为整治哄抬房价、"黑中介"、捂盘惜售、未批先售、虚假宣传等房地产市场违法违规行为,住房和城乡建设部进一步加大房地产市场失信行为管理力度,严厉查处违法行为,公开曝光典型案例,推进建立联合惩戒机制,有力净化房地产市场环境,切实保护购房者利益。因此,房地产市场还是整体向好的。

为了使房地产市场继续保持良好发展态势，引领我国经济健康平稳发展，本案例以涿州某项目积累的相关数据为基础，根据房地产行业的具体状况，在横向上把房地产的业务阶段区分为拿地期、摘牌期、品牌立势期、渠道期、硬广强拓期、开盘期及常销期；在纵向上把数据分析过程划分为房地产公司开展的营销活动、遇到的业务问题、数据分析能够做的工作、数据的支持及营销活动的支持等。由于篇幅所限，本案例将以摘牌期为例，从市场分析、用户画像及产品设计等方面详细介绍用户行为分析在房地产行业的应用。

由图 10-9 可知，在摘牌期，房地产公司应开展的营销活动包括剖析项目价值、自媒体营销及网络媒体营销等。在这个阶段房地产公司面临的业务主要包括周边项目分析、周边人群分析及竞争项目分析等 3 个方面。那么，我们的数据分析能够帮助房地产公司做些什么呢？互联网用户行为分析人员通过周边人群分析等手段了解项目周围潜在购房用户和竞争者用户的特点，以便有针对性地进行市场营销活动。通过竞品楼群分析大致掌握竞争者的情况，在进行后续营销推广的时候可以将自己与竞争者区分开来，突出自身优势，提升企业业绩；为了数据分析工作能够顺利地进行，需要进行哪些支撑工作呢？在这里，数据源支撑及营销支持活动是必不可少的。其中，数据源支持指的是在用户行为分析前，需要有三方用户画像、三方定位数据、用户的搜索舆情数据、商业 Wi-Fi 数据及探针采集数据。另外，营销支持活动指的是包含地块分析、人群分析、竞品分析等信息的项目定位报告、线上品牌推广及市场公关等。

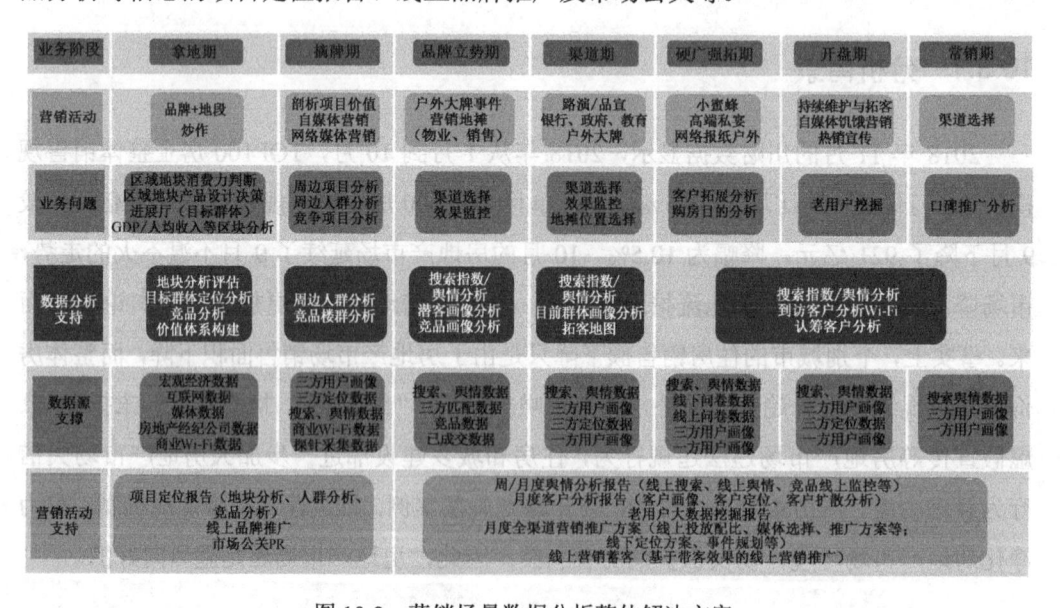

图 10-9　营销场景数据分析整体解决方案

10.3.2 用户行为分析过程

1. 用户数据说明

为对房地产行业用户进行深入细致的分析，本案例选用具有代表性的涿州某项目的用户数据作为样本。数据来源主要有大数据基础管理平台及客户标签数据仓库两类。其中，在大数据基础管理平台中，拥有营销 CRM、物业系统、酒店数据、商管系统、O2O 平台等第一方数据，官微/官博、社区论坛、App 系统及微信公众号等第二方数据，以及消费者微博、竞品信息、网络舆情、大 V、房产门户等第三方数据；在客户数据标签仓库主要有 IMEI、身份证、手机号、邮箱、固定电话等用户 ID 信息，姓名、性别、年龄、职业、地域、人生阶段等共用信息，以及地产、物业、商管、酒店等行业相关信息。

2. 摘牌期用户行为分析过程

该项目位于涿州西部中国农业大学农业科技园内，距北京中心区 85km，距涿州市区 15km；建设用地 1004 亩，外部有 780 亩租用绿地，容积率为 1.0～2.0，属于涿州市西郊陌生区域。涿州项目所在的国家农业科技园区发展生态新城，未来城市配套齐全，内外交通条件良好，具备了吸引大北京及区域刚需、投资、产业转型、地缘升级客户的条件；而且周边生态旅游资源丰富，农业生态底板良好，具备吸引北京客户度假、养生养老的条件。

1）市场分析

该项目的地缘涿州市场 2015 年销售额为 75 亿元，涿州本地客户刚需、投资居多；同圈层固安市场 2015 年销售额约 2010 亿元，以北京外溢刚需客户为主；上渤房山市场 2015 年销售额为 151 亿元，以刚需外溢客群及地缘升级改善为主，养老休闲度假客户为辅；横向涞水及牛霸市场 2015 年销售额为 100 亿元，以北京休闲、度假、养生养老客群为主。

地缘涿州市场热销项目户型特征为高层的 77～81m² 两居或者 97～99m² 三居，普遍为 T 字户型，方正采光好，且赠送飘窗及半阳台等，如图 10-10 所示。

2015 年土地成交可转换建筑面积约 1 590 000m²，目前在售项目存量约 900 000m²，预计未来涿州市场供应量约 2 500 000m²。随着涿州及环京 50km 圈层其他区域近期市场价格上涨，对于购买力有限的北京外溢刚需、北漂落户、小额投资客户等可选择的板块有限，此类原有客群被迫转去新区域置业。由此可见，该涿州项目的市场前景还是比较广阔的。

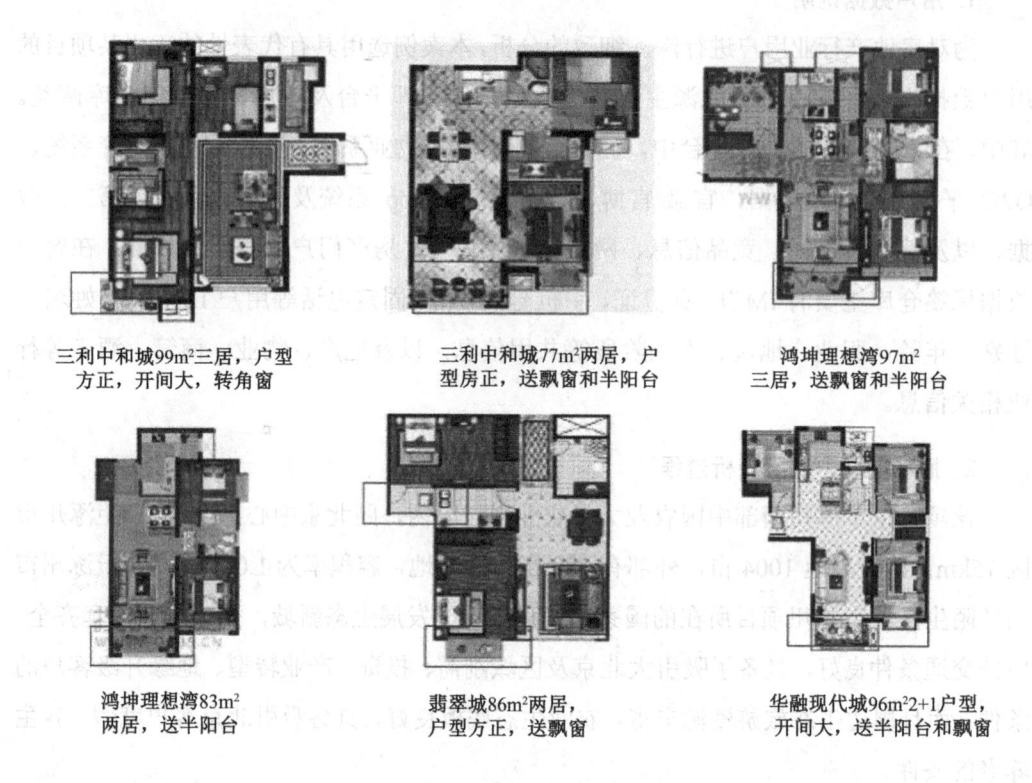

三利中和城99m²三居，户型方正，开间大，转角窗	三利中和城77m²两居，户型房正，送飘窗和半阳台	鸿坤理想湾97m²三居，送飘窗和半阳台
鸿坤理想湾83m²两居，送半阳台	翡翠城86m²两居，户型方正，送飘窗	华融现代城96m²2+1户型，开间大，送半阳台和飘窗

图10-10　地缘涿州市场热销项目户型

2) 用户画像

大数据时代的到来为每一个行业的变革发展带来了无限的可能性。本案例基于某涿州项目自身积累的用户数据，借助用户数据分析工具，试图勾勒该项目用户群体的概貌。用户数据分析的结果如图10-11、图10-12所示。该项目面向客户的关键词是"投资""低总价低首付""性价比""轨交利好"及"区域升值潜力"。具体来说，这些客户主要以京籍居多（45%），工作区域主要集中在丰台（57%）、海淀（18%）等区域；年龄结构主要以31~45岁居多（55%），基本为两代同堂（51%）；纯投资客户占比51%，但自住、养老和度假需求也同时具有投资属性（占比39%）；纯投资客户的意向户型主要在80m²以下。

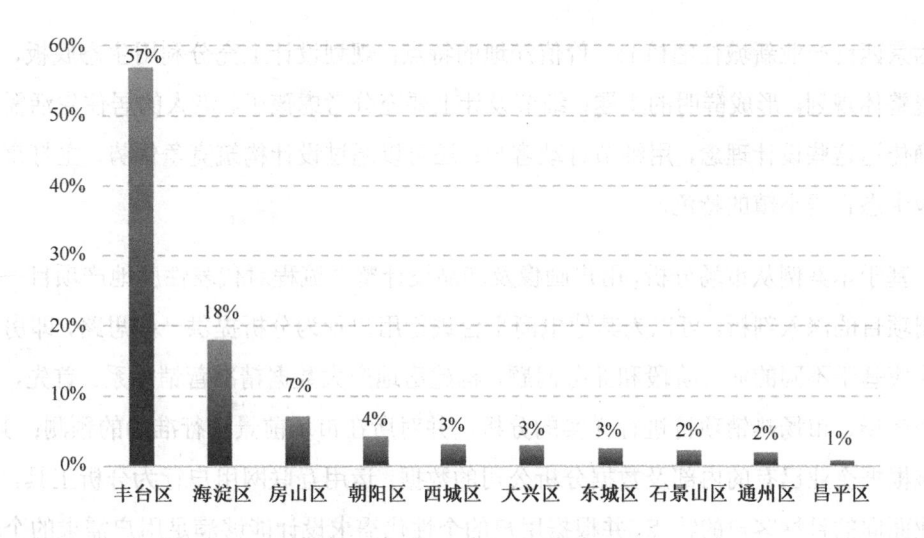

图 10-11　周围人群地域分布特征

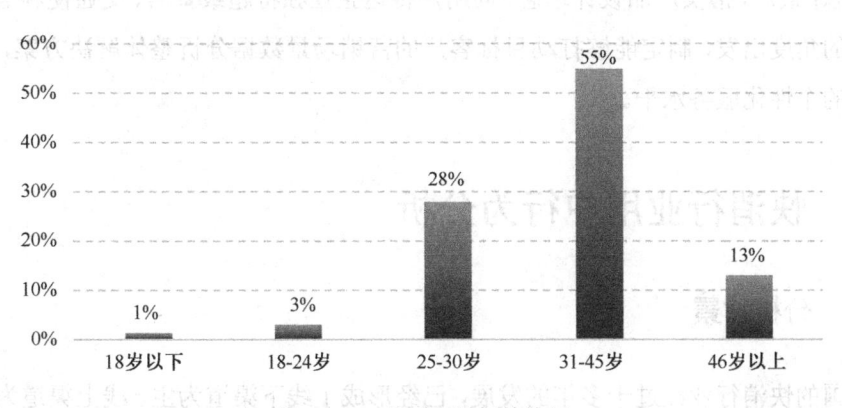

图 10-12　周围人群年龄特征

3）产品设计方案

针对用户画像的结果，该涿州项目进行了翔实的产品设计工作，成果如下。

①极致成本，压低总价。户型结构合理即可，产品一律简配，去除不必要的装修线条、大堂配置、飘窗配置等；产品的价格要低，应在减少赠送的同时控制单价，满足客户心理对未来的升值预期。

②便捷交通，坐实配套。该项目应配备近期开通到北京的班车，并对于到达项目的道路加以包装；远期打通高速路到项目的快速路；示范区展示完整的商业配套和教育配套，形成和域外较强的区隔感。

③产城背书，超级宜居。该项目可利用展馆对未来产业新城规划的展示，突出本项

目为京西南产业新城住宅核心、价值洼地的特点；规划设计上充分利用生态底板，内外环境整体规划，形成鲜明的主题；细节设计上要充分考虑孩子、老人的居住生活需要并准确传达这些设计理念，用细节打动客户；还可以通过设计构筑竞争优势，主打京西南超级生态宜居小镇的特色。

基于本案例从市场分析、用户画像及产品设计整个流程对代表性房地产项目——某涿州项目的深入剖析，可以为其他电商平台进行用户行为分析提供一些思路，即房地产企业应基于不同的业务阶段和业务问题，构建房地产大数据精准营销体系。首先，应对竞争市场、市场热销项目进行详实的分析，并对所在市场前景进行准确的预测；其次，应该根据企业已有的内部及数据分析公司的数据，运用互联网用户行为分析工具，了解企业面向的目标客户的特点，并根据用户的个性化需求设计能够满足用户需求的个性化产品理念；最后，落实产品设计理念，向用户传达企业独特超级宜居、交通便利等优势，从用户的角度出发，制定能够打动目标客户的营销场景数据分析整体解决方案，提升针对用户的个性化服务水平。

10.4　快消行业用户行为分析

10.4.1　分析背景

我国的快消行业经过十多年的发展，已经形成了线下渠道为主、线上渠道为辅的格局。尼尔森在 2017 年 12 月进行的网络直播会中表明：2017 年中国经济稳中向好，消费持续拉动经济增长，2017 年前 9 个月消费对 GDP 的贡献高达 105%。但是市场变化仍在加速，2007 年的前 100 强品牌有 54 个已经消失在 2017 年的市场。另外，消费新生代已然迅速崛起，对创新产品热衷的"90 后""00 后"正在占据着更大消费者开支比例。但在这个日新月异的消费市场中，创新却举步维艰。数据显示，2010 年消费品市场诞生了 25 000 余款新品，但有 70%在一年半中就消失了，新品存活率极低。越来越多的企业也在加大营销方面的投入，但是结果却不尽如人意。那么，如何才能抓住新生代消费者需求，进一步促进我国快消行业迅速发展呢？

在消费者占据主导地位的市场中，只有准确洞悉消费者需求，才能在激烈的市场竞争中占据行业领先地位，获得持续性竞争优势。为了深入探究快消行业的用户行为特征，本案例以某乳酸菌饮品公司的用户行为数据为基础，构建快消行业用户行为分析架构。

从本公司消费者和竞品公司消费者两个角度,以消费者性别和年龄分布、消费等级分布、消费者 TGI 指数分布、消费者上网周期分布等维度为基础,搭建快消行业用户行为画像,如图 10-13 所示的整体分析框架,以此做出合理的营销传播规划,并对传播的效果进行科学评估。

互联网行为

E-Commerce 05
美食、保健和服装是消费者最为关注的电商类目
乳制品饮料是消费者挑选饮料的首选,同时消费者更偏爱蔬菜、水果和酒类商品
与大众健康和家庭护理等相关的频道备受关注

Media 06
追逐数码潮流、关注房产信息,同时聚焦母婴育儿频道;
剧情、动作、喜剧类题材影片是乳酸菌饮品消费者首选,可作为在视频媒体广告投放的主选

Brand 07
乳酸菌消费者对云冠水果、科尔沁奶制品、五粮液、泸州老窖等食品品牌热情度高

电商偏好 媒体偏好 品牌偏好

性别 年龄 消费等级 地域分布

用户属性

Gender 01
女性用户是产品的主要受众,占比接近七成;
相对同年龄层男性,年龄略大的女性消费者对产品偏好的程度更高

Age 02
56.3%的用户年龄层在25~34岁,充满活力积极向上的年轻人士对品牌热情度较高

Consumption-level 03
中等等级消费者占主导;
35~49岁的中年消费者偏好高等级的网购水平

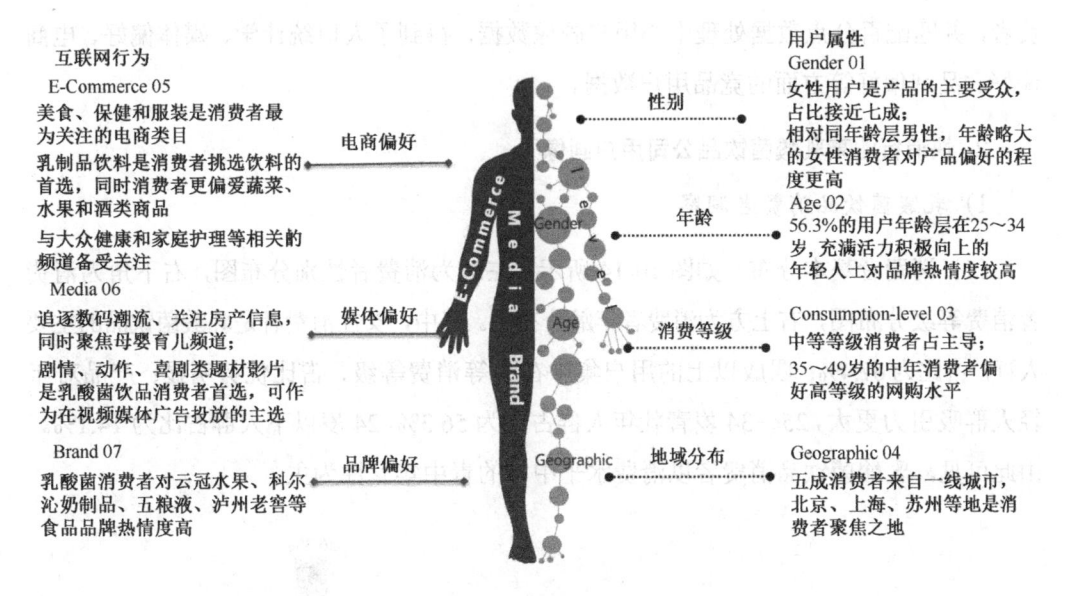

Geographic 04
五成消费者来自一线城市,北京、上海、苏州等地是消费者聚焦之地

图 10-13 整体分析框架

本案例分析结果包括以下几方面的内容。

(1)乳酸菌饮品消费者洞察:消费者性别、年龄分布、消费等级分布、消费者 TGI 指数分布、上网周期分布。

(2)乳酸菌饮品竞品消费者洞察:竞品市场份额、消费者基本属性、竞品用户电商及类目 TGI 指数、竞品消费者上网周期分布。

(3)营销传播规划:传播信息屋。

(4)传播效果评估。

10.4.2 用户行为分析过程

1. 用户数据说明

为了探究快消行业的用户行为特征,本案例以某乳酸菌饮品公司 2010 年 1 月 1 日到 1 月 7 日来自微博、资讯、博客、论坛、贴吧、视频、问答、网页搜索等渠道的有效

监测的 1 197 310 条舆情数据为研究样本。在乳酸菌饮品用户数据方面，本案例筛选了百分点全网的乳酸菌饮品消费者，并在匹配百分点数据处理中心用户画像数据的基础上，获取了包括人口统计学、媒体偏好、电商偏好、品牌偏好等方面的用户数据。在竞品用户画像数据方面，本案例筛选了百分点全网的小样小乳酸、养乐多、优益 C 和味全的消费者，并匹配百分点数据处理中心用户画像数据，得到了人口统计学、媒体偏好、电商偏好、品牌偏好等方面的竞品用户数据。

2. 快消行业某乳酸菌饮品公司用户画像

1）乳酸菌饮品消费者洞察

（1）消费者基本分布。如图 10-14 所示，左边为消费者性别分布图，右下角为消费者消费等级分布图，右上方为消费者年龄分布图。其中，女性消费者是乳酸菌饮品的主要人群，占比为 67.4%；四成以上的用户集中在中等消费等级，占比优势明显；产品对年轻人群吸引力更大，25~34 岁青壮年人群占比为 56.3%，24 岁以下人群占比为 14.1%。由此可见，乳酸菌饮品消费者以消费水平中等的青中年女性为主。

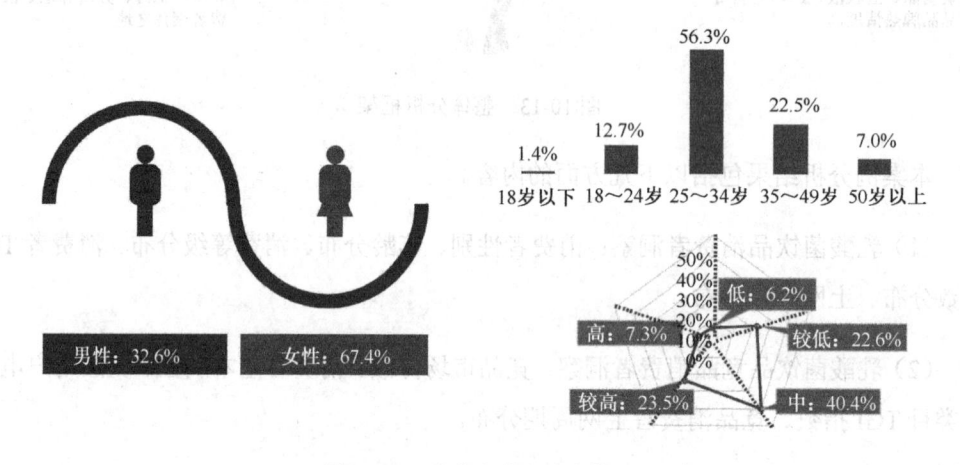

图 10-14 消费者基本分布情况

（2）消费者 TGI 指数分布。TGI 指数（Target Group Index），即目标群体指数，指的是目标群体中具有某一特征的群体所占比例与总体中具有相同特征的群体所占比例的比值。TGI 指数可反映目标群体在地理区域、人口统计领域、媒体受众、产品消费者等特定研究范围内是否强势的特点。TGI 指数适用于考核消费者的全网浏览偏好、网购偏好、品牌偏好等，洞察用户的消费观和价值观。TGI 指数大于 1 表示这类人群在特定范围偏好程度高，小于 1 表示偏好程度低。

如图 10-15[①]所示,左边为不同年龄段、不同消费等级的消费者 TGI 指数,右边为不同年龄段、不同性别的 TGI 指数。从不同消费等级和年龄 TGI 指数来看,50 岁以上的老年消费者偏好较低等级的网购水平,35~49 岁的中年消费者偏好高等级的网购水平;从不同年龄层和性别 TGI 指数来看,35 岁以上的中老年女性用户偏好程度高;青壮年男性对产品偏好程度高。由此可见,不同消费者对产品的偏好程度是不同的,该乳酸菌饮品公司应根据不同消费者的需求制订有针对性的营销计划。

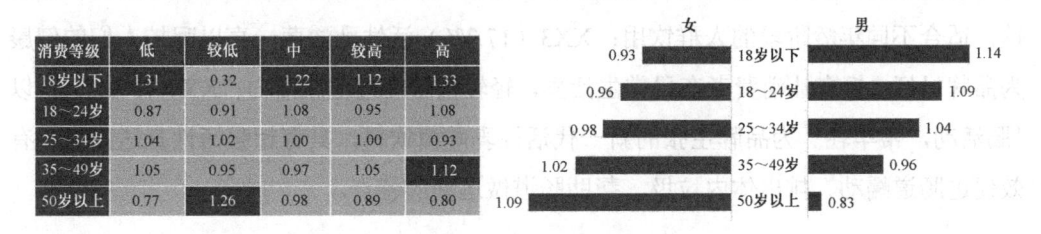

消费等级	低	较低	中	较高	高
18岁以下	1.31	0.32	1.22	1.12	1.33
18~24岁	0.87	0.91	1.08	0.95	1.08
25~34岁	1.04	1.02	1.00	1.00	0.93
35~49岁	1.05	0.95	0.97	1.05	1.12
50岁以上	0.77	1.26	0.98	0.89	0.80

女		男
0.93	18岁以下	1.14
0.96	18~24岁	1.09
0.98	25~34岁	1.04
1.02	35~49岁	0.96
1.09	50岁以上	0.83

图 10-15 消费者 TGI 指数分析

(3)消费者上网周期分布。该乳酸菌饮品公司的消费者上网周期分布如图 10-16 所示。他们的上网周期分布分为两种情况:工作日的上网高峰时段集中在午饭前一小时;周末的上网高峰时段在 20 点以后。因此,该公司的营销推广计划应根据目标消费者的上网习惯制订。

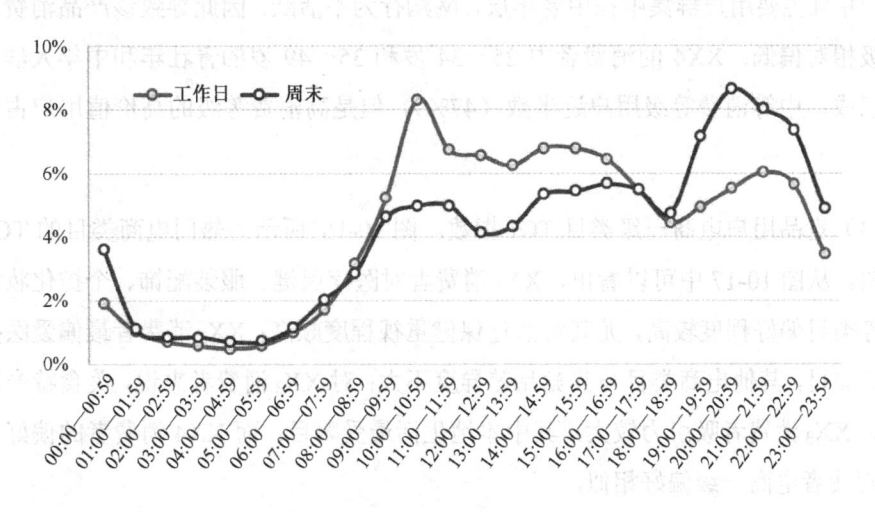

图 10-16 上网周期分布情况

---

① 标黑部分为 TGI 指数大于 1.1。

2) 乳酸菌饮品竞品消费者洞察

（1）竞品市场份额。本案例根据百分点全网的小样小乳酸、养乐多、优益 C 和味全等乳酸菌饮品公司的消费者数据分析，对该公司乳酸菌饮品的市场份额等信息形成如下认识：XX1 的市场份额为 52.3%，其营销的切入点是普及益生菌知识，并采取"家庭配送"的独特营销方式，希望借此得到市场和消费者的认同；XX2（20.9%）运用全球领先丹尼斯克菌种技术，由 10 种乳酸菌组合发酵，含有较高的动物蛋白且零脂肪、低乳糖，适合不同年龄阶段的人群饮用；XX3（17.3%）活性乳酸菌一直以呵护人们的健康为品牌目标，旨在让消费者在日常生活里，轻轻松松增进健康活力；XX4（9.4%）是以"肠活动，常年轻"为品牌主张的新一代活性乳酸菌饮料，具有超强活性直达肠道、有效促进肠道蠕动、排出体内垃圾、帮助肠道做运动的特点。

（2）竞品消费者基本属性。XX1 的消费者中女性用户占比优势明显，消费者年龄层集中在 25～34 岁（58.5%），网购中等消费等级人数接近七成；XX2 中八成的消费者年龄在 25～49 岁，超过半数用户集中在较高和高等消费等级，品牌价值度较高，且该用户群年龄跨度较大，高价值用户占比高，品牌优势明显；XX3 中八成的消费群体在 35 岁以上，较低消费等级网购人群占比超过半数（53.4%），这是由于 XX3 市场份额相对较低，并且主要用户群集中在中老年层，网购行为不活跃，因此导致该产品消费者的消费等级相对偏低；XX4 的消费者中 25～34 岁和 35～49 岁的青壮年和中年人群占比均超过三成，中等消费等级用户近半数（47%），但是高消费等级的高价值用户占比相对较少。

（3）竞品用户电商一级类目 TGI 指数。图 10-16[①]所示为热门电商类目的 TGI 指数分布图。从图 10-17 中可以看出，XX_1 消费者对医疗保健、服装配饰、个护化妆和珠宝钟表等类目偏好程度较高，尤其对医疗保健重视程度颇高；XX_2 消费者最偏爱医疗保健类电商类目，其他电商类目与其竞品差异度不大；对 XX_3 消费者来说，美食特产和本地生活对 XX_3 消费者吸引力较大，其中本地生活最受瞩目；而 XX4 消费者的偏好情况与 XX3 消费者电商一级偏好相似。

---

① 表中标深的部分为 TGI 指数大于 1.15。

	XX1	XX2	XX3	XX4
美食特产	0.27	0.91	1.28	1.45
医疗保健	2.24	1.17	0.28	0.26
本地生活	0.85	0.86	1.94	1.16
服装配饰	1.23	0.97	1.12	0.92
家用电器	0.67	1.03	1.02	1.10
母婴用品	0.81	1.06	0.80	1.01
箱包	0.86	1.06	0.82	0.99
运动户外	0.98	1.06	0.81	0.95
个护化妆	1.44	0.90	0.77	1.00
珠宝钟表	1.45	1.11	0.72	0.65

图 10-17 热门电商类目的 TGI 指数分布图

（4）竞品消费者上网周期分布。图 10-18 所示为竞品消费者上网周期分布，晚上是 XX$_1$ 消费者上网高峰时段；XX$_2$ 和 XX4 消费者浏览时段波动平缓；而 15:00—15:59 是 XX3 消费者的上网高峰期。

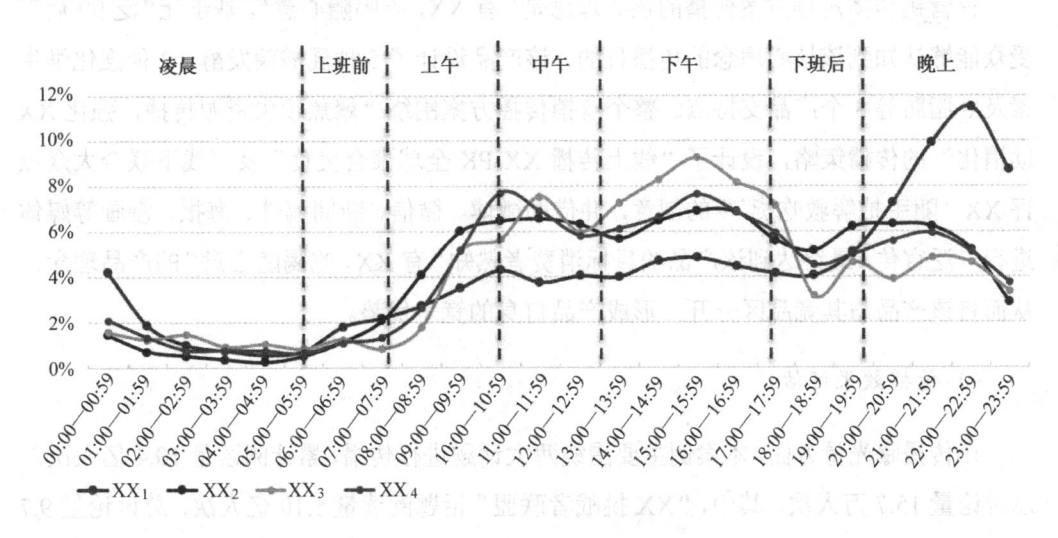

图 10-18 竞品消费者上网周期分布

3）营销传播规划

基于上述对该公司消费者和竞品消费者市场份额、年龄、性别、消费等级、TGI 指数、上网周期分布等指标的分析，为凸显该公司产品特色，本案例制订了如图 10-19 所示的营销传播规划方案。

图 10-19 营销传播规划方案

该营销传播规划方案传播的核心理念是"有XX,吃喝随心意"。基于让"泛90后"受众能够认知到该核心理念的传播目的,该产品设计了5种乳酸菌发酵、2种强化维生素及0脂肪等3个产品支持点。整个营销传播方案围绕"聚焦顶尖资源传播,强化XX助消化"的传播策略,设计了"线上传播XX PK全球聚会美食"及"线下联合大众点评XX'随手拍解救吃货'"的创意,并借助微博、微信、新闻稿件、海报、漫画等媒体进行广泛宣传,最终达到该产品的目标消费者熟知"有XX,吃喝随心意"的产品理念,从而将该产品与其竞品区分开,形成产品自身的竞争优势。

4) 传播效果评估

在传播曝光量方面,本案例主要围绕两大话题进行传播,累计阅读量10.4亿人次,总讨论量15.7万人次。其中,"XX挑战者联盟"话题阅读量5.10亿人次,总讨论量9.7万人次;"放肆吃喝,XX挑战"话题阅读量8000万人次,总讨论量10万人次。本案例还借势《挑战者联盟2》,该节目总话题阅读量39亿人次(截至2010年8月31日),其中每5条话题中就有1条关于XX 100%的内容,在传播告知上做到了最大化;与该节目同期赞助商相比,XX 100%话题阅读量也大幅超出话题阅读量排名第二的雅迪(话题阅读量为1.1亿人次)。

在传播美誉度方面,本案例根据《挑战者联盟2》播出期间监测阶段声量汇总中出现频率较高的"关键词"形成了词云。由图10-20可知,公关传播围绕"助消化"产品利益点，分别从节目纬度、功能纬度、挑战书纬度等切入点切入；产品利益点有效露出，"XX 100%""助消化""吃货"成为关联性最强的关键词，美誉度得到大幅提升。

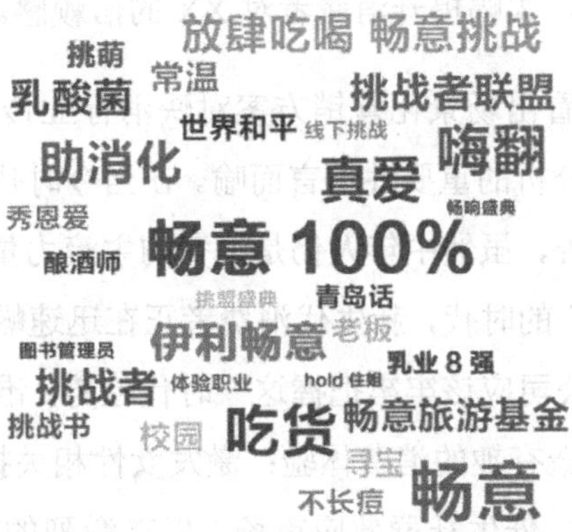

图 10-20 《挑战者联盟 2》关键词词云

在传播热点提升方面，本案例通过传播将 XX 与"助消化"品牌资产强关联，形成消费者认知，使得品牌资产词云进入前三；通过事件打造、话题热议、媒体跟进、高频次曝光达成 XX 品牌百度指数提升至中上水平；通过对明星资源、微博"KOL"等顶级资源的合理运用，打造微博热门话题，实现微博讨论量有效增长，甚至接近养乐多的讨论量。

综合来看，本案例的传播亮点可总结为如下几点。

- 高声量借势，扩大 XX 影响力：发起新浪微博"XX 挑战者联盟""放肆吃喝，XX 挑战"等长期话题。仅"SS 挑战者联盟"话题阅读量就达 5.10 亿人次，累计影响人数达 10.4 亿。
- 传播创新，强化互动体验：紧密连接产品功能，开展线下放肆吃喝挑战活动，利用知名食品街与有趣的挑战内容，为产品功能造势；挑战活动吸引近千人参与，直接销售产品数千瓶，传播影响人数超过千万；活动引入年轻人喜爱的网红直播形式，让活动现场传播量瞬间超过 10 万人。在传播期间，XX 100 微博"粉丝"量呈现快速增长趋势，截至目前的微博"粉丝"超过 58 000 人；同时通过与节目官方微博、明星微博互动，XX100 官方微博在人气和活跃度方面都大幅增加，已然成长为一块重要的品牌传播阵地。受众的总互动量达到 510 万人次。

- **高质量借势，打造明星代言团**：整个传播执行中，超过 10 位明星饮用 XX100% 乳酸菌。最大化借助 XX 现有节目赞助的资源，利用消费者对公众人物的关注、信赖、模仿，大幅提升消费者对 XX 的信赖感。

通过上述分析，可以看出场景化营销方案对快消行业传播效果的提升产生了巨大的作用，互联网用户行为分析的重要性不言而喻。在当今时代，女性消费者已经占领了快消行业的半壁江山。另外，虽然中年人仍是消费的主流力量，但在这个纷纷主张"我就是我，是不一样的烟火"的时代，新生代消费者正在迅速崛起，他们的消费能力不容小觑。因此，快消行业的公司应该牢牢把握这一时代趋势，准确洞悉消费者需求，为他们提供个性化的产品，创造有趣的消费体验；激发女性相关投资，培养激发女性消费；完善与消费者的互动环节，催生社群效应市场，以在激烈的市场竞争中占据行业领先地位，获得持续性竞争优势。

10.5 媒体行业用户行为分析——以电影网为例

10.5.1 分析背景

中国互联网从无到有、从弱到强，走过了 20 多年不平凡的发展路程。期间有高歌猛进，也有急弯险滩。时至今日，互联网已全面而深入地影响了人们生产生活的方方面面。在 2018 年中国互联网络信息中心发布的第 42 份《中国互联网络发展状况统计报告》中指出，我国的网民数量为 8.02 亿人、网站数量为 544 万个，国际线路总容量为 88 210 302Mbps。互联网媒体借助互联网信息传播效率高、成本低等特点迅速崛起，而互联网用户偏好与传统媒体的用户相比也发生了诸多变化。广大证券的影视行业分析表明，2018 年前三季度票房为 457 亿元，国庆档票房不及预期，全年票房达 1000 亿的目标将承受较大压力。本案例以具有代表性的互联网媒体——电影网的用户行为分析为例，详细阐述互联网用户行为分析在媒体分析过程中的巨大作用，希望为我国媒体行业的发展增添一份助力。

互联网媒体的价值方程为"媒体价值=引流×增值×投放"，即媒体价值的增加需要解决"引流""增值"及"投放"三大问题。首先，在"引流"方面需要解决的问题有：流量来源于哪里？不同渠道的用户特征是什么？如何评估渠道的流量价值？不同渠道是否存在关联性？其次，在增值方面需要解决的问题有：不同用户的需求是什么？如何分析用户价值？如何降低高价值用户流失？如何增强与用户的互动？如何分析用户产生的内容？不同内容是否存在关联性？再次，在"投放"方面需要解决的问题有：如何将非黄金位变现？如何准确定位用户？如何提升广告投放精准度？本案例将以解决上述问题的逻辑，详细描述用户行为分析在媒体行业的运用过程，如图 10-21 所示。

图 10-21　基于互联网媒体的大数据解决方案

10.5.2　用户行为分析过程

1. 用户数据说明

从深度刻画媒体行业用户行为特征的角度出发，在用户画像数据方面，本案例选取了电影网用户一周的 91.5 万条活跃数据。该数据包含百分点全网 2014 年 1—11 月累计行为表对应字段，涵盖媒体、电商等 39 类细分行业；在用户价值数据方面，本案例选取了 2014 年 12 月 8 日—12 月 14 日共 7 天的 7 407 052 条独立用户数据，该数据包括 gid、停留时间、最后访问时间、访问次数等字段；在 SNA 分析数据方面，本案例选取的数据为电影网叮叮人气达人版块 3.1 万条用户信息数据。

2. 电影网用户画像

用户画像是从客户实际业务需求出发，通过不同维度将用户标签化。目前，百分点用户画像体系按人口属性、上网特征、内容偏好、消费偏好等 5 个维度将用户标签化，同时支持自定义标签体系，以支撑业务应用场景，如图 10-22 所示。

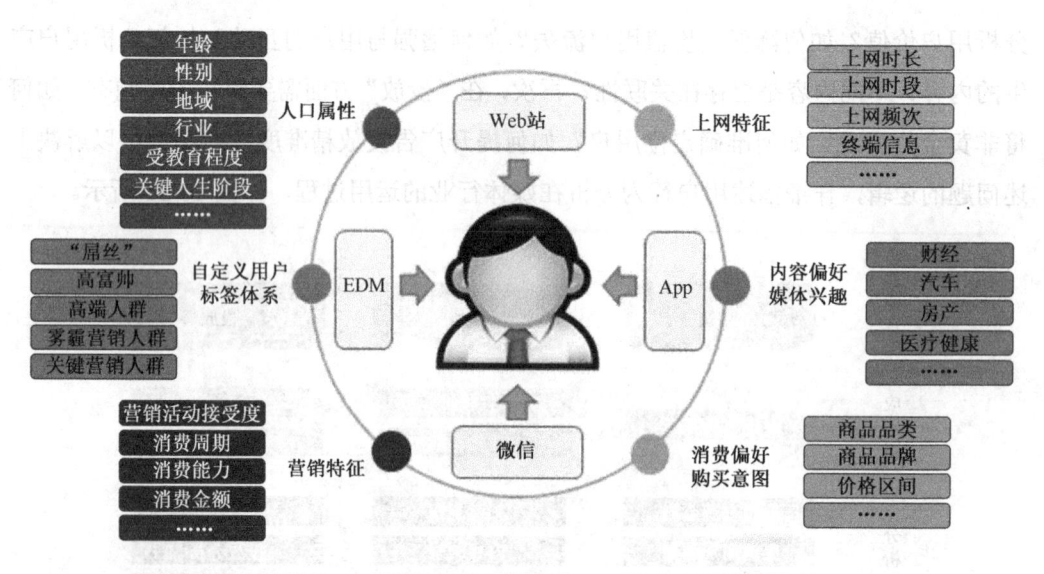

图 10-22　以业务需求为导向的征信级 360° 全景画像

本案例在因子分析前，首先进行了 KMO 检验（0.985）和 Bartlett 检验（SIG 值<0.05），验证因子分析的可操作性；然后根据对电影网 915 013 名访客在全网 42 个媒体、电商品类 2014 年的浏览行为进行因子分析，得到 5 种影响用户浏览倾向的性格因子，如表 10-1 所示。

表 10-1　影响用户浏览倾向的性格因子

因子名称	媒体类型
生活型	电商—食品百货，电商—鞋包配饰，媒体—财经，媒体—母婴育儿，电商—综合购物，电商—服装服饰，媒体—健康医药，电商—医疗保健，电商—数码家电
品质型	媒体—旅游交通，媒体—时尚女人，媒体—游戏动漫，媒体—视频，电商—图书音像，电商—家纺家居，电商—成人保健，电商—户外运动，媒体—房地产，媒体—金融保险
精神型	媒体—军事，媒体—新闻，媒体—小说，媒体—彩票，媒体—汽车，电商—商旅出行
被动型	媒体—比价导购类，媒体—生活地方类社区，电商—网址导航类
娱乐型	电商—生活娱乐，电商—母婴玩具，电商—电视购物

如表 10-2 所示，在因子分析的基础上，本案例对电影网 91 万名访客进行聚类分析，依据各因子所占权重共分 5 类浏览人群：第 1 类访客人数最多（81 010 259 人），较注重生活品质，对旅游交通、生活时尚、视频、动漫等广告兴趣度较高；第 2 类访客人数相对较少（35 879 人），他们的兴趣很广泛，在日常生活方面关注食品百货、母婴育儿、综合购物、网址导航、电视购物的信息，在精神方面关注军事、新闻等方面的信息，且比较喜欢汽车方面的信息；第 3 类访客人数较少（10 003 人），他们对精神生活

的要求比较高，会关注军事、新闻、商旅出行等方面的信息，但是也会被动地关注比价购物、网址导航、生活社区方面的信息；第 4 类访客是第 3 类访客的一半左右（5153 人），主要追求生活娱乐方面的信息；第 5 类访客人数很少，只有 1000 多人，他们关注的是基本生活和娱乐方面的信息。

表 10-2　各类访客感兴趣的广告类别

聚类	人数	生活	品质	精神	被动	娱乐
1	81 010 259	-	o	-	-	-
2	35 879	o	-	+	o	o
3	10 003	-	-	++	+	-
4	5 153	+	-	-	o	o
5	1 719	+++	-	+	++	+
—	—	—	食品百货 母婴育儿 综合购物 ……	时尚女人 户外运动 媒体动漫 ……	军事 新闻 商旅出行 ……	比价购物 网址导航 生活社区 ……	生活娱乐 电视购物 母婴玩具 ……

以用户 ID "a7fcd4ae521010aa77000078d10000c3ebe543*****" 的访客记录为例，分析他的行为数据可知，此访客为第 2 类访客，注重精神生活，喜欢浏览新闻、军事等内容，且对汽车类产品较关注。因此对该访客投放汽车类广告效果会很好。

3. 电影网用户电影偏好

从整体来看，电影热播的前两名电影为近期新上影片：《潜龙风云》和《江湖论剑实录》，它们的点击量分别为 2 572 487 次和 1 433 805 次。在用户的年龄、性别方面，电影网的用户以 35～49 岁最多（占比为 54.44%），且女性高于男性，占比为 71.810%；在地域分布方面，广东、山东、江苏访次数量排名全国前三位，三省总点击占比超过 20%；在题材方面，剧情和喜剧题材最受欢迎；在观影设备方面，PC 端为访客主要浏览终端（84.2%），平板电脑的使用率都不超过 5%，使用手机的访客占比 13.2%，观看微电影的用户手机使用率较高（超过 30%）。从图 10-23 可以看到，互联网向移动端迁移，电影网如何合理分配手机端和 PC 端的资源是非常值得关注的问题。

4. 电影网用户价值分析

客户价值分析模型 RFM 模型被广泛用于客户关系管理（CRM）的分析模型中，可以有效细分客户，强化客户关系管理体系，衡量客户价值和客户创造利润能力，进行流失用户预警等工作。RFM 模型需要的数据可以分为 3 种类型：客户消费时间、访问时

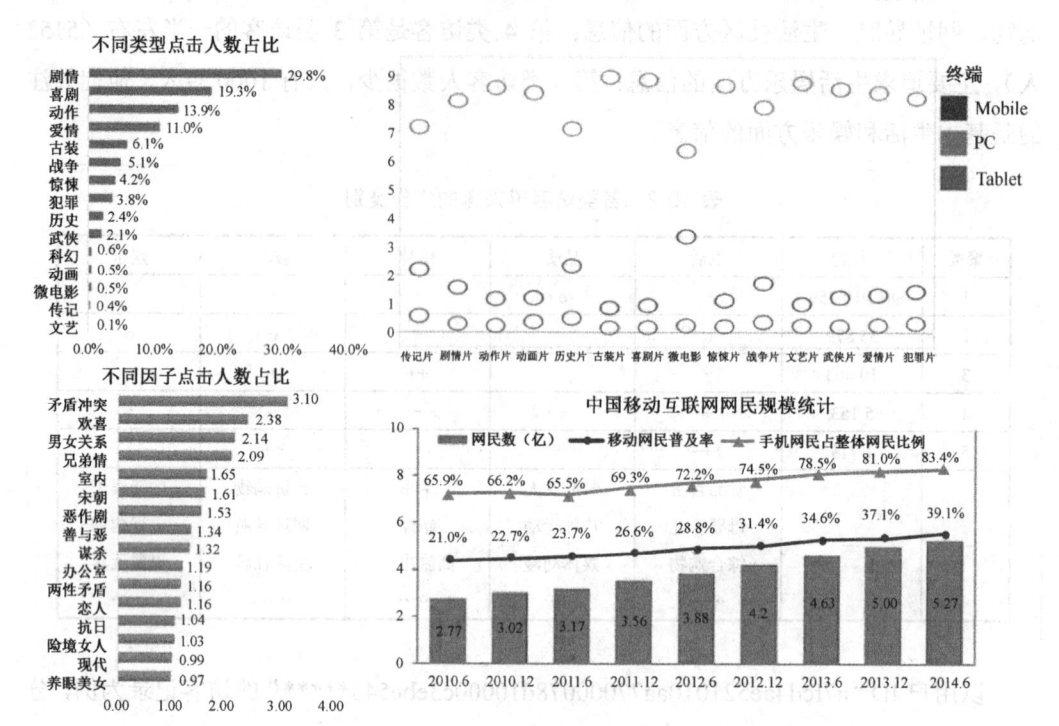

间；客户消费频率、访问频率；客户消费金额、停留时间等，如表 10-3 所示。

图 10-23 访客基本情况描述①

表 10-3 RFM 模型应用

通过对客户进行 RFM 打分，来描述客户的价值	
◆ R（Recency）：最近一次购买	◆ R（Recency）：用户最近活跃时间
◆ F（Frequency）：消费频率	◆ F（Frequency）：浏览次数
◆ M（Monetary Value）：消费金额	◆ M（Monetary Value）：停留时间
根据 RFM 3 个维度将数据离散化成 1～5 级	
◆ 消费日期越近，客户等级越高	◆ 登录日期越近，客户等级越高
◆ 消费频率越高，客户等级越高	◆ 浏览次数越高，客户等级越高
◆ 消费金额越高，客户等级越高	◆ 停留时间越长，客户等级越高

根据 RFM 模型，本案例的用户行为分析结果如图 10-24 所示。我国广东省用户平均访次为 3.04，高于其他省市；用户价值也相对较高，达到 2.99；而北京市用户平均价值为 2.93，平均访问频次也为 2.93，低于其他 4 个省。

---

① 采用数据为网站高清频道下的免费电影，与百分点用户匹配数据，共 1 841 015 105 人次。

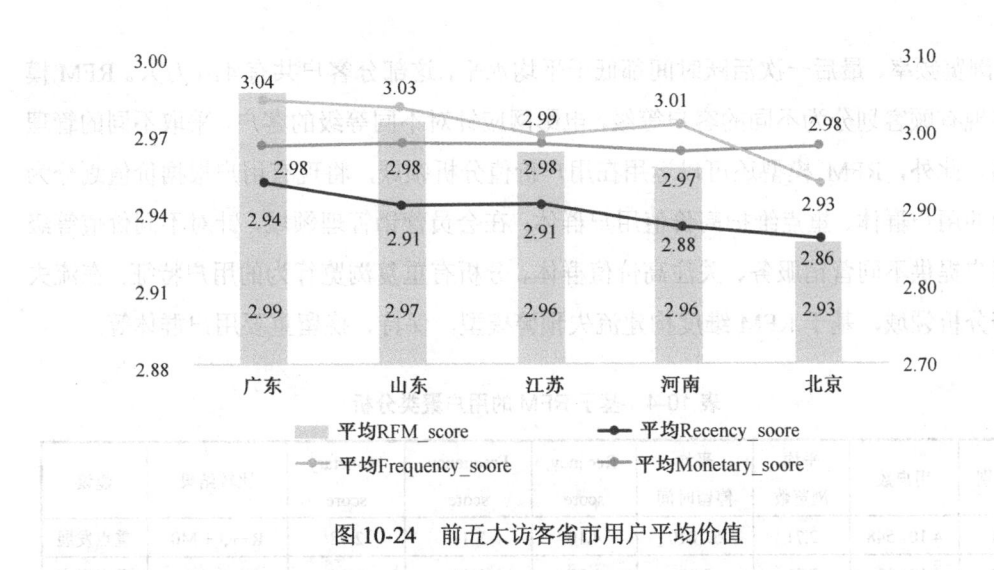

图 10-24　前五大访客省市用户平均价值

为了更加翔实地阐述 RFM 模型在互联网用户行为领域中的运用，本案例以广东省为例，展示 RFM 模型的分析结果，如图 10-24 所示。由图 10-25 可知，浏览频率 2 级、停留时间为 3 级的用户最多，这部分用户为 52 万人，占总人数（935 027 人）的 55.7%。RFM 得分为 555 的客户最近都有浏览，频率和停留时间也高出其他客户，是最有价值的客户，共 84 100 人。

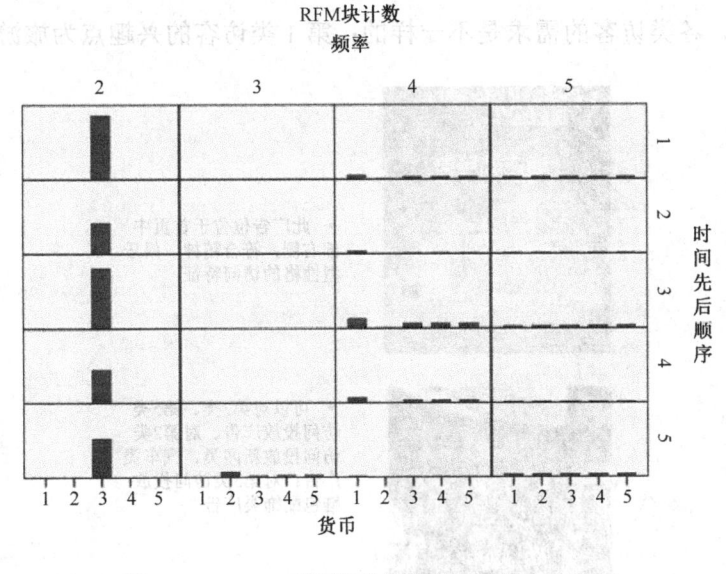

图 10-25　RFM 模型的分析结果——以广东为例

表 10-4 所示为基于 RFM 的用户聚类分析结果。本案例通过 RFM 分析将客户群体划分成重点发展、重点提高、重点保持 3 个级别。其中，重点提高客户群体平均停留时

间、浏览频率、最后一次活跃时间都低于平均水平，这部分客户共有 410 万人。RFM 模型将现有顾客划分为不同的客户等级，电影网应针对不同等级的客户，采取不同的管理策略。此外，RFM 模型还可以运用在用户价值分析领域，将现有用户根据价值划分为不同的用户群体、重点维护高价值用户群体；在会员营销管理领域，针对不同价值等级的用户提供不同营销服务、关注高价值群体、分析有重复浏览行为的用户特征；在流失预警分析领域，基于 RFM 维度构建流失预警模型，保持、挽留重要用户群体等。

表 10-4 基于 RFM 的用户聚类分析

类别	用户数	平均浏览数	平均停留时间	Recency score	Frequency score	Monetary score	比较结果	建议
1	4 101 548	2.71	5.1010	4.10	3.11	2.98	R++,F+,M0	重点发展
2	4 104 325	2.01	2.89	1.77	2.94	2.94	R-,F-,M-	重点提高
3	9 154	109.83	1 109.32	3.77	4.99	4.85	R+,F++,M++	重点保持
总计	935 027	3.41	5.89	2.94	3.04	2.98		

5. 电影网广告精准投放

（1）识别各类访客广告偏好。达成电影网广告精准营销，提升广告转化的首要工作是识别出各类访客的广告偏好，如图 10-26 所示。在识别访客广告偏好的基础上，从图中可以看出，各类访客的需求是不一样的：第 1 类访客的兴趣点为旅游交通、时尚

- 此广告位位于首页中部右侧，符合精神、娱乐型性格的访问特征

- 可以对第2类、第5类访问投放广告、对第2类访问投放新闻类、汽车类广告；对第5类访问投放鞋包配饰类广告

图 10-26 广告精准投放

生活；第 2 类访客的兴趣点为新闻类、汽车类及健康医药类信息；第 3 类访客的兴趣点为新闻类、小说类；第 4 类访客的兴趣点为数码家电类、母婴玩具类；第 5 类访客的兴趣点为频道导航栏附近食品百货类、鞋包配饰类等。

图中所示的广告位于首页中部，符合精神型和娱乐型访客的访问特征，因此可以对第 2 类、第 5 类访客投放广告。但是，这两类访客的广告偏好是不同的，电影网应对第 2 类访客投放新闻类、汽车类广告；对第 5 类访客投放鞋包配饰类广告。

（2）将论坛流量引入销售渠道。社会网络分析理论常用于分析社会网络结构。社会网络分析常用的概念有要素（节点、连接）、联结（同质性、多重性、相互性、邻近性）、分布（桥接、中心度、密度、距离、关系强度）、派别（聚类系数、接应）等。

本案例采用电影网叮叮人气达人版块的用户数据及这些用户的"粉丝"数据，来说明社会网络分析理论在媒体行业的运用。首先，在数据清理阶段，本案例剔除了"粉丝"数为 0 的用户数据后，发现叮叮人气达人网络结构较为稀松，该网络的连接数为 399 803 个，节点数为 31 492 个，网格密度仅为 0.0004，如图 10-27（a）所示。其次，在意见领袖[1]和活跃用户[2]识别过程中，本案例发现电影网叮叮人气达人版块的意见领袖的"粉丝"数是相当高的，最高的"粉丝"数已达 37 万。该版块前 10 名的意见领袖和活跃用户如表 10-5 所示。

表 10-5 寻找意见领袖和活跃用户

意见领袖方面			活跃用户方面		
意见领袖（入度前 10 名）	"粉丝"数	关注数	活跃用户（出度前 10 名）	"粉丝"数	关注数
电影新闻	3 712 110	40	黑色甜心	13	1583
ksing0822	4 100 910	1 100	candy9893	14	1583
周美 E	372 101	154	dickky283	15	1583
小快 Q	28 105	32	uggi143	14	1583
Kristen1088	25 430	21	杨小威	4	15 108
牛小天	244 910	10 104	jessica3122	14	1583

---

[1] 意见领袖：会受到其他用户的关注，其言论会影响其他用户（入度）。
[2] 活跃用户：会主动关注其他用户，并且会主动与其他用户互动（出度）。

续表

意见领袖方面			活跃用户方面		
意见领袖（入度前 10 名）	"粉丝"数	关注数	活跃用户（出度前 10 名）	"粉丝"数	关注数
cheryl_1020	111 075	50	heihei	13	1583
Wannizhao	9 174	27	jonh312	15	1583
王浩名	9 112	45	昌明 Charmi	4	15 108
郭厚民	73 105	9	mro_2t8 一	14	1519

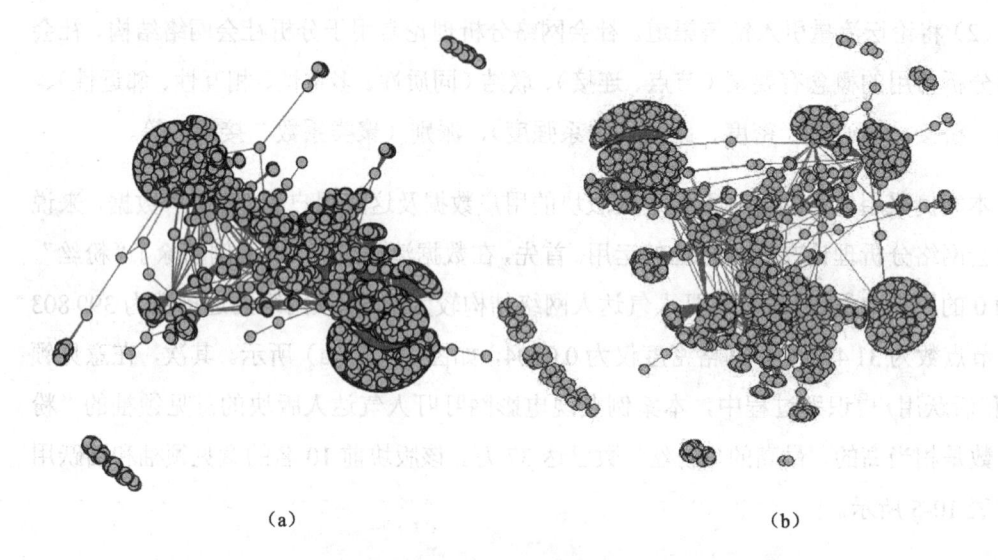

(a)　　　　　　　　　　　(b)

图 10-27　叮叮人气达人社会网络分布图（剔除意见领袖前后）

为检验意见领袖在电影网叮叮人气达人版块的影响，本案例进一步剔除了入度排名前 10 名的意见领袖后，发现网格密度下降为 0.0002。我们可以更加直观地看到，如图 10-26（b）所示，剔除意见领袖后的整个网络结构变得更为稀松，网络外离散的点变多。可见，意见领袖对于整体网络密度的影响是非常大的。因此，电影网应着重维护与意见领袖的关系，以提升网络整体的信息传播效率。

另外，SNA 模型分析也可运用于如下几个方面。

- 洞察网络特征：通过网络密度、结构洞等关键指标监控网络活跃度；定期建模分析，识别社会网络的动态变化。

- 识别意见领袖：识别发帖多、回帖多的意见领袖和活跃度较高的小团体；通过影响意见领袖来影响大多数追随者。

- 论坛导流：识别意见领袖和热帖，展示广告，将论坛流量引入销售渠道；通过识别具有特定业务特征的小团体，进行精准营销。

通过上述分析，可以看到互联网用户行为分析在互联网媒体价值方程的每个因子上都发挥了巨大的作用。在"引流"方面，本案例首先运用因子分析对多个字段的用户数据进行降维，得到 5 种影响用户浏览倾向的性格因子（生活型、品质型、精神型、被动型及娱乐型）；其次，在因子分析的基础上，本案例又将 90 余万名访客划分为 5 类浏览人群，从而刻画电影网每位用户的画像。在增值方面，本案例运用 RFM 模型，从 3 个维度描绘电影网用户价值，并基于 RFM 模型对用户进行聚类分析，得出电影网需要"重点发展""重点提高"及"重点保持"的 3 类用户，从而为电影网定制个性化的服务提供借鉴意义。在投放方面，本案例主要从识别各类访客的广告偏好和将论坛流量引入销售渠道 2 个方面展开：识别访客广告偏好是主要基于因子分析和用户聚类的结果，并根据每个用户的个性化偏好为其投放不同的广告；而将论坛流量引入销售渠道则以电影网叮叮人气达人版块的用户及其"粉丝"数据为基础，阐明了社会网络中意见领袖的重要地位。希望本案例的研究思路能为媒体行业的其他企业提高用户个性化服务水平、建立持续性竞争优势提供有力的借鉴意义。

反侵权盗版声明

电子工业出版社依法对本作品享有专有出版权。任何未经权利人书面许可，复制、销售或通过信息网络传播本作品的行为；歪曲、篡改、剽窃本作品的行为，均违反《中华人民共和国著作权法》，其行为人应承担相应的民事责任和行政责任，构成犯罪的，将被依法追究刑事责任。

为了维护市场秩序，保护权利人的合法权益，我社将依法查处和打击侵权盗版的单位和个人。欢迎社会各界人士积极举报侵权盗版行为，本社将奖励举报有功人员，并保证举报人的信息不被泄露。

举报电话：（010）88254396；（010）88258888
传　　真：（010）88254397
E-mail：　　dbqq@phei.com.cn
通信地址：北京市万寿路173信箱
　　　　　电子工业出版社总编办公室
邮　　编：100036